宁波大学哲学社会科学著作出版经费
宁波大学会计学国家一流本科专业建设项目经费
资助出版

增值税留抵退税政策的公司治理作用研究

余威 著

中国财经出版传媒集团
中国财政经济出版社
·北京·

图书在版编目（CIP）数据

增值税留抵退税政策的公司治理作用研究 / 余威著 .
北京：中国财政经济出版社，2024. 7. -- ISBN 978 -7 -
5223 -3227 -7

Ⅰ. F812. 42

中国国家版本馆 CIP 数据核字第 2024FA8640 号

责任编辑：周桂元　罗伶一　　　　责任印制：张　健
封面设计：卜建辰　　　　　　　　责任校对：徐艳丽

增值税留抵退税政策的公司治理作用研究
ZENGZHISHUI LIUDI TUISHUI ZHENGCE DE GONGSI ZHILI ZUOYONG YANJIU

中国财政经济出版社 出版
URL：http：//www. cfeph. cn
E -mail：cfeph@ cfeph. cn

社址：北京市海淀区阜成路甲 28 号　邮政编码：100142
营销中心电话：010 -88191522
天猫网店：中国财政经济出版社旗舰店
网址：https：//zgczjjcbs. tmall. com
北京厚诚则铭印刷科技有限公司印刷　各地新华书店经销
成品尺寸：185mm ×260mm　16 开　14. 25 印张　248 000 字
2024 年 7 月第 1 版　2024 年 7 月北京第 1 次印刷
定价：65. 00 元
ISBN 978 -7 -5223 -3227 -7
（图书出现印装问题，本社负责调换，电话：010 -88190548）
本社图书质量投诉电话：010 -88190744
打击盗版举报热线：010 -88191661　QQ：2242791300

序 言

与税同行，大有可为

在知识经济时代，学术研究与社会实践的深度融合已成为推动经济社会发展的重要动力。尤其对大学青年教师群体而言，他们肩负科研创新、人才培养与社会服务的多重使命。当他们的学术视野投向税收政策这一关乎国计民生的关键领域，其研究成果无疑将为政策制定者提供宝贵的理论支持，为企业经营者指明合规路径，为社会经济的稳健发展注入智慧动能。宁波大学商学院余威博士的近作《增值税留抵退税政策的公司治理作用研究》，就是以大学教师、青年学者这个独特视角和深入剖析，为我们展现了此类研究的深远价值与积极意义。

余威博士选择“增值税留抵退税政策的公司治理作用”这个主题进行研究，体现了他对国家税收政策的高度关切与敏锐洞察。书中他首先介绍了选题背景和研究意义，指出增值税留抵退税政策对企业的持续经营和地区经济的高质量发展具有负面影响；其次详细介绍了我国增值税留抵退税的制度背景和理论逻辑，以及增值税留抵退税政策和企业公司治理理论的研究内容；再次分析了增值税留抵退税政策对公司治理的博弈模型构建、求解和结果分析，并探讨了增值税留抵退税政策对企业盈余管理、财务舞弊和风险承担的影响；最后总结了增值税留抵退税政策对企业财务风险的影响，并提出建议和展望。我觉得这项研究对提升企业的纳税合规遵从是有帮助的，对宏观经济政策的制定也具有重要参考意义。

余威博士的研究可以实现学以致用、经世济民、自利利他的理想境界，达成了多方共赢的局面。对个人而言，这是一次理论与实践相结合的宝贵历练，对其学术成长与职业发展大有裨益；对学术界而言，这次研究丰富了税收政策研究的内涵与外延，推动了相关学科的发展进步；对政策制定者而言，这次研究提供了精准的决策参考，有助于完善税收制度，优化营商环境；对广大企业而言，这次研究明晰了政策导向，指明了合规经营之路，有利于其长远发展。可以说，这本专著以税收政策为纽带，成功搭建起学术、政策、企业之间的桥梁，充分彰显了大学教师在社会经济发展中的独特价值与积极作用。

期待更多的大学教师、青年学者都能像余威博士一样，利用工作之余，积极进行经济、社会等方面的宏观政策研究，深入企业、社会基层进行扎实的调查分析，对政策执行落地过程中存在的问题、产生的效果，能够及时思考总结政策的利弊、探索改进的途径方法，为推动我国税收政策的科学化、规范化进程，助力经济社会高质量发展献计献策。让我们一起牢记新中国领导人陈云同志一生奉行的“不唯上，不唯书，只唯实，交换、比较、反复”唯物辩证法宝，共同为我国税收事业的进步贡献力量。我相信：与税同行，大有可为。

雷文汉

宁波中瑞税务师事务所有限公司

2024 年 4 月 16 日

目 录

第一章 绪 论

第一节 选题背景

近10年来，我国企业正经受着过高资金成本和过重税收负担的双重压力，导致部分企业的生存和发展受到较大的限制。为应对市场整体需求收缩、供给产能过剩和发展预期转弱三重压力以及长期以来企业赋税过重等历史问题，中华人民共和国财政部（以下简称财政部）、国家税务总局等国家部委从2011年起尝试实施增值税留抵退税措施来推动国民经济关键行业的快速发展，以此实现利用税费优惠政策赋能经济高质量发展的宏伟目标。在增值税留抵退税措施实施的6年间，部分行业得益于增值税留抵退税政策红利而摆脱了沉重税负的压力，实现了市场份额和经营业绩的改善，这也为后续政府出台更大力度、更宽范围的增值税留抵退税提供借鉴。2018年，财政部和国家税务总局联合出台标题为《关于进一步落实好简政减税降负措施更好服务经济社会发展有关工作的通知》的文件，要求全国各级税务机关在全国范围内对企业实施大规模的“减税降费”措施，由此全方位拉开国家利用财税政策帮扶企业纾困解难、增强发展信心和稳定宏观经济大盘的序幕，同时推动了增值税留抵税额由传统的抵扣朝着直接退还的方式发展。

“营改增”“增值税税率简并、税率下调和进项税额加计扣除”和“增值税留抵退税”等多项税费减免措施被国家用于“减税降费”的具体实践，一同承担起减轻国内企业税费负担、推动企业持续健康成长并实现经济高质量发展的重任。相比上述优惠措施，以退还方式解决高额的增值税留抵税额问题对于企业的影响更加直接，但此项措施受到的关注却是最少的。事实上，企业的增值税留抵税额因其规模较大、涉及范围较广和抵扣条件相对苛刻等原因制约着我国企业的健康发展，所以从增值税留抵退税方面进行改革才能够较好地实现“减税降费”的目标。一方面，增值税是我国税收体系中征税额占比最大的税种，其比例长期维持在税收总额的34%—40%[①]。因此，相比其他税种的优惠

① 2017—2021年，我国的税收收入分别为17 273亿元、154 310亿元、157 992亿元、156 401亿元和144 360亿元，而对应年份的增值税分别为63 519亿元、56 791亿元、62 346亿元、61 529亿元和56 378亿元，增值税收入占税收收入的比例超过1/3。

措施而言，增值税改革推动的减税降费力度通常更大，对于企业的影响也会更加显著。另一方面，企业的增值税留抵税额长期位于较高水平，导致企业大量的现金资源被税务机关无偿占有，造成企业正常的投资活动、筹资活动和经营活动受到约束。据不完全统计，截至2022年8月，国内企业的增值税留抵税额规模高达2.1万亿元①，这就是说国内企业平均向税务机关提前预缴了数万元的增值税进项税额，导致每家企业有好几万元的现金并未真正地投入生产领域，这就造成企业现金资产的浪费，最终对生产、研发等投资活动和债务、股权等筹资活动产生影响。从纳税本质上说，增值税是对产品生产、流通、劳动服务中多个环节的新增价值或商品的附加值征收的一种流转税，它是以企业经营的实际成果为计税对象的，而企业在采购环节预缴的增值税进项税额会在产品或劳动服务实现销售时得到抵扣，从而体现增值税只针对企业经营成果征税的税收中性原则。然而在现实中，由于企业经营活动特征以及税法的规定等原因，易造成企业预缴的增值税进项税成为留抵额。例如，国内企业预缴的增值税进项税额和产品实现销售获得的销项税额会因多档税率、经营周期和经济波动等多重因素的影响，易造成进项税额无法及时实现销项抵扣的情况，最终导致企业预缴的增值税进项因难以实现当期抵扣而成为增值税留抵。与此同时，《中华人民共和国增值税暂行条例》第四条规定，“当期销项税额小于当期进项税额不足抵扣时，其不足部分可以结转下期继续抵扣。”这种关于增值税留抵税额只能通过后续抵扣的处理方式导致企业预缴的进项增值税无法实现及时退还的现状，最终使企业预缴的增值税进项税额长期被税务机关无偿占有。我国税法以抵扣处理增值税留抵税额的规定历时已久，而税务机关受制于税收征管理念和税收征管水平等诸多现实问题的影响，使增值税留抵退税改革的进展相当缓慢，导致许多企业现金资源被长期侵占，企业的创新研发、股权并购等经营活动受到制约，最终对企业的持续成长产生极大的负面作用。

目前，学术界已经有大量的研究探讨增值税留抵税额对经济负面的影响。例如，Brakman等（2020）、耿纯和刘怡（2022）的研究发现，增值税留抵税额会造成资源配置扭曲、产能过剩加剧和地区间财政收入差距扩大等问题，最终导致经济发展的空间不平衡，地区经济出现失衡现象。吕丽娟和张玲（2018）从政府财政收入视角分析了增值税留抵税额这一问题，从短期看增值

---

① https://www.miit.gov.cn/jgsj/zxqyj/fwzxqyzxd/bmpxtfl/art/2022/art_e9c3e0f4fad442089cfb46aa873c1a58.html.

税留抵税额有助于提高政府当期的财政收入，但从长期看却会因减少企业纳税的计税基数而造成政府税收收入分成和退税责任的不匹配，最终破坏地区的营商环境，进而对地区间经济的高质量发展产生差异化的负面作用。丁东生和许建国（2019）的研究发现，增值税留抵税额是税务机关无偿占用企业现金资产的具体表现，它会拉高企业的资金使用成本，进而削弱企业的投融资能力和经营能力，最终阻碍企业的高质量持续发展。刘朝阳（2023）发现，增值税留抵税额的来年抵扣做法会对吸引境外资本产生负面效应，而以直接退还的方式处理增值税留抵税额则会鼓励境外资本投资的积极性，因为来年抵扣方法会极大地限制境外资本对预缴增值税税额的掌控程度，进而削弱境外资本的资金使用效果，并且这与多数欧美国家的传统做法相悖。从上述研究可以得出结论，增值税留抵税额确实已经成为阻碍营商环境改善、扰乱市场公平竞争和削弱企业发展动力的重要因素，它不仅扰乱了生产资源的有序配置，同时也将企业有限的生产资源挤出生产领域，加剧了企业原本生产资源就匮乏的窘境，这既不利于企业的高质量持续发展，也不利于整个国家经济的健康快速发展。

为切实消除增值税留抵税额对企业持续经营与地区经济高质量发展的负面影响，实现国家利用“减税降费”组合政策引导发展快速经济的宏伟目标，财政部和国家税务总局于2011年起联合发布了《财政部 国家税务总局关于退还集成电路企业采购设备增值税期末留抵税额的通知》（财税〔2011〕107号）的文件，此文件给予29家集成电路企业对购进生产设备产生的增值税进项留抵额进行申请及时退还的权力，这一举措拉开了我国增值税留抵退税改革的序幕。2014年、2016年和2018年，财政部和国家税务总局又陆续发布有关增值税留抵退税的相应文件。例如，将乙烯和芳烃等特定化工原材料行业①、飞机制造行业②和专用设备制造等先进服务企业等几个行业纳入企业可以申请增值税留抵税额直接退还的行列，实现增值税留抵退税试点范围的逐步扩容目标。2018年6月，财政部、国家税务总局等国家部委正式发布关于明确增值税留抵税额处理方法的文件：《退还部分行业增值税留抵税额有关税收政策的通知》（财税〔2018〕70号）。此文件进一步将依法享受增值税留抵退税的行业将从飞机制造等少数行业扩容至18个行业③，以此初步奠定我国增值税留抵税额以

① 《关于利用石脑油和燃料油生产乙烯芳烃类产品有关增值税政策的通知》（财税〔2014〕17号）。
② 《大型客机和新支线飞机增值税政策的通知》（财税〔2016〕141号）。
③ 《退还部分行业增值税留抵税额有关税收政策的通知》（财税〔2018〕70号）。

直接退还方式处理的制度性基础。随后，财政部、国家税务总局又陆续发布了关于增值税留抵退税内容的2019年第39号文件、2020年第8号文件和2021年第15号文件，强化针对企业税费减免组合政策的实施效果，以此持续深化落实增值税留抵退税的政策。仅2018年1—9月，国家便对文件规定的18个享受增值税留抵退税政策的行业以及电力电网类企业直接退还预缴的1 148.5亿元增值税留抵税额，极大降低了上述行业的增值税留抵税规模，缓解了这些重点扶持行业企业的资金压力，强化这部分企业利用增值税留抵退税资金参与经营的能力。2019年4月出台的《财政部、税务总局、海关总署关于深化增值税改革有关政策的公告》（财政部、税务总局、海关总署公告2019年第39号文件）规定对所有行业的增值税留抵税额增量部分进行直接退还处理，进一步扩大了增值税留抵退税的政策覆盖面，使一大批原本现金资产较为拮据的企业获得退税资金的扶持。2020年，为应对新冠肺炎疫情的外部环境负面冲击，财政部、国家税务总局等国家部委出台了一系列关于推进增值税留抵退税政策的具体举措，这些政策同样取得明显的效果，尤其是将企业增值税的历年存量留抵税额纳入直接退还处理的范畴，有效地增强了企业应对新冠肺炎疫情冲击的能力，保障企业受到外部环境负面冲击时仍能够维持正常的经营活动，并为新冠肺炎疫情后的恢复发展奠定基础。2021年和2022年陆续出台的诸如《财政部、国家税务总局关于进一步加快增值税期末留抵退税政策实施进度的公告》（财政部税务总局公告2022年第17号）等文件将扶持中小型微型企业作为主要目标，并通过实质性的税收优惠政策支持中小微型企业的持续发展，这些政策不仅包括信贷支持和税费减免，也包括增值税留抵税额的直接退还措施。据财政部公开的数据显示，仅2021年，国家便向各类企业提供税费减免优惠共计2.6万亿元，其中，增值税留抵退税达到1.5万亿元，占比57.69%。而在刚过去的2022年4月，全国共有52.7万户纳税人享受到增值税留抵退税的政策优惠，退税金额高达4 202亿元，这些举措极大地增强了企业的持续发展能力。此外，财政部和国家税务总局对增值税留抵退税政策的实施范围和实施进度也给出了明确规定，要求各级税务机关在指定日期内将企业历年的存量增值税留抵税额予以退还，彻底清理历年积累的增值税留抵税额。总体而言，自国家推动增值税留抵退税的试点之日起，增值税留抵退税政策的实施呈现出覆盖面逐渐扩大、执行力度逐年加强的趋势，但政策的大规模实施也只是最近3—4年的事情。国内学术界虽然已经对增值税留抵退税的形成原因、政策内容以及其对企业经营绩效的影响进行系统讨论，且这些成果对正确理解增值税留抵退税的积极作用提供了丰富的参考，但有关增值税留抵退税政策能否发挥改善企业的公司治理水平的作用尚未有讨论，增值税留抵退税政策作用于企业公司治理的机制问题亦有待于系统探索，这为本书提供了研究契机。

公司治理指的是规范和管理公司内部运作以及与外部利益相关方互动的体系与实践的一整套制度，它涉及决策权的分配、责任的明确、权力的监督和管理者与股东、董事会以及监管机构等各方之间的关系协调等事项。公司治理的目标是确保公司以有效、透明、公正和负责任的方式开展经营活动，确保公司经营目标围绕着股东权益最大化的目标，并同时兼顾其他利益相关者的合法权益。因而从狭义角度来看，公司治理是企业所有者（主要是企业股东）制约经营管理者的一种监督机制，即通过一种针对性的制度安排，合理地配置所有者和经营者之间的权力和责任关系，以此引导经营者朝着股东利益最大的原则参与公司经营活动。从这一角度看，公司治理研究的通常是围绕董事会权力的制度设计、高管薪酬和期权计划等利益分配、企业会计信息披露质量、企业内部人控制和代理问题以及企业风险管控等问题展开。董事会权力制度设计主要讨论董事会的权力结构制度，董事会的人员构成情况，独立董事的参与和监管履职情况，以及董事长是否兼任总经理的制度安排等话题。高管薪酬和期权话题主要围绕着企业管理层的薪酬设计制度和激励机制展开，讨论如何设计薪酬制度才能有效避免股东和管理层之间的利益冲突以及如何利用期权降低企业管理层的私利动机，进而鼓励管理层更加卖力地围绕股东利益最大化原则开展经营活动。企业的会计信息披露话题重点讨论管理层的信息披露意愿和信息披露时机以及企业信息披露质量等问题，因为企业的信息披露质量能够从本质上反映出管理层在自利动机驱动下操纵公司信息的程度，进而反映出公司治理制度是否发挥抑制企业管理层私利行为的情况。企业内部人控制和代理问题围绕着财务舞弊等管理层决策行为展开，强调公司治理制度对企业管理层攫取行为的约束情况，即如何设计制度可以避免内部人对利益的攫取。最后，企业的风险管理和财务困境化解能力也能够反映企业公司治理的成效问题，通常而言，有效的公司治理机制能够增强企业选择高风险的投资项目和融资项目的能力，进而增加企业因承担高风险经营项目获得超额收益的机会，并由此为化解企业财务困境奠定基础。总体而言，“董事会权力制度设计”和“高管薪酬和期权等利益分配”是从内部制度设计角度阐述企业的公司治理问题，探究的是制度设计如何影响企业公司治理的问题；而“企业会计信息披露质量”“企业内部人控制和代理问题”和“企业风险管理和财务困境化解能力”则反映的是企业公司治理的效果问题，是评价企业公司治理机制是否完善、公司治理过程是否规范以及公司治理结果是否有效的重要指标。本书探索的是增值税留抵退税政策的实施效果问题，故采用公司治理成效指标更能够反映研究问题，况且增值税留抵退税政策对于企业内部治理机制设计的关联度相对较低，故本书仅从“企业会计信息披露质量”“企业内部人控制和代理问题”“企业风险承担能力”和“企业财务困境化解能力”四个维度对增值税留抵退税政策的公司治理作用展开讨论，选择盈余管理、财务舞弊、风险承担和财务困境分别作为企业会计信息披露质量”“企业内部人控制和代理问题”“企业风险承担能力”和“企业财务困境化解能力”的代理指标进行探索，最终实现从公司治理成果角度评价国家出台增值税留抵退税相关政策的积极作用。

第二节　研究意义

本书的研究结论兼具理论和现实两个方面的意义。

一、理论意义

第一，本书的结论拓展了增值税留抵退税政策实施效果的研究范畴。本书立足于国家推行“减税降费”组合政策推动经济高质量发展以及增值税留抵退税改革的时代契机，考察增值税留抵退税政策对企业公司治理效果的实际影响，并构建博弈模型从政府和企业角度展开分析，选择盈余管理、财务舞弊、风险承担和财务困境作为代理变量对增值税留抵退税政策的实施效果进行理论分析和实证检验，最终得到较为统一且稳健的研究结论。增值税留抵退税政策是国家增值税改革的重要构成内容，也是“减税降费”组合政策的核心组成部分，对于推动实体经济高质量发展和改善企业公司治理效果的影响是极其深远的。然而，当前有关增值税留抵退税政策实施效果的探索仍然仅仅聚焦于讨论增值税留抵退税政策对企业经营绩效和宏观经济持续增长等少数领域，即便是涉及公司治理领域的研究，也仅仅围绕着创新投资等少数话题，有关增值税留抵退税政策能否发挥改善企业公司治理成效的文献尚未形成体系。本书利用理论分析、逻辑演绎结合实证检验的方式探索增值税留抵退税政策与盈余管理、财务舞弊、风险承担和财务困境的内在关系，系统诠释增值税留抵退税政策通过改善企业内部现金资产和强化企业外部监管等具体路径影响企业管理层的决策逻辑，并从盈余管理、财务舞弊、风险承担和财务困境四个方面作出解释，这不仅有助于丰富目前有关增值税留抵退税政策实施效果的研究内容，也初步实现了完善增值税留抵退税政策影响企业公司治理的研究框架。

第二，本书的结论丰富了影响企业公司治理因素的研究内涵。从内部治理结构和治理制度、外部宏观环境和外部经济政策角度探索公司治理问题，学术界已经取得了相当丰富的成果，但这些研究是在欧美国家特定的研究框架和研究样本内进行的，缺乏系统考虑中国社会特有的政治经济制度和市场运行规则。本书研究的增值税留抵退税政策是在国家“减税降费”背景下应对内外部市场风险的针对性措施，是为实现微观企业健康成长和宏观经济高质量发展所采取的具体做法，这也是对已有公司治理研究框架的有力补充。并且，增值税留抵退税政策的实施力度和实施范围都是动态变化的，政策的每一条条款变动都可以用来作为政策实施的外生试验点，进而更加清晰地区分出增值税留抵退税政策对企业公司治理的实施效果，这显然有助于增强本书研究结论的可靠性。基于此，增值税留抵退税政策相较于以往公司治理的内外部影响因素而言，更能够解释其作用发挥效果，这为理解增值税留抵退税政策的公司治理作用提供的启发价值明显更大。

第三，本书的结论构建了增值税留抵退税政策与公司治理话题的研究框架。中国是一个以公有制经济为主导的国家，长期秉持着以利代税的税收征管理念，缺乏科学系统的现代税收征管理念和税收征管体系，进而对企业持续成长和经济高质量发展产生诸多的负面影响。我国增值税为主的税收体系在最近30年才逐渐完善，增值税对国家经济的影响随着增值税制度的改革，尤其是增值税留抵退税制度的逐步完善而逐渐增大。公司治理也是近30年才发展起来的研究话题，目前，关于企业公司治理影响因素的研究越来越关注我国的特定情景探索。因此，讨论增值税留抵退税政策与公司治理内在关联的话题极具肥沃的土壤，这也为本书提供深入探索的空间。增值税留抵退税不仅是增值税制度改革的重要内容，也是中国税收制度现代化改革的前进方向，它不仅能够恢复因留抵而破坏的增值税税收中性原则，还能额外地发挥企业外部治理机制推动企业实现公司治理现代化的作用，并为学术界深入探讨增值税留抵退税政策的公司治理作用提供借鉴。同时，从增值税留抵退税政策考察企业公司治理问题既能够借鉴欧美学术界的实践经验，又能够立足我国企业现有的具体情景，最终使本书研究结论能够为政府推动增值税制度的改革和公司治理体系的完善提供建议。

二、现实意义

第一，本书结论向国家税收政策制定部门汇报了当前增值税留抵退税政策的实施效果，为国家下阶段持续深化增值税留抵退税政策提供支持。国家出台增值税留抵退税政策的目的在于推动增值税税制改革、强化税收政策赋能企业高质量发展和强化企业应对各类风险的能力，进而保障宏观经济的平稳可持续发展，为国家税收政策制定部门下阶段能否持续深化增值税留抵退税改革提供依据。本书利用理论分析、模型博弈和实证检验等多种方法构建增值税留抵退税政策实施效果的分析框架，从盈余管理、财务舞弊、风险承担和财务困境四个维度阐述增值税留抵退税政策的公司治理作用，并从政策内容和配套制度等多个视角验证增值税留抵退税政策发挥作用的机理，由此为后续政策的实施提供借鉴。更为重要的是，本书结论能够从公司治理角度评价增值税留抵退税政策的积极作用，并为完善公司治理机制提供增值税改革方面的建议。

第二，本书的结论可以向国家税收政策制定部门提供优化增值税留抵退税政策的具体措施，进而为下阶段更加有效地发挥增值税留抵退税政策奠定基础。增值税留抵退税是一项极其复杂的系统工程，不仅需要考虑行业间的税负公平问题，也要重视产业成长和地区经济的发展问题，并且在此基础上还要关注增值税留抵退税政策在不同情景下的差异化实施效果。因此，本书通过检验增值税留抵退税政策在不同情境下的差异化实施效果，测试其影响企业公司治理成效的边际作用，从而推断影响增值税留抵退税政策实施效果的边际因素，这有助于国家税收政策制定部门敏锐地把握当前实施政策的具体情况，并针对增值税留抵退税政策的行业范围、实施时间和实施力度等内容作出及时调整，以此更好地发挥增值税留抵退税政策赋能微观企业经营绩效并推动国家经济高质量发展的作用。本书对增值税留抵退税政策和公司内外部治理影响因素的两个场景进行讨论，通过评价增值税留抵退税政策影响公司治理的效果为后续政策内容优化提供参考。

第三，本书的结论为国家立法部门加快完善增值税立法和财税制度改革指明了方向。增值税留抵退税是我国增值税改革的一项重要内容，通过及时退还企业预缴的增值税进项税额实现扶持实体企业的健康持久发展，并以此理顺政府和市场的责权，加快营商环境的持续优化。本书通过验证增值税留抵退税政策优化企业公司治理水平的假设，向国家立法部门指明下阶段增值税改革的方向，即将增值税留抵退税内容写入税法进而持续发挥财税改革，朝着鼓励企业、激发市场活力的方向进行。此外，国家也需要充分利用增值税留抵退税政策这一柄能够优化企业公司治理的利剑，发挥其有效改善企业公司治理水平的积极作用，以推动企业公司治理的现代化演进和营商环境法制化的改善，最终在完善税制改革的同时又能够实现公司治理机制的持续完善。

第三节　研究框架

本书试图在一个完整统一的框架下，沿着制度背景、理论依据、模型分析和实证检验的逻辑阐述增值税留抵退税政策的公司治理效应。本书试图回答以下三个问题：第一，增值税留抵退税政策影响企业公司治理的内在作用逻辑是什么？第二，增值税留抵退税政策与企业公司治理水平间的具体关系如何，具体在盈余管理、财务舞弊、风险承担和财务困境四个维度上是怎么体现的？第三，如何持续实施并优化增值税留抵退税政策发挥的积极作用？具体而言，本书沿着理论梳理—机理探索—关系检验—策略研究的逻辑展开，由浅入深地厘清增值税留抵退税政策影响企业公司治理的机理、路径和成效。首先，理论梳理需要介绍增值税留抵退税政策的实施背景以及当前学术界对增值税留抵退税政策的研究现状，并要介绍增值税留抵、增值税留抵退税的概念和内涵，以及增值税留抵税额的形成原因等，该部分内容奠定了本书研究的理论基础。其次，本书探索增值税留抵退税政策影响公司治理的机理问题，重点解释增值税留抵退税的实质以及其影响企业公司治理的逻辑，具体要梳理出增值税留抵退税政策发挥作用的机理和路径，这部分内容主要解答本书的第一个问题。在此基础上，本书使用博弈分析方法演绎增值税留抵退税政策对企业公司治理的影响，通过构建博弈分析模型，讨论不同条件下政府和企业关于享受增值税留抵退税政策和采取改善公司治理措施策略组合的动态选择，由此得出国家出台增值税留抵退税政策和企业实现公司治理水平优化的最优选择。再次，本书采用实证检验法从盈余管理、财务舞弊、风险承担和财务困境展开深入探索，以中国A股上市公司为研究对象，通过构建模型与回归方式得出实证结果，以此解答本书的第二个问题。最后，本书根据研究结论提出优化增值税留抵退税政策实施效果和优化企业公司治理体系的政策建议，将本书结论提炼到政策高度以体现学术研究推动政策内容持续优化并实现企业公司治理机制持续完善的目标，这部分内容回答本书的第三个问题。总体而言，本书的主要内容逻辑如图1－1所示。

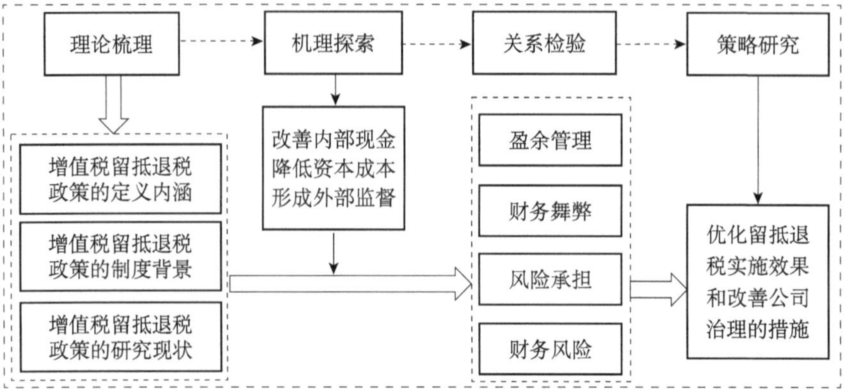

图1-1　本书的主要内容逻辑示意图

第四节　研究内容

本书的核心研究问题是讨论增值税留抵退税政策能否发挥优化企业公司治理的作用问题，以政府和企业双方博弈方式得到政府实施增值税留抵退税政策与企业做出改善公司治理的双向互动策略，并从“企业会计信息披露质量”“企业内部人控制和代理问题”和“企业风险管理”三个角度展开理论探索和实证检验。本书在参考国内外的相关文献后，先梳理出增值税留抵退税政策影响企业公司治理的理论逻辑脉络，又构建博弈分析模型进行推理演绎，接着构建实证模型，结合A股上市公司数据从盈余管理、财务舞弊、风险承担和财务困境四个方面进行实证检验，以此检验增值税留抵退税政策对盈余管理、财务舞弊、风险承担和财务困境的影响。最终，本书实现从公司治理视角检验增值税留抵退税政策的实施效果，凝练出结论并提出优化政策实施效果的建议。

本书的详细脉络如下：

第一章，绪论。绪论主要介绍本书的研究背景、研究意义、研究框架、研究内容、研究方法和研究创新点。首先，本书开宗明义地提出为什么要研究增值税留抵退税政策的公司治理效应这一问题，这是本书需要阐述的研究背景。其次，本书从理论和实证两个层面分析增值税留抵退税政策的公司治理效应，论述本书的选题在理论和实践上的双重研究价值。再次，本书就所要探索的具体内容进行框架性阐述，构建起全书的理论研究体系。在介绍完全书的研究体系后，本书重点介绍具体研究内容，分别阐述增值税留抵退税政策对企业内盈余管理、财务舞弊、风险承担和财务困境的影响，并结合研究内容顺势介绍相应的研究方法。最后，本书就研究中存在的创新点进行论述，以此提升本书的立意。总之，绪论部分是整本书的缩影，概括地展现了本书的主要研究内容。

第二章，我国增值税留抵退税政策的制度背景研究。这部分内容主要介绍我国增值税改革的历史脉络、增值税留抵退税的经济思想渊源和我国增值税留抵退税的改革实践，这些内容是全书有关增值税留抵退税的历史渊源和制度背景。我国增值税改革的历史脉络主要介绍自改革开放以来我国税收制度由对所得额征收向流转额征收的转变，强调税收制度改革是为了适应经济发展需求以及应对经济运行风险等。增值税留抵退税的经济思想渊源主要介绍增值税留抵退税对经济发展可能产生的影响，从理论上为我国当前出台增值税留抵退税政策提供制度性保障。我国增值税留抵退税的改革和深化部分主要介绍自 2011 年以来历次有关增值税留抵退税的过程，重点介绍了 2018 年增值税留抵退税覆盖面扩容的具体背景，为下文实证检验增值税留抵退税政策的公司治理效应提供外生实验点。最后，本章对上述内容进行系统性总结，为下文深入了解增值税留抵退税政策的公司治理作用奠定了基础。

第三章，我国增值税留抵退税政策和企业公司治理理论研究。本章延续第二章有关增值税留抵退税政策的制度背景评述，梳理学术界当前的相关研究，为后续地深入探讨提供理论支持。并且，本章还系统地梳理企业公司治理理论研究的四部分内容：盈余管理、财务舞弊、风险承担和财务困境，通过梳理内涵、度量和动机为探索增值税留抵退税政策与企业公司治理的关系问题奠定理论基础。最后，本章对已有的文献进行评述，梳理出增值税留抵退税政策影响企业公司治理的逻辑线，为后续博弈推导、理论分析和实证检验奠定坚实的基础。

第四章，增值税留抵退税政策的公司治理效应：博弈分析。这部分内容正式开始论证增值税留抵退税政策与企业公司治理的关系问题，通过构建博弈模型将增值税留抵退税政策作为企业外部治理因素进行逻辑演绎，本章聚焦于讨论我国增值税留抵退税政策影响企业公司治理水平的逻辑关系，并对演绎得到的模型进行算例研究，得出研究结论并做出总结和建议。

第五章，增值税留抵退税政策对企业盈余管理的影响。本章延续第四章的研究结论，通过理论分析梳理出增值税留抵退税政策与企业盈余管理间的关系，通过提出研究假设、选择研究样本、构建研究模型和定义研究变量等实证检验步骤，对增值税留抵退税与公司盈余管理进行探索。此外，本章还进行多个检验以确保研究结论的稳健性，验证增值税留抵退税政策发挥作用的机理，并设计多个拓展性检验以丰富检验增值税留抵退税政策影响企业盈余管理的边际条件。最后，根据本章的研究结论提出建设性建议。

第六章，增值税留抵退税政策对企业财务舞弊的影响。本章通过理论研究梳理出增值税留抵退税政策与企业财务舞弊的关系，通过设计研究假设、选择研究样本、构建研究模型、定义研究变量等实证检验步骤，对增值税留抵退税政策与公司财务舞弊进行探索。此外，本章还进行多个检验以确保研究结论的稳健性，验证增值税留抵退税政策发挥作用的机理，并设计多个拓展性检验以丰富检验增值税留抵退税政策影响企业盈余管理的边际条件。最后，根据本章的研究结论提出建设性建议。

第七章，增值税留抵退税政策对企业风险承担的影响。本章通过理论研究梳理出增值税留抵退税政策与企业风险承担水平间的关系，通过设计研究假设、选择研究样本、构建研究模型、定义研究变量等实证检验步骤对增值税留抵退税政策与企业风险承担水平间的关系进行探索。此外，本章还进行多个检验以确保研究结论的稳健性，验证增值税留抵退税政策发挥作用的机理，并设计多个拓展性检验以丰富检验增值税留抵退税政策影响企业风险承担水平的边际条件。最后，根据本章的研究结论提出建设性建议。

第八章，增值税留抵退税政策对企业财务风险的影响。本章通过理论研究梳理出增值税留抵退税政策与企业财务困境间的关系，通过设计研究假设、选择研究样本、构建研究模型、定义研究变量等实证检验步骤对增值税留抵退税政策与企业财务困境间的关系进行探索。此外，本章还进行多个检验以确保研究结论的稳健性，验证增值税留抵退税政策发挥作用的机理，除此之外，还设计多个拓展性检验以丰富检验增值税留抵退税政策化解企业财务困境的边际条件。最后，根据本章的研究结论提出建设性建议。

第九章，总结、建议和展望。总结全书研究内容，提炼研究结论，并针对结论提出针对性政策建议，最后沿着现有研究给出未来的展望。

图 1 -2 是全书的技术路线和研究方法图，由此可以清晰地看出全书各个章节之间的内在联系。由图 1 -2 所示，第一章是全书的总纲，用来概括性介绍全书内容；第二章和第三章是全书的制度背景和理论基础，这两个部分的内容主要使用文献研究法进行，用来铺垫全书的制度背景和理论基础。第四章是全书的博弈分析部分，主要使用博弈演绎法进行，从整体上介绍政府出台增值税留抵退税政策对企业采取影响公司治理的策略组合。第五章至第八章是全书

的实证检验部分，分别从盈余管理、财务舞弊、风险承担和财务困境四个层面进行阐述，主要使用实证检验法进行，用来检验增值税留抵退税政策与公司治理间的影响关系，并阐述作用机理。第九章是全书的总结，主要采用归纳法展开研究，最后针对结论提出建议并提出未来研究的展望。

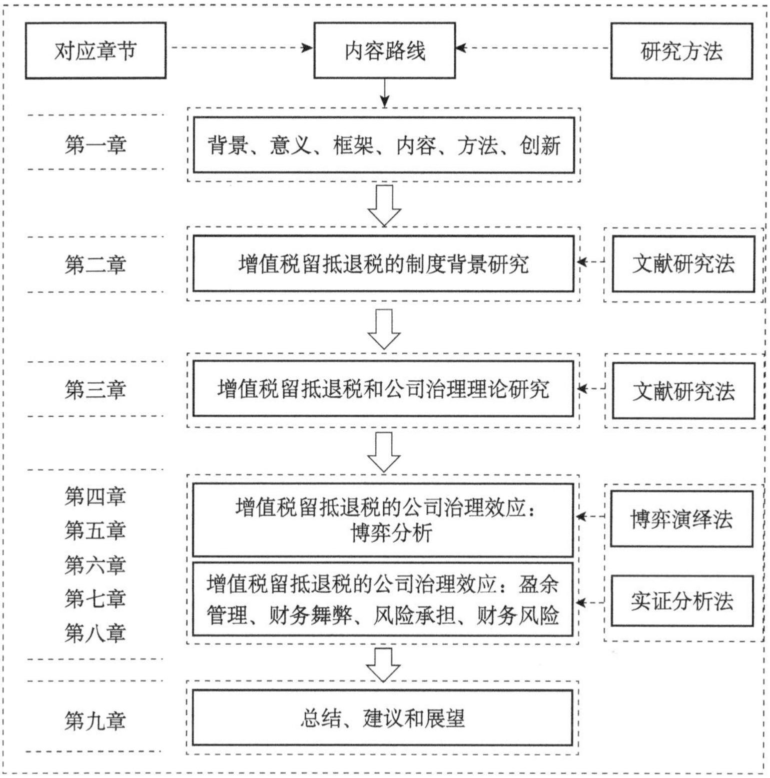

图1－2 全书的技术路线和研究方法示意图

第五节 研究方法

本书采用规范分析、博弈演绎和实证检验相结合的研究方法，借鉴应用经济学、统计学、管理学和社会学等学科知识点展开增值税留抵退税政策的公司治理效应研究。本书使用的具体研究方法以及如何使用这些研究方法去解决研究问题的逻辑如下所述。

第一，规范分析法。这类方法具体包括：文献研究法、理论演绎法和理论归纳法等。首先，本书介绍的增值税留抵与增值税留抵退税的概念、内涵以及增值税留抵退税政策的实施背景和实施目的等内容需要使用文献分析法进行梳理。接着，本书在分析增值税留抵退税政策的公司治理效应时，借鉴学术界已经丰富的研究成果，并以此为依据构建起增值税留抵退税政策影响企业盈余管理、财务舞弊、风险承担和财务困境的理论逻辑，这部分内容需要采用理论演绎法进行研究。在结论总结以及策略优化的部分，本书需要使用理论归纳法展开研究，这些内容不仅要综合博弈分析结果和实证检验结果得出增值税留抵退税政策的公司治理效应，还要从增值税留抵退税政策的实施过程中凝练出当前存在的问题，并以此为基础提出针对性的优化建议。

第二，博弈演绎法。博弈演绎法就是运用数学方法来研究有利害冲突的双方在竞争性活动中是否存在制胜对方的最优策略，以及如何制定这些策略。本书将增值税留抵退税政策作为影响企业公司治理的一种外在因素嵌入企业经营决策分析模型，从数理推论角度对增值税留抵退税政策与企业公司治理间的内在逻辑进行演绎。总体而言，以政府作为增值税留抵退税优惠政策的提供者，它是以实现提升社会整体效益为目标的，而企业管理层作为增值税留抵退税优惠政策的享受者，它需要权衡享受增值税留抵退税政策与采取降低企业公司治理水平导致失去享受增值税留抵退税资格。博弈演绎的优点在于模型推导具有较高的科学性，能够避免样本选择和数据处理导致的偏误，进而强化研究结论的可信度。

第三，实证分析法。这类方法具体包括：描述性统计分析，相关系数分析和回归检验等方法。本书对增值税留抵退税政策的公司治理效应进行实证检验，通过“提出假设—搜集数据—建立模型—统计分析—得到结论”的研究逻辑，分别验证增值税留抵退税政策对企业盈余管理、财务舞弊、风险承担和财务困境的影响，从而得出“是什么”的研究结论；接着本书通过引入企业内外部治理因素探究增值税留抵退税政策作用与企业公司治理的边际条件，进而回答“什么情况下是”的问题。此外，本书还检验了增值税留抵退税政策影响企业公司治理的作用机理，最终得出“为什么是”的结论。在上述分析过程中，本书通过样本描述性统计、相关系数检验、回归检验、稳健性检验和拓展检验等构建出系统完整的实证分析体系。尤其是本书使用双重差分法对增值税留抵退税政策的实施效果进行研究，更是增加了研究结论的稳健性。

第六节　主要创新点

本书立足于国家实施“减税降费”背景讨论增值税留抵退税政策的公司治

理作用，从政府和企业两个方面展开博弈分析，并以中国沪深A股上市公司作为研究样本对盈余管理、财务舞弊、风险承担和财务困境开展理论阐述和实证检验，进而得到完整且稳健的研究结论。本书的创新点主要体现在以下三个方面：

第一，研究视角创新。学术界有关增值税留抵退税政策话题的探讨，多是从增值税留抵退税的概念、内涵、制度背景等定性方面展开，少数有关增值税留抵退税政策实施效果的探索也只是集中在就业、创新和避税等领域。现有的文献尚未对增值税留抵退税政策作用于企业公司治理的成效和机理进行系统讨论，并且增值税留抵退税政策影响企业经营决策的探索多从融资约束这一渠道展开，增值税留抵退税政策内在条款和外部制度设计等能否同样对企业公司治理产生影响尚未被关注。本书突破以往只关注宏观经济发展或经营绩效亦或某个经营决策的探索限制，试图结合政策条款内容和稽查体系从公司治理结果角度解释国家在“减税降费”背景下实施增值税留抵退税政策的积极作用，并以此将增值税留抵退税政策纳入公司治理的研究框架，系统阐述增值税留抵退税政策改善企业公司治理水平的效果和机理，加深学术界对于增值税留抵退税政策积极作用的理解，拓宽公司治理影响因素的学术研究领域。

第二，研究方法创新。学术界有关增值税留抵退税政策的研究通常会单独采用实证检验法、案例分析法和博弈分析法等，因此这些研究或能从宏观角度解释增值税留抵退税政策的作用，或能从数理逻辑视角构建模型进行分析，亦或聚焦某个具体企业展开描述，但已有的研究并未能同时从多个角度解释同一个问题，进而实现多层次多维度地研究问题的本质。而本书采用实证检验结合博弈分析的方法展开系统探索，既能从数理模型推导获得研究结论，又能够囊括前人研究的所有问题，突出实证研究揭示普遍规律的优点，相较已有文献而言，这是更加科学、更加系统的研究方法，亦能够揭示更加普遍而又具体的问题。此外，本书还特别强调使用多个实证检验来确保研究结论的稳健性，并对已有结论展开做作用机理和边际因素检验，进而在确保研究结论稳健的同时又实现研究内容的丰富，这也是本书的一个创新点。

第三，研究内容创新。本书对有关增值税留抵退税政策的探索主要从留抵退税缓解融资约束和降低公司资本成本两个角度开展，对伴随增值税留抵退税政策实施而来的外部监管受到的关注相对有限。本书立足公司治理视角从增值税留抵退税政策申请条件凝练出制约企业管理层决策的逻辑，由此开辟从外部监督影响内部决策，进而作用于企业治理水平的作用路径，这既丰富了有关增值税留抵退税政策的内容研究，突破了以往只关注政策实施内容而忽略政策实施以来对公司治理发挥作用的因素，又丰富了企业公司治理的影响因素研究。因此，相较已有研究而言，本书更是将政策实施条件凝练出的制约因素融入影响公司治理的研究框架，是对已有文献内容上的创新。本书的研究结论为我国下阶段深化增值税改革提供借鉴。

第二章　我国增值税留抵退税政策的制度背景研究

第一节　我国增值税改革的历史脉络

我国增值税改革的路径大致沿着增值税的诞生、增值税的调整、营业税改增值税（以下简称“营改增”）和“留抵退税改革”的脉络进行，本章基于研究目标重点介绍前三个阶段。

第一个阶段：增值税诞生（1950—1992 年）。我国增值税的前身要追述到新中国成立时期的流转税，这是一种以商品（包括服务）的营业额为计税对象的税种。流转税是新中国成立后 30 年内最主要的税种，它以商品生产、交换和提供商业性劳务为征税前提，经过多次改革后才逐步衍生出增值税。在税制改革的历次过程中，流转税的改革方向始终朝着简化税制的目标推进，历经 1950 年的工商业税建立、工商业税中的营业税合并纳入工商统一税，再将工商业税中的所得税改为工商所得税（1958 年），最后将工商统一税兼并入工商税（1973 年）等税收制度改革，奠定了我国增值税的诞生。尽管这个阶段的税制已经取得明显的简化改革效果，但税收制度依然存在工商税重复征收和不同企业间赋税压力不均衡等问题，这无疑会加剧企业的纳税负担和税务机关的征税负担。为适应改革开放后发展经济的需要，国家开始着手对流转税制度进行改革，其中最主要的措施是设立了增值税，并逐步推动与完善增值税。1979 年，国家在部分地区试点增值税，以此拉开我国流转税的改革序幕，后经过 1982 年的增值税试点范围扩大，1984 年国务院发布的《中华人民共和国增值税条例（草案）》正式确认增值税的独立税种地位，并陆续对增值税的征收对象、征收原则、征收范围以及征收税率做出明确的规定，由此实现确保增值税成为我国税收体系中最重要税种的目标。此后的 10 余年间，国家又出台了一系列有关增值税改革的文件。例如，国家通过“扩大征税范围”“改进计税办法”和发布增值税建议征收办法等措施，解决增值税征收过程中存在税率档次多、制度不规范等问题，由此实现简化增值税的税率体系的目标。虽然上述措施在一定程度上缓解了增值税征收过程中的矛盾，但并未从本质上解决增值税征管复杂、税率过高等问题，这为后续持续推进增值税改革奠定基础。因此，这个阶段我国增值税实现由设立到初步完善的发展，但却因存在诸多现实问题需要持续的优化改进。

第二阶段：增值税调整（1992—2010 年）。党的十四大明确提出要建立社会主义市场经济体制，并逐步推进国有企业的所有制改革，这要求国家对当时实行的税收制度进行全方面改革，以此确保税收制度适应国家经济体制的变革目标。1993 年，国务院颁布的《中华人民共和国增值税暂行条例》对增值税征收方式、征收税率和征收对象等提出具体要求：第一，扩大增值税的征收范围，全面代替产品税；第二，简化税率，只设置标准税率（17%）、低税率（13%）和出口零税率；第三，推行生产型增值税，实现在生产环节征收增值税；第四，推行凭票扣税制度，将增值税发票和征税统一起来；第五，按照经营规模标准和财务核算能力将纳税人分为一般纳税人和小规模纳税人两类，两类纳税人承担对应的增值税纳税义务；第六，改革增值税征收管理制度，使用增值税发票和增值税征管稽查体系等，经过这次改革，增值税基本形成了完整的框架体系。1994 年以后，国家进一步对增值税制度进行完善，具体内容包括明确一般纳税人使用税率、进项税额扣除范围和扣除率、小规模纳税人的征收率、出口退税率和税收优惠等，这些措施强化了增值税的征管力度。2003 年 10 月，中国共产党十六届三种全会通过的《中共中央关于完善社会主义市场经济体制若干问题的决定》指出：逐步推动增值税改革实现由生产型增值税向消费型增值税转变。当年 10 月，中国共产党中央委员会（以下简称中共中央）颁布的《实施东北地区等老工业基地振兴战略的若干意见》明确要求，在东北地区有序推行从生产型增值税向消费型增值税的转变。随后几年，国家分批次分行业地陆续进行增值税转型改革，但这些改革措施并未从根本上改变增值税的实施现状，故对于降低征管成本、防范增值税偷税漏税等的抑制作用并不明显。为了规范增值税征收措施，应对自 2008 年以来全球金融危机的外部冲击，国务院第 34 次常务会议决定自 2009 年起对全国范围内的增值税进行新一轮改革。随后，财政部、国家税务总局联合发布《关于全国实施增值税转型改革若干问题的通知》，文件要求全国所有增值税一般纳税人可以申请对新购进的设备进行进项税额抵扣，但购进的应征消费税的小汽车、摩托车和游艇不得抵扣进项税；取消进口设备增值税免税政策和外商投资企业采购国产设备的增值税退税政策；将小规模纳税人的征收税率调整至 3%；矿产产品增值税率由 13% 恢复至 17% 等。2009 年的这次增值税调整是自增值税税种设立以来降水力度最大的一次，极大地减轻了国内实体企业的税负压力，刺激了持续低迷的国内经济，但这次改革仍未涉及增值税留抵税额这一问题。

第三阶段："营改增"（2011—2016 年）。为了推动产业结构升级转型，破除体制对经济发展的阻碍，2011 年 11 月，财政部、国家税务总局正式发布《营业税改征增值税试点方案》《交通运输业和部分现代服务业营业税改征增值税试点实施办法》《交通运输业和部分现代服务业营业税改征增值税试点有关事项的规定》和《交通运输业和部分现代服务业营业税改征增值税试点过度政策的规定》等相关文件，正式拉开了"营改增"的序幕。2012 年 1 月 1 日，上海市率先设立"营改增"工作试点，规定在部分交通运输业和现代服务业开展增值税收制度的深化改革，并逐步将部分行业由当前征收营业税改为征收增值税，即实现"营改增"。"营改增"上海市试点的主要内容包括：第一，确定交通运输业和部分现代服务业的试点行业地位；第二，在现有 17% 和 13% 两档税率基础上，新增 11% 和 6% 两档税率。随后，2012 年 9—12 月，"营改增"的试点逐步扩大至北京市、天津市、江苏省、浙江省、安徽省、福建省、湖北省、广东省 8 个省（直辖市）和宁波、厦门、深圳三个计划单列市。2012 年 10 月，财政部、国家税务总局发布了《关于在北京等 8 省市开展交通运输业和部分现代服务业营业税改征增值税试点的通知》，进一步明确了增值税收入的归属划分问题，并适当调整试点行业的范围，设置原公路、内河货物运输业等行业内一般纳税人的认定标准，厘清原留抵税额的抵扣问题，界定航空运输业的税收执行标准等。2013 年 8 月，"营改增"的改革试点已经由局部省市推广至全国。2014 年，"营改增"的改革由省、市、自治区向行业延伸，政策覆盖建筑业、房地产业、金融业和生活服务业。经过 2 年多的"营改增"试点，我国所有省份和所有行业的"营改增"工作基本宣告完毕，增值税完全取代营业税成为我国税收体系的第一大税种。在"营改增"税制改革过程中，为解决试点中暴露出部分行业、部门赋税过重问题，平衡好不同行业、不同地区的税收负担程度，财政部、国家税务总局陆续补充了若干条与减税相关的政策，明确规定总分机构间的纳税问题，厘清中央和地方省、市、自治区间的税收留存问题，基本确定了中央和地方的税收征管制度和税收分配体系。2012—2016 年，我国的"营改增"改革工作虽然历经艰险，但财政部、国家税务总局始终朝着规范化、法制化的方向推进增值税改革，由此奠定增值税在我国税收征管体系中的重要地位。

我国增值税的诞生和改革始终秉持为企业减负的宗旨。从内容上看，当前的研究还停留在税种变更，税率合理化设定的阶段，尚未具体考虑征税方式，但增值税长期的巨额留抵额对企业和政府均形成了负面影响，这是下阶段政府需要重点解决的问题。

第二节　我国增值税留抵的形成原因

增值税留抵税额是指企业进项税在实现销项抵扣后尚未被抵扣完毕的进项税额度。我国增值税征收实行链条抵扣机制，即纳税人当期的增值税留抵税额度不能直接退还，而是要在往后几期根据相应政策进行抵扣（注：销项税额是指按照销售额和适用税率计算的增值税额，进项税额是指购进原材料等所负担的增值税额）。因此，增值税留抵税额源自当期销项税额抵扣后的进项税余额，即当销项税额大于进项税额时，剩下的部分就是企业当期的增值税增量，企业需要在当期直接向税务机构缴纳这部分税款；故当进项税额大于销项税额时，进项税未抵扣完毕的部分就会成为留抵税额。更有甚者，有些企业每一个“当期”都无法实现销项税对进项税的有效抵扣，进而使得增值税留抵税额规模逐年扩大，最终使企业的大量资金被占用，增加了企业的经营负担。我国增值税留抵额的形成情况如图 2－1 所示。

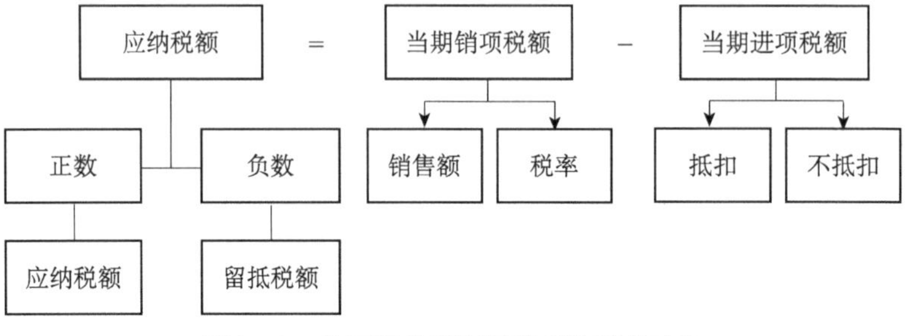

图 2－1　我国增值税留抵税额的形成过程

关于我国增值税留抵税额的形成原因，近些年学术界已经展开激烈讨论，本书归纳出以下 4 种解释。

形成增值税留抵税额的第一种解释是由价格管制导致的。政府基于产业发展、行业保护等目标会对部分产品进行销售指导价格，进而导致企业购买原材料和生产物资的价格偏离其市场公允价值而造成增值税进项税额未能得到当期足额销项。当企业购买的原材料价格相对较高，售卖产品的价格相对较低时，企业在生产环节可能并未形成实质上的产品和劳务价值增值，因此，按照增值税征收的本质，企业不应承担缴纳增值税的义务。但实际上企业在购买原材料时就已经缴纳了增值税进项税，且这部分税款难以通过销售足够高价格的产品予以抵扣，故这部分难以当期抵扣的税款就是增值税留抵税额的源头。例如，政府对天然气、煤炭、电力等关键能源的国内销售价格进行管制，因此，这些企业的产品销售价格相对固定。然而，国际能源市场的原油价格主要受国内外供给等市场因素的影响，企业购买这些产品的价格波动就相对较大。当国际市场的价格高于国内市场价格时，就可能出现能源类企业的原材料价格和产品价格倒挂现象，最终导致能源企业产生大量增值税留抵税额。在这种情况下，企业实际上已经为购买原材料支付了增值税，但由于产品价格受到政府指导限制，无法将实际的增值税纳入到销项税额中，这些未能销项的增值税就形成了企业的留抵税额。

形成增值税留抵税额的第二种解释是由多档税率导致的。我国增值税税率因行业执行不同的税率标准，因此，当企业购进产品的行业增值税税率高于销售产品的行业增值税税率时，就可能出现销项税额不足以完全抵扣进项税额的现象，进而导致企业预缴的进项税额难以及时回收而形成增值税留抵税额。例如，服务业多适用 6% 或者 9% 的税率，而销售农产品、农用物资、能源品、书报等货物适用 9% 的税率，其他货物则适用 13% 的税率等。当企业购买其他货物作为原材料进行农产品生产时候，进项增值税税率维持在 13%，而销售产品的增值税税率只有 6% 或者 9%，那么企业的毛利率要超过 50% 才有可能实现增值税进项税额得到完全抵扣，否则企业的增值税进项税额不能通过销售实现完全销项抵扣，即企业购进原材料或服务时支付的增值税税额超过了销售产品时所能抵扣的增值税税额，最终导致企业预缴了部分进项税而形成增值税留抵税额。因此，由于增值税税率差异造成的留抵税额，是企业无法在当前纳税期内通过销售实现完全抵扣的税款，这是增值税产生留抵的第二种解释。

形成增值税留抵税额的第三种解释是由生产经营周期特点导致的。企业的生产经营活动会受到季节性因素和产品生产周期因素的影响，进而导致企业缴纳的进项税和抵扣的销项税额在时间上表现出不同步。例如，羽绒服企业的销售额集中在冬季，冷饮公司的销售额则主要出现在夏季。在这一情况下，企业在销售旺季前会大量采购原材料，从而缴纳巨额的进项税额。然而，企业并不能在短期内就实现产品销售而得到与采购原材料对应的销项税抵扣额，这就导致企业的进项税和销项税在时间上形成错位，造成企业预缴的进项税无法在短时间内就实现销项抵扣，最终形成大量的增值税留抵税额。另一种情况是初创企业需要购置大量的固定资产和采购大量的原材料，从而需要缴纳较多的进项增值税。然而，销项税抵扣的实现需要随着产品或劳务的销售逐步实现的，但初创企业通常需要很长一段时间才能实现由研发到产品稳定销售，这就造成初创企业的固定资产和原材料采购与产品销售存在较长的时间窗口，造成企业存在大量的增值税留抵税额。

形成增值税留抵税额的第四种解释是由宏观环境变化导致的。企业的经营活动会受到宏观环境的影响，进而导致企业的增值税进项税额和销项税额在时点上的错配现象。例如，企业在经济繁荣期采购原材料，而在经济萧条期销售产品，此时企业会面临产品滞销的问题，进而导致产品进入库存而未能给企业带来足额的销项额。反之，原材料的采购是在经济繁荣期实现的，这意味着企业需要在采购时预缴了大量的增值税进项税。由于产品无法迅速销售造成产品的销项抵扣无法及时实现，最终造成企业的进项税额难以有效抵扣而成为留抵税额。经济繁荣期和经济萧条期的交替是宏观经济波动的正常现象，而宏观环境的变化对企业的经营活动产生重要影响。在经济繁荣期，企业可能会采购更多的原材料，以满足市场需求的增长。反之，在经济萧条期，市场需求减弱，企业面临着产品滞销的风险。这种情况下，企业无法迅速销售产品，最终导致销项税额无法及时抵扣进项税额，从而形成增值税留抵税额。

第三节　我国增值税留抵改革退税的制度背景

2011 年，财政部和国家税务总局在部分行业内推行增值税留抵的直接退还改革试点，由此拉开我国增值税留抵税额抵扣方式的改革序幕。10 余年过去了，期间财政部和国家税务总局陆续出台了一系列的相关政策文件，以此逐步推进我国增值税留抵税额的改革进程。具体来说，我国增值税留抵税额抵扣方式改革大致经历以下三个阶段。

第一个阶段的特征是在特定行业试行选择性存量增值税留抵退税（2011—2018 年）。2011 年，财政部、国家税务总局联合发布的《关于退还集成电路企业采购设备增值税期末留抵税额的通知》（财税〔2011〕107 号）文件指出，为鼓励集成电路行业的健康发展，国家各级税务部门将对规定的 29 家集成电路企业因采购生产设备预缴的增值税进项留抵额予以直接退还的方式处理，这是国内首个涉及增值税留抵税额以直接退还方式处理的文件。2014 年，财政部、国家税务总局联合发布的《关于利用石脑油和燃料油生产乙烯芳烃类产品有关增值税政策的通知》（财税〔2014〕17号）对部分化工企业因生产需要而购买的乙烯、芳烃类等特定化工原材料以及购买的石脑油和燃料油等物资所产生的增值税留抵税额给予退还处理。2016年，财政部、国家税务总局联合发布的《大型客机和新支线飞机增值税政策的通知》（财税〔2016〕141号）文件对从事大型客机、大型客机发动机研制项目、生产销售新支线飞机而造成的增值税期末留抵税额予以直接退还处理，该文件将飞机制造等相关行业纳入可以享受增值税留抵税额退还的范围。2018年，财政部、国家税务总局联合发布的《退还部分行业增值税留抵税额有关税收政策的通知》（财税〔2018〕70号）文件对专用设备制造等部分先进制造企业、研究和试验发展等先进服务企业共计18个大类行业以及电网企业2017年末产生的增值税留抵税额予以直接退还处理，这个文件将增值税留抵税额的直接退还执行范围由开始的某几个特定行业向大多数行业扩容，这为后续更大范围内推进增值税留抵税额直接退还方式改革奠定坚实基础。从这个阶段国家发布的文件内容来看，增值税留抵退税政策的内容尚停留在针对某几个特殊行业范围，并且增值税退税政策执行过程中设置了相对较高的门槛，故这个时期的增值税留存退税政策具有享受前提条件高，政策覆盖面窄等特点。

第二个阶段的特征是部分行业内增量部分增值税留抵退税试行阶段（2019—2021年）。为有序推动增值税留抵退税制度改革，2019年，财政部、国家税务总局和海关总署联合发布的《关于深化增值税改革有关政策的公告》（财政部、国家税务总局、海关总署公告2019年第39号）文件以及财政部、国家税务总局联合发布的《关于明确部分先进制造业增值税期末留抵退税政策的公告》（财政部、国家税务总局公告2019年第84号）明确规定：自2019年6月1日起，生产并销售非金属矿物制品、通用设备、专用设备及计算机、通信和其他电子设备的销售额比重超过50%的先进制造企业纳税人可以按100%的比例向税务部门直接申请退还增值税增量留抵额。随后，为应对新冠肺炎疫情的负面冲击，财务部、国家税务总局于2020年2月联合发布的《关于支持新型冠状病毒感染的肺炎疫情防控有关税收政策的公告》（财政部、国家税务总局公告2020年第8号）允许疫情防控重点保障物资生产企业对自2019年12月以来的增值税留抵税额的存量部分可以向当地税务部门申请按月退还，这是国家利用增值税留抵退税政策支持防疫产品生产企业的具体举措，也是国家首次利用增值税留抵退税这一政策工具应对宏观经济风险的成功事例。2021年4月，财政部、国家税务总局联合发布的《关于明确先进制造业增值税期末留抵退税政策的公告》（财政部、国家税务总局公告 2021 年第 15 号）规定，凡符合国家有关增值税留抵退还条件的先进制造业纳税人可以向税务部门申请退还自 2021 年 5 月以来的增值税留存额，这是我国首次大面积针对增值税留抵税额存量予以退还处理的规定，标志着我国增值税留抵改革进入了一个新的阶段。从这个阶段国家发布的文件内容来看，增值税留抵税额的退还方式改革虽有了实质性的发展，但目前政策对于增值税存量留抵额税的退还措施覆盖面不大，下阶段还有向所有行业大范围实施的空间。

第三个阶段的特征是全行业内存量与增量增值税留抵退税兼顾阶段（2021 年至今）。根据财政部和国家税务总局联合发布的《关于进一步加大增值税期末留抵退税政策实施力度的公告》（财政部、国家税务总局公告 2022 年第 14 号）规定，自 2022 年 4 月 1 日起，除继续执行原有的增量部分增值税留抵税额和存量部分的增值税留抵税额予以直接退还政策外，符合下列条件的企业还可以按月申请全额退还增值税留抵税额。这些符合申请条件的企业包括小微企业“制造业”“科学研究和技术服务业”“电力、热力、燃气及水生产和供应业”“软件和信息技术服务业”“生态保护和环境治理业”和“交通运输、仓储和邮政业”。接着，财政部和国家税务总局又将“批发和零售业”“农、林、牧、渔业”“住宿和餐饮业”“居民服务、修理和其他服务业”“教育”“卫生和社会工作”“文化、体育和娱乐业”等 7 个行业列入可以申请存量增值税留抵税额直接退还的范围。2022 年上半年，财政部和国家税务总局又陆续发布了《关于进一步加快增值税期末留抵退税政策实施进度的公告》（财政部、国家税务总局公告 2022 年第 17 号）和《关于进一步持续加块增值税期末留抵退税政策实施进度的公告》（财政部、国家税务总局公告 2022 年第 19 号），明确要求各省、市、自治区加快落实企业增值税留抵退税政策进度，针对财政部和国家税务总局出台的政策对辖区内企业预缴的增值税进项税额加快实现退还，这是财政部和国家税务总局首次针对增值税留抵退税执行情况而出台的政策性指导文件。2022 年 5 月，财政部和国家税务总局继续发布了《关于扩大全额退还增值税期末留抵退税政策行业范围的公告》（财政部、国家税务总局公告 2022 年第 21 号），要求对享受增值税留抵退税政策的对象进行再次扩容，并允许符合增值税留存退税标准的企业可以按月全额申请退还增量部分的增值税留抵税额，以及“批发和零售业”“农、林、牧、渔业”“住宿和餐饮业”“居民服务、修理和其他服务业”等企业可以享受一次性退还存量部分增值税留抵税税额。最近 2 年，财政部和国家税务总局等部委密集发布的关于增值税留抵税额退还处理方式的相关文件，不仅拓宽了增值税留抵退税政策的实施范围，同时增强了增值税留抵退税政策的实施力度。此外，增值税留抵退税的对象也从增量部分向存量部分与增量部分并存发展，这说明国家对于增值税留抵退税制度朝着越来越有利于减轻企业税赋负担的方向发展，这正是契合了国家最近推行的“减税降费”的组合政策。自 2011 年以来，财政部和国家税务总局发布的一系列与增值税留抵退税政策相关的政策性文件如表 2－1 所示。

表 2－1　　增值税留抵退税政策内容明细表

时间	文件名称	适用对象
2011.11	财政部、国家税务总局《关于退还集成电路企业采购设备增值税期末留抵税额的通知》（财税〔2011〕107 号）	国家批准的 29 家集成电路重大项目企业购进的设备留抵税额。
2014.02	财政部、国家税务总局《关于利用石脑油和燃料油生产乙烯芳烃类产品有关增值税政策的通知》（财税〔2014〕17 号）	使用石脑油、燃料油生产乙烯、芳烃类化工产品的产量占其用此两类油品生产各类产品总量 50%（含）以上的企业。
2016.12	财政部、国家税务总局《关于大型客机和新支线飞机增值税政策的通知》（财税〔2016〕141 号）	大型客机及其发动机研制项目形成的期末留抵税额。
2018.06	财政部、国家税务总局《退还部分行业增值税留抵税额有关税收政策的通知》（财税〔2018〕70 号）	部分先进制造业、部分现代服务业和电网企业；纳税信用等级为 A 或 B。
2019.03	财政部、国家税务总局、海关总署《关于深化增值税改革有关政策的公告》（财政部、国税总局、海关总署公告 2019 年第 39 号）	①留抵税额＞0，且第 6 个月增量留抵税额≥50 万元；②纳税信用等级为 A 或 B；③申请退税前 36 个月无骗取留抵退税、出口退税或虚开增值税专用发票情形；④申请退税前 36 个月未因偷税被税务机关处罚两次及以上；⑤自 2019 年 4 月 1 日起未享受即征即退、先征后返（退）政策。
2019.08	财政部、国家税务总局《关于明确部分先进制造业增值税期末留抵退税政策的公告》（财政部、国家税务总局公告 2019 年第 84 号）	部分先进制造业纳税人可以申请退还自 2019 年 7 月以后增量的留抵税额。
2020.02	财政部、国家税务总局《关于支持新型冠状病毒感染的肺炎疫情防控有关税收政策的公告》（财政部、国家税务总局公告 2020 年第 8 号）	疫情防控重点保障物资生产企业可按月申请退还比 2019 年 12 月底额度外新增的增值税留抵税额度。

续表

时间	文件名称	适用对象
2021.04	财政部、国家税务总局《关于明确先进制造业增值税期末留抵退税政策的公告》（财政部、国家税务总局公告2021年第15号）	符合条件的先进制造业纳税人，可以向主管税务机关申请退还自2021年5月及以后纳税申报期留抵额多于2019年3月底的部分。
2022.03	财政部、国家税务总局《关于进一步加大增值税期末留抵退税政策实施力度的公告》（财政部、国家税务总局公告2022年第14号）	符合条件的小微企业，可以自2022年4月纳税申报期起申请退还增量留抵税额和存量留抵税额；符合条件的制造业等行业企业，可以自2022年7月纳税申报期起申请退还存量留抵税额；符合条件的大型企业，可以自2022年10月开始申请退还存量留抵税额。
2022.04	财政部、国家税务总局《关于进一步加快增值税期末留抵退税政策实施进度的公告》（财政部、国家税务总局公告2022年第17号）	加快小微企业留抵退税政策实施进度，提前退还中型企业存量留抵税额。
2022.05	财政部、国家税务总局《关于进一步持续加块增值税期末留抵退税政策实施进度的公告》（财政部、国家税务总局公告2022年第19号）	各级财政税务部门进一步加快小微企业的退税速度，将中型企业的退税时间由2022年7月提前至2022年5月。
2022.05	《财政部税务总局关于扩大全额退还增值税留抵税额政策行业范围的公告》（2022年第21号）	制造业等行业按月全额退还增值税增量留抵税额、一次性退还存量留抵税额的政策范围，扩大至“批发和零售业”“农、林、牧、渔业”“住宿和餐饮业”“居民服务、修理和其他服务业”“教育”“卫生和社会工作”和“文化、体育和娱乐业”。

第四节　我国增值税留抵退税改革的理论逻辑

国家推进增值税留抵退税改革的目的是发挥税收工具赋能企业健康发展，实现服务于经济高质量发展的大局，同时也为增值税的征收和监管探寻一条可持续发展的道路。总体而言，从中央到地方各级政府审时度势利用财税政策工具对宏微观经济进行调节，以此实现政府服务经济、调控经济的重要作用。本书讨论政府利用增值税留抵退税改革调节经济的具体措施，之所以能够发挥上述效果，在于增值税留抵退税具有如下的特点：

第一，从消费型增值税的本质要求来看，我国现行的增值税制度是一种消费型增值税，其征税对象是最终消费者使用的产品或劳务。增值税并不以生产经营过程中的投入物和半成品为征税对象，而是对企业生产环节产生的产品和劳务增值部分进行征税。换句话说，消费型增值税实质上是对企业提供的产品和劳务的增值部分进行征税，并且这部分税收最终是由消费者所承担，而与企业生产的过程是无关的。企业在生产过程中会因为采购机器设备、原材料等生产物资而缴纳相应的进项税款，当企业生产的产品或者劳务实现销售时，可以通过抵扣机制在产品或者劳务销售阶段将已经缴纳的进项税款抵扣回收。因此，从本质上来说，企业实际需要缴纳的增值税仅仅是产品或劳务的增值部分。然而，在现实中，由于企业在销售环节回收的增值税销项税额可能不足以抵扣其在生产环节购买机器设备和原材料等预缴的增值税进项税额，进而导致企业预缴的增值税进项税额无法在当期实现销项抵扣的现象时常存在，而税法通常规定以往后年度抵扣的方式处理这部分留抵税额，这就导致部分企业的进项税额难以在当期得到退还，最终形成增值税留抵税额，造成企业现金资产被占用的情况。因此，从消费型增值税的本质出发，我国存在巨额的增值税留抵税额是不合理的，这会影响国内企业正常的生产经营活动。为了实现税收的中性原则，及时退还企业预缴的增值税留抵税额是一项重要的补救措施，这样可以确保企业不会因为退税滞留而造成资金短缺，最终对正常的日常生产活动造成负面影响。税务部门及时退还增值税留抵税额有助于保障企业的内部现金流，进而鼓励企业开展与持续发展有关的一系列经营活动。此外，税务部门对增值税留抵税额的直接退还处理能够体现税收制度的公平性和效率性，确保税收征收和监管更加符合市场经济的公平竞争原则，有助于改善营商环境建设。因此，针对增值税留抵退税制度，我们应当从消费型增值税的本质出发，以实现税收的中性原则和公平原则为指导，及时退还企业预缴的增值税留抵税额，为企业的健康发展营造良好的经营环境，这对于推动经济的持续健康发展是具有重要意义的。

第二，从夯实政府的财税基础目标来看，增值税留抵税额的实质是政府无偿占用了一部分企业现金资源，实质上加重了企业的税赋负担，进而导致企业经营绩效下降而破坏政府稳定的征税基础。增值税留抵税额本质上是政府预收了企业的一笔增值税进项税款，而这笔税款需要在企业的产品或劳务实现销售时返还给企业，但结果由于种种原因导致企业无法及时回收这笔税款。因此，政府预收的增值税数额越大，意味着政府无偿占用企业资源的程度越高，这就要求企业为这部分现金从其他渠道获得融资，进而增加了企业的财务成本。更有甚者，随着企业不断经营，企业预缴的增值税留抵税额的规模越来越大，这就导致政府对企业资源的占用程度也越来越高，要求企业的融资规模也会随之增大，产生的财务费用也会逐年提高，这会削弱市场对经济活动的指导作用，对企业的正常经营活动产生负面影响，最终从根本上动摇了政府的税收基础。因此，将增值税留抵税额及时退还给企业有助于降低的财务成本，提升企业的生产经营能力，激活市场调整经济的能力，进而促进企业的健康持续发展，最终实现政府夯实财税基础的目标。此外，通过及时向企业退还预缴的增值税留抵税额，政府能够建立稳定的税收制度，提升税收制度的公平性和可预期性，这对于企业的经营决策和市场预期均具有积极的影响，有助于提高市场的运行效率和资源配置效率。最终为政府的财税基础打下坚实的基础，推动地区经济的高质量发展。

第三，从维护税收的公平考虑，政府需要对增值税留抵退税制度进行全行业改革，确保所有行业和所有企业享受相同的税收优惠政策。长期以来，我国税务部门对大多数行业的增值税留抵税额采取了销项抵扣的处理方式，但出口行业、投资额度大以及建设周期长的基建项目却不被允许申请增值税留抵税额的退还，这会导致不同行业间的税负压力存在差异化现象。因为出口产品生产环节的增值税按国内标准收取，但销售环节却适用零税率，会导致企业的进项税无法实现销项抵扣；基建行业由于缴税规模大且销项税抵扣周期长，使企业难以在短期内获得产品销售而实现销项抵扣，因此，上述行业由于其特殊性而获得税务部门的特别关照。尽管税务部门对这两大类行业采取增值税留抵税额直接退还的方式有其一定合理性，但基于税收公平和正义原则出发，国家对所有行业的增值税政策应该是一种普遍性的制度安排，而不应该仅仅是针对特定行业的政策优惠。因此，为了维护税收公平，政府需要推动全行业范围内的增值税留抵税额退还方式改革，确保所有的行业和所有的企业都能够享受到一致的增值税政策。实施全行业范围内的增值税留抵退税改革有助于消除行业间的不平等待遇，减少市场扭曲现象的发生，即通过建立统一的税收政策，所有企业都能在合理的条件下享受增值税留抵退税政策的待遇，不再因为行业差异而造成不公平的竞争环境，这显然有利于促进市场公平竞争，提高资源配置效率，推动经济的健康发展。此外，全行业范围内的增值税留抵退税改革还可以简化税收制度，减轻企业的税收负担和行政成本，即通过统一的税收政策，企业在遵守税法的前提下，能够更加方便地进行税收申报和缴纳，减少烦琐的操作流程和纳税事务的复杂性。这有助于提高企业的生产经营效率，促进企业的创新发展。综上所述，基于维护税收公平考虑，政府应推动全行业内的增值税留抵退税改革，这不仅可以消除行业之间的不平等待遇，简化税收制度，还可以促进公平竞争，提高资源配置效率，推动经济的健康发展。

第四，从税收国际惯例要求出发，增值税留抵税额直接退还企业已经是国际的通用处理方法。调查表明，在全球实施增值税制度的110个国家和地区中，有83个国家或地区推行的是增值税留抵退税制度，这表明增值税留抵税额直接退还的处理方式已成为国际税收领域的普遍做法。在经济全球化背景下，我国许多企业都参与了全球市场竞争，其产品销售遍布全球市场。在这种情况下，产品定价成为了决定企业产品竞争力的重要因素。增值税留抵税额会提高企业的生产成本，削弱产品的市场竞争力，进而导致企业在全球竞争中处于劣势，不利于我国企业参与全球竞争。为了增强我国企业的市场竞争力，我国税务部门应当与国际惯例保持一致，确保将企业预缴的增值税留抵税额直接退还，实现减轻企业税赋，增强企业市场竞争力的目标。此外，世界银行在评估各个国家的营商环境时，也会将增值税留抵税额是否直接退还作为一个重要指标，这就意味着增值税留抵退税制度的落实与否，不仅影响国内企业的市场竞争力，还会对外国企业在我国投资生产的决策产生重要影响。如果我国增值税制度不具备留抵税退税的特点，外国企业可能会选择将投资和生产转移到其他具有更有利税收政策的国家，这将影响我国吸引外资和促进经济全球化融入的能力，从而制约我国经济的可持续发展。综上所述，从税收国际惯例要求出发，我国应推行增值税留抵税退税制度，以保持与国际接轨，提升企业的国际竞争力，吸引外资，促进经济的全球化融入和可持续发展，这不仅符合国际税收惯例，也有利于构建开放、有吸引力的营商环境，推动经济的繁荣与发展。

第五节　我国增值税留抵退税改革的经济逻辑

在阐述了我国增值税留抵退税制度改革的理论逻辑后，本书接着讨论增值税留抵退税政策的经济逻辑。本部分内容以构建博弈模型的方式进行系统阐述。

假设 $OVAT_t$、$OVAT_{t+1}$ 分别是企业第 t 年和第 $t+1$ 年应该缴纳的增值税额，R_t、R_{t+1} 分别是企业第 t 年和第 $t+1$ 年对应的销售额，$IVAT_t$、$IVAT_{t+1}$ 分别是企业享受增值税留抵退税政策后第 t 年和第 $t+1$ 年预缴的进项税额，G_t、G_{t+1} 为对应的购买支出额。由于我国现阶段施行的增值税采用三档税率制度（2017年起取消13%这一档），故本书假设增值税的高税率、中税率和低税率分别为

tax_1、tax_2和 tax_3，高税率、中税率和低税率对应的产品销售额占比分别是β_1、β_2和β_3，购进机器设备和原材料对应的高税率、中税率和低税率的占比分别为a_1、a_2和 a_3，假设纳税人经营结构不发生改变，即销售、购进货物结构均不发生变化，企业当前适用的贴现率为 r。假设 $VAT(0)$ 表示在实施增值税留抵退税政策前企业应该缴纳的增值税现值，$VAT(1)$ 表示实施增值税留抵退税政策后企业应该缴纳的增值税现值，NET 为增值税留抵退税政策实施前后企业得到的现金流现值的差额，即 NET 是 $VAT(0)$ 与 $VAT(1)$ 的差值。接着，本书对各种情况展开讨论。

第一种情况：当第 t 期企业缴纳的增值税为 $VAT_t>0$，第 $t+1$ 期企业缴纳的增值税为 $VAT_{t+1}>0$ 时，则企业在第 t 期应该缴纳的增值税额为 $VAT_t=OVAT_t-IVAT_t=R_t\times(tax_1\times\beta_1+tax_2\times\beta_2+tax_3\times\beta_3)-G_t\times(tax_1\times a_1+tax_2\times a_2+tax_3\times a_3)$。此时，企业在第 $t+1$ 年应该缴纳的增值税现值为 $VAT_{t+1}/(1+r)=(OVAT_{t+1}-IVAT_{t+1})/(1+r)=[R_{t+1}\times(tax_1\times\beta_1+tax_2\times\beta_2+tax_3\times\beta_3)-G_{t+1}\times(tax_1\times a_1+tax_2\times a_2+tax_3\times a_3)]/(1+r)$。若企业缴纳的进项增值税得到抵扣，那么增值税留抵退税政策实施前后企业缴纳的增值税现值应该相同。因此增值税留抵退税政策实施后的第 t 期和第 $t+1$ 期企业需要缴纳的增值税纳税现值应该满足：$VAT(0)=VAT(1)$，即 $OVAT_t+OVAT_{t+1}/(1+r)-IVAT_t-IVAT_{t+1}/(1+r)=[R_t+R_{t+1}/(1+r)]\times(tax_1\times\beta_1+tax_2\times\beta_2+tax_3\times\beta_3)-[G_t+G_{t+1}/(1+r)]\times(tax_1\times a_1+tax_2\times a_2+tax_3\times a_3)>0$。此时，增值税留抵退税政策实施前后企业获得的现金流净现值等于零，即 $NET=0$。

第二种情况：当第 t 期企业缴纳的增值税为 $VAT_t<0$，第 $t+1$ 企业期缴纳的增值税为 $VAT_{t+1}<0$ 时，在实施增值税留抵退税制度前，企业第 t 年和 $t+1$ 年应该缴纳的增值税现值为 $VAT(0)=VAT_t+VAT_{t+1}=0$。在实施增值税留抵退税政策后，企业在第 t 年和 $t+1$ 年应该缴纳的增值税现值变为 $VAT(1)=OVAT_t+OVAT_{t+1}/(1+r)-IVAT_t-IVAT_{t+1}/(1+r)=[R_t+R_{t+1}/(1+r)]\times(tax_1\times\beta_1+tax_2\times\beta_2+tax_3\times\beta_3)-[G_t+G_{t+1}/(1+r)]\times(tax_1\times a_1+tax_2\times a_2+tax_3\times a_3)<0$。故 $VAT(0)>VAT(1)$，增值税留抵退税政策实施前后企业获得现金流净值的差额 $NET=VAT(1)=OVAT_t+OVAT_{t+1}/(1+r)-IVAT_t-IVAT_{t+1}/(1+r)=[R_t+R_{t+1}/(1+r)]\times(tax_1\times\beta_1+tax_2\times\beta_2+tax_3\times\beta_3)-[G_t+G_{t+1}/(1+r)]\times(tax_1\times a_1+tax_2\times a_2+tax_3\times a_3)$。

第三种情况：当第 t 期企业缴纳的增值税为 $VAT_t<0$，第 $t+1$ 期企业缴纳的增值税为 $VAT_{t+1}>0$ 时，会出现 2 种不同的逻辑。

（1）$VAT_t + VAT_{t+1} > 0$。在实施增值税留抵退税政策前，企业第 t 期应该缴纳的增值税现值为 $VAT_t = 0$，第 $t+1$ 期应该缴纳的增值税现值为 $(VAT_t + VAT_{t+1})/(1+r) = [(OVAT_t - IVAT_t) + (OVAT_{t+1} - IVAT_{t+1})]/(1+r) = [R_{t+1} \times (tax_1 \times \beta_1 + tax_2 \times \beta_2 + tax_3 \times \beta_3) - G_{t+1} \times (tax_1 \times a_1 + tax_2 \times a_2 + tax_3 \times a_3)]/(1+r)$，企业第 t 期和第 $t+1$ 期应该缴纳的增值税现值 $VAT(0) = VAT_t + VAT_{t+1} = (OVAT_{t+1} - IVAT_{t+1})/(1+r) = [(R_t + R_{t+1}) \times (tax_1 \times \beta_1 + tax_2 \times \beta_2 + tax_3 \times \beta_3)/(1+r) - [(G_t + G_{t+1}) \times (tax_1 \times a_1 + tax_2 \times a_2 + tax_3 \times a_3)]/(1+r)$。此时，增值税留抵退税政策实施前后企业得到的现金流净值的差额为 $NET = r/(1+r)(OVAT_t - IVAT_t) = r/(1+r) \times R_t \times (tax_1 \times \beta_1 + tax_2 \times \beta_2 + tax_3 \times \beta_4) - r/(1+r) \times G_t \times (tax_1 \times a_1 + tax_2 \times a_2 + tax_3 \times a_4)$。

（2）$VAT_t + VAT_{t+1} < 0$。在实施增值税留抵退税政策前，企业第 t 期和第 $t+1$ 期应该缴纳的增值税合计为0，因此 $VAT(0) = VAT_t + VAT_{t+1} = 0$。在实施增值税留抵退税政策后，企业第 t 期和第 $t+1$ 期应该缴纳的增值税为 $VAT(1) = (OVAT_t - IVAT_t) + (OVAT_{t+1} - IVAT_{t+1})/(1+r) = [R_t + R_{t+1}/(1+r)] \times (tax_1 \times \beta_1 + tax_2 \times \beta_2 + tax_3 \times \beta_3) - [G_t + G_{t+1}/(1+r)] \times (tax_1 \times a_1 + tax_2 \times a_2 + tax_3 \times a_3)$。故增值税留抵退税政策实施前后企业获得的现金流净额的现值差为 $NET = (OVAT_t - IVAT_t) + (OVAT_{t+1} - IVAT_{t+1})/(1+r) = [R_t + R_{t+1}/(1+r)] \times (tax_1 \times \beta_1 + tax_2 \times \beta_2 + tax_3 \times \beta_3) - [G_t + G_{t+1}/(1+r)] \times (tax_1 \times a_1 + tax_2 \times a_2 + tax_3 \times a_3)$。

第四种情况：当第 t 期企业缴纳的增值税为 $VAT_t > 0$，第 $t+1$ 期企业缴纳的增值税为 $VAT_{t+1} < 0$ 时，在实施增值税留抵退税政策前，企业在第 t 期和第 $t+1$ 期应该缴纳的增值税现值为 $VAT(0) = OVAT_t - IVAT_t = R_t \times (tax_1 \times \beta_1 + tax_2 \times \beta_2 + tax_3 \times \beta_4) - G_t \times (tax_1 \times a_1 + tax_2 \times a_2 + tax_3 \times a_4)$。在实施增值税留抵退税政策后，企业在第 t 期和第 $t+1$ 期应该缴纳的增值税的现值 $VAT(1) = OVAT_t + OVAT_{t+1}/(1+r) - IVAT_t - IVAT_{t+1}/(1+r) = [R_t + R_{t+1}/(1+r)] \times (tax_1 \times \beta_1 + tax_2 \times \beta_2 + tax_3 \times \beta_3) - [G_t + G_{t+1}/(1+r)] \times (tax_1 \times a_1 + tax_2 \times a_2 + tax_3 \times a_3)$。增值税留抵退税政策实施前后企业获得的现金流净现值差额为 $NET = VAT_{t+1}/(1+r) = [R_{t+1} \times (tax_1 \times \beta_1 + tax_2 \times \beta_2 + tax_3 \times \beta_3)]/(1+r) - [G_{t+1} \times (tax_1 \times a_1 + tax_2 \times a_2 + tax_3 \times a_3)]/(1+r)$。

通过讨论上述4种情况可以知道，无论 VAT_t 和 VAT_{t+1} 取值如何，$VAT(0) \leqslant VAT(1)$ 总是成立的，这就说明在增值税留抵退税政策实施后，企业因缴纳增值税而获得的现金净现值明显增大，由此说明增值税留抵退税政策能够降低企业增值税税赋的作用。增值税留抵税额虽然不会直接影响企业的名义税赋，但却会占用企业的货币资金，进而造成企业损失这部分资金的货币时间成本。并且，企业的货币资金被政府占用会直接影响其负债融资成本，进而削弱企业获得经营成果的能力。因此，当实施增值税留抵退税政策时，企业能够更加及时地获得被占用的货币资金，有助于改善企业内部现金流，进而增强企业参与市场竞争的实力并改善经营绩效奠定基础，并最终推动经营绩效的持续改善。另外，若企业面临破产清算时，预缴的增值税留抵税额实质上难以获得对下阶段抵扣而蒙受损失，这加重了企业破产的损失程度。基于上述模型分析，本书得出以下结论：增值税留抵退税政策能够改善企业的现金流水平，强化企业利用货币时间价值获得额外收益的能力，进而通过优化企业的投融资决策而赋能企业的高质量发展。

第六节　本章小结

本章主要介绍了我国增值税留抵退税政策的制度背景，具体内容包括我国增值税设置与改革的历史脉络、增值税留抵税额的形成原因、发展深化、理论逻辑和经济逻辑等。首先，本章介绍了我国推行增值税改革的历史脉络。新中国成立以来，我国的税收制度经历了多次改革，其中最重要的变革是由流转税税收向增值税转变的制度演变。到了 1979 年，我国正式设立了增值税这一税种，取代了沿用将近 30 年的流转税制度。在这个过程中，我国设立增值税在于适应市场经济发展的需要，根本目的是通过简化税制、降低企业税负推动企业健康发展，这是推动税收制度改革、提高税收征管效率的根本目的。接着，本章结合中共十四大以来的经济结构转型实践和国有企业的历次改制经历，详细介绍了增值税改革的具体措施，这些措施包括税率结构的调整、征税对象资格认定的规定以及适用范围的界定等。增值税改革有助于完善我国的税收制度，促进国民经济的高质量发展和推动产业结构有序优化升级。然后，本章继续介绍我国实施增值税留抵退税制度的背景原因和发展进程，即随着我国产业结构的转型、内外部宏观经济环境的变化以及国内企业参与国际竞争的需要，我国对增值税留抵税额的退还方式进行改革势在必行，这一制度改革的具体措施和关键内容在本章中进行了详细介绍，且这些措施和关键内容是在应对经济变化和促进产业升级的双重背景下形成的。接下来，本章介绍了财政部和国家税务总局联合发布的有关增值税留抵退税政策的理论逻辑。从增值税的本质和纳税义务等角度论述了国家发布的有关增值税留抵税额改革政策的必然性，从夯实政府税源基础角度强调了国家发布的有关增值税留抵税额改革政策的可行性；从建设公平营商环境的角度倡导了增值税留抵税额改革政策的必然性；从国际惯例角度阐述外部环境对我国推行增值税留抵退税政策的紧迫性。上述理论逻辑的阐述有助于我们理解国家为何需要实施增值税留抵退税政策以及它对经济发展的重要意义。最后，本章构建数理模型分析了增值税留抵退税改革对企业持续发展的经济意义，并从货币时间成本的角度进行了解释，从结果推导出国家发布增值税留抵退税政策有助于改善企业经营绩效的结论，本章的博弈分析有助于我们深入理解增值税留抵退税政策对企业经营和整体经济发展的积极作用。综上所述，本章详细介绍了我国增值税留抵退税的相关制度背景，为后续关于增值税留抵退税整的公司治理研究奠定了坚实的理论基础。总之，增值税留抵退税制度的建立和发展对于促进经济发展、优化税收制度具有重要意义，并为我国的税收制度改革提供了有益的借鉴，同时，也给本书的探索提供了宝贵的参考。

第三章 我国增值税留抵退税政策和企业公司治理理论研究

第一节 我国增值税留抵退税政策研究

一、增值税留抵退税政策的理论依据

本章主要使用税收激励理论、税收公平理论和税收契约理论来阐述财政部和国家税务总局出台增值税留抵退税政策的理论依据，为探索增值税留抵退税政策与企业公司治理间的内在联系问题奠定理论基础。

1. *税收激励理论*

税收激励理论，是指政府利用税收政策激励经济主体时所采取特定行为或实现特定目标的理论框架。税收激励理论认为税收可以影响经济主体的决策行为和资源配置，从而引导经济的发展方向和社会的治理目标。税收激励理论的核心思想是，在税收制度中通过调整税率、征税基础和税收优惠等手段来激励经济主体进行积极的经济活动，进而实现技术创新、充分就业和经济增长等宏观调控目标。税收激励理论的作用表现在：首先，税收激励理论认为降低企业的税收负担可以激发企业的创造力和创新潜力，而高税率和复杂的税收制度却会增加企业的经营成本，进而抑制企业的创新活动，因此政府可以通过降低税率和简化税制等方法以减轻企业的税收负担，提高企业的盈利能力和竞争力，最终实现企业的技术创新和经营绩效持续改善的目标。其次，税收激励理论强调税收优惠的重要性，即通过给予特定行业、特定地区和特定企业税收减免、税收抵免或税收退还等优惠政策，引导资源向关键领域和战略性产业倾斜，实现推动经济结构优化和促进产业升级的经济调控目标。最后，由于税收优惠能够直接降低企业的经营成本、提高投资项目的回报率，鼓励企业进行研发投入和技术创新，最终促进了企业经营绩效的持续改善和长期经营目标的实现。此外，税收激励理论还强调税收的可预测性和稳定性对发展地区经济的重要性。其中，稳定的税收政策和健全的税收制度可以提高经济主体的预期稳定性，激

发企业的长期投资和创新动力；反之，频繁调整税收政策、税率和征管方案会增加企业的不确定性，进而抑制企业的投资决策和技术创新。综上所述，适当的税收政策和健全的税收制度可以提高企业开展经济活动的积极性，税收激励理论鼓励政府降低企业税收负担、提供税收优惠和营造稳定的税收环境调控经济。

2. 税收公平理论

税收公平理论，是政府设计税收管理制度的重要原则，它是指税务机关在税收征收和分配上应当秉持公正、公平和平等的原则，并要充分考虑企业的经济能力和税收承受能力，避免过度偏袒或歧视特定群体，确保税收制度的公正性和可接受性。税收公平理论包含以下几个方面的考虑：第一，垂直公平。垂直公平是指税务部门会根据企业的经济能力在征收税收时选择递进税率或不同税率的原则。根据这一原则，高收入企业应当承担更高的纳税义务，低收入企业可以享受一定的税收优惠，承担相对较低的纳税义务，以此确保税收负担根据企业承受能力而得到合理分配。第二，横向公平。横向公平是指税务机关在征税时对相同经济能力的企业征收相同程度的税收。根据这一原则，税收制度应当避免歧视特定群体或特定行业，确保在相同经济状况下的企业受到公平的对待。第三，能力支付原则。能力支付原则是指税务机关的征税强度应当根据企业的经济能力进行，税收的征收基础应当以企业经营收入、利润等经济指标为依据，以此确保税收的公平性和可持续性。第四，税收透明度。税收透明度是指税收制度应当具有清晰明确的规则和程序，使企业能够理解和评估其税收负担，并能够参与税收政策的监督。透明度可以提高税收制度的公信力，减少潜在的不公平和不正当行为。第五，社会公正。税收公平原则还要包括社会公正因素，税收制度应当考虑社会的公共利益和公共资源的分配，促进社会制度朝着公平公正方向进行建设和社会福利的持续提高。增值税是对企业产品和劳务在流转过程创造的增加值进行计税的税种，它能够且只能够对企业生产过程中的价值增值部分进行计税，这符合受益责任原则和负担能力原则，而在征管过程中形成的增值税留抵税额却破坏了税收的上述原则，即原本属于企业用于生产经营的资金被占用。因此，从税收公平角度看，我国出台增值税留抵退税政策是极其有必要的。

3. 税收契约理论

税收契约理论，是一种经济学理论，旨在解释纳税人与政府之间在税收征管方面的互动关系。税收契约理论认为税收征管是建立在契约关系之上的，纳税人在接受政府提供的公共服务和社会保障后，需要履行相应的纳税义务。税收契约理论的核心思想包括以下 3 点：第一，税收互惠性。税收契约理论认为企业依法承担纳税义务是基于政府提供公共服务和社会福利的前提下的一种互惠基础。企业通过依法纳税获得政府提供的基础设施、教育、医疗保健等公共服务，并享受社会保障和公共利益，这就实现了企业作为纳税人和政府进行权益相互交换的过程。因此，企业纳税人对承担纳税义务存在一种合理的期待，即希望政府能够合理使用税收收入以提供公正、公平和高效的公共服务。第二，税收合理性。税收契约理论认为税务部门依法向企业征税应该要遵循一定制度，即税收制度应该遵循公平、透明和经济效率的原则。税收应该按照企业的经济能力来确定，避免过度负担或者税赋不公平情况。同时，税收制度应该透明，企业纳税人应该清楚地了解税收政策、税率和税务程序。第三，税收合规性。税收契约理论强调纳税人的合规性和遵守税法的重要性。纳税人应当履行纳税义务，按照税法规定及时、准确地申报和缴纳税款。政府有责任确保税收制度的合理性和透明性，以及提供充足的税收信息和指导，使企业纳税人能够遵守税法。增值税在征收过程中时常因进项和销项确认节点差异导致留存问题，此时就会出现企业在某个时点提前缴纳增值税进项税额的现象。然而《中华人民共和国增值税暂行条例》规定的留抵税额仅能抵扣而不能退还，这有悖于税收征管双方关于税收的契约框架，即增值税应该对产品或劳务的增值部分进行课税的原则。因此，从税收契约理论角度看，对增值税的留抵额进行退税处理也是极其有必要的。

二、增值税留抵退税政策的现实依据

本书分别从制度视角、营商视角和经济视角来阐述国家发布的关于增值税留抵退税政策的理论依据，为当前我国实施增值税留抵税额退还方式改革提供现实依据。

1. 制度视角：保持增值税中性原则

税收中性原则是指税务部门的税收征管要以政府为社会付出的代价作为征税依据，尽量做到不干扰市场调控经济的秩序。增值税留抵退税是我国深化增值税税制改革的重要内容，是实现增值税中性原理的制度性安排。增值税是针对企业提供的商品、劳务和服务等价值增加额作为计税依据的一种税，性质上属于消费型流转税，即企业需要通过销售活动才能将预缴的税费负担逐渐转移出去，最终实现由消费者承担产品和劳务的税费。但在实际征税过程中，增值税采用的是进项抵扣法，即企业按销售额计征销项税并实现回收由购买产品而支付的进项增值税。但由于各种原因，企业当期进项税额超过销项税额的现象非常普遍，最终导致企业时常需要预缴超额的增值税款，即形成增值税留抵税额。例如，初创期的企业需要购入大量的固定资产而缴纳增值税进项税，而同期没有实现销售或者销售产生的增值税销项额不足以抵扣进项，且我国长期以来对企业的超额预缴进项税实行结转并留待下期抵扣处理的方式，在实质上形成税务部门对企业经营资金的无偿占用，进而破坏增值税本应保持只对企业产品和劳务价值增加值征税的原则。

2. 营商视角：优化我国营商环境

完善的增值税制度是优化我国营商环境的重要保障，它不仅包括增值税税率、税制等核心内容，也包括增值税留抵税额合理退还等税收征管方式。增值税留抵退税是我国深化增值税税制改革的重要措施，是优化营商环境的重要制度性安排。因为增值税留抵税额是政府对企业预缴的增值税进项税额进行扣留，造成市场的资源配置作用被扭曲，破坏良好营商环境建设。并且基于产业支持、公共资源配置等多个原因，在不同企业采取尺度不一致的增值税留抵税额退还方式会造成不同企业处于不同的市场竞争程度，破坏了市场公平公正的原则。由此可见，增值税留抵税额是抑制市场有序发展的重要因素，它使市场竞争规则不遭到破坏，进而保障了市场经济主体的正常运行。因此，我国对增值税留抵税额以直接退还的方式处理，不仅有利于削弱政府对企业经营活动和市场配置资源能力，也可以重新激活市场调控资源配置的功能，最终实现优化营商环境的目标。同时，增值税留抵退税也是世界银行等国际组织衡量营商环境的重要指标，对于引入外资参与市场经济建设有着重要的意义。

3. 经济视角：“减税降费”政策需要

国家实施的“减税降费”政策由减税和降费 2 个方面组成，在降税方面因增值税征收税额较高而存在较大的调整空间，即有效进行增值税减免对于企业的影响极其巨大。自国家实施“营改增”以来，企业的纳税义务实现由以经营业绩计税依据的营业税转变为以产品和劳务增加值为计税依据的增值税，这是国家增值税思路上的一次巨大改变。然而增值税由于抵扣时点和退还方式的设置导致企业预缴的增值税进项成为留抵，进而增加了企业的增值税负担。我国实施增值税留抵退税政策能够有效降低企业大量货币资金被占用的情况，实质上实现降低企业税费负担的积极作用，并推动企业朝着健康持续的方向发展。

因此，对增值税留抵税额进行当期退还不仅能够增加企业的内部现金流，增强企业应对内外部挑战的能力，还能够通过削减财务成本而提高企业的盈利能力。

三、增值税留抵退税的研究现状

1. 增值税留抵退税的概念研究

增值税是针对企业生产经营活动中形成的产品和劳务增值额为计税征收标准的流转税，增值税具有税基宽、普遍性和连续性等特点。增值税留抵税额是企业当期缴纳的增值税进项税额大于当期可以抵扣的增值税销项税额引起的，它会造成企业货币资金被无偿占用，进而削弱企业的创新创业等经营活动的能力（刘怡和耿纯，2020）。为了有效降低企业的经营成本问题，激发企业的创新创业热情，财政部和国家税务总局等国家部委发布了一系列的增值税改革政策，试图以直接退还增值税留抵税额的方式替代以往的抵扣方式。增值税留抵退税是指税务机关依据法律法规约定，直接退还企业当期与往期缴纳的增值税留抵税额。在增值税留抵退税额度方面，参照 2018 年财政部和国家税务总局联合发布的《关于 2018 年增值税期末留抵退税规模的通知》，中央和地方按照现行的增值税政策按比例分享留抵退税额，省级以下的增值税退税资金分担机制由各个省自行制定。在增值税留抵退税覆盖方面，参照财政部、国家税务总局和海关总署联合发布的《关于深化增值税改革有关政策的公告》，即自 2019 年 4 月 1 日起，全部行业都要试行增值税留抵税额的退税制度。

增值税留抵退税的一般规则和程序包括以下内容：第一，纳税主体资格。符合法定条件的企业可以向税务机关申请直接退还预缴的增值税留抵税额。一般情况下，企业需要按照相关法律法规进行登记和备案，确保企业保持符合申请增值税留抵税额的主体身份。第二，留抵退税比例和期限。税法规定了企业申请增值税留抵退税的比例和期限，具体比例根据国家税收政策而定，企业根据自身情况确定是否将超过应抵扣的进项留抵税额提交抵扣申请，或者保留这部分留抵额以供来年抵扣或退税。在增值税留抵退税的期限方面，企业预缴的增值税进项税额一般在未来的一定时限内进行抵扣或者直接退还处理。第三，留抵退税申报。企业需要按照规定的时间和方式填写增值税留抵退税的申报表，并提交给当地税务机关进行审核和审批。申报表通常包括纳税人的基本信息、进项税额和销项税额的明细以及申请增值税留抵退税的额度等内容。第四，留抵退税核查。税务机关会对企业提高的增值税留抵退税申报情况进行核查，核查内容包括纳税人提供的进项税和销项税的凭证、账册等材料的真实性和合法性等。税务机关也会对企业的申报金额进行审核，确保增值税留抵退税过程和内容的合规性。第五，留抵退税抵扣或退税。企业提交的增值税留抵退税申请一经审核无误后，税务机关会根据增值税留抵退税的金额，按照规定的程序进行抵扣或退税处理。其中，抵扣是指将增值税留抵的进项税额与应纳税额进行相抵，减少企业实际应缴纳的税款，退税是指将增值税留抵税额按照税法规定的方式直接返还给企业。第六，监督和管理。税务机关会对申请增值税留抵退税的企业进行监督和管理，具体包括对企业纳税申报材料的真实性和合法性进行监测和抽查，以确保留抵退税的公平性和合规性。

国际上，许多国家或地区都实施了类似增值税留抵直接退还的税收制度。例如，欧洲国家普遍采用增值税留抵退税制度；德国的增值税留抵退税制度允许企业将未能抵扣的进项税额留抵至未来期间，并允许企业可以在特定条件下申请直接退还；英国也有类似的称为“增值税零售出口计划”（*VAT Retail Export Scheme*）的制度，允许企业在购买退税商品时可以申请及时退还增值税进项税额。美国没有实行增值税制度，而是以销售税代替增值税，但美国也存在一整套与增值税留抵退税相类似的机制。例如，对于非居民购买商品并将商品带出国外的情况可以申请销售税直接退还。亚洲的一些国家或地区也施行了增值税留抵退税制度。例如，新加坡的留抵退税制度允许外国游客在购买退税商品时可以申请退还支付的增值税预缴额；中国香港也有类似的退税制度，允许旅客购买商品时退还支付的增值税进项额度；澳大利亚实行了一种名为 Goods and Services Tax（GST）的增值税制度，允许企业可以将未能实现抵扣的进项税额留抵至未来期间，并在符合条件的情况下随时申请退税。需要注意的是，不同国家或地区的增值税留抵退税制度在具体实施规则、申请程序和申请条件上可能存在明细的差异，即每个地方都会按法律规定来推动留抵税额的直接退还。此外，不同国家或地区对增值税留抵退税的适用范围、退税对象以及退税比例等也有所不同。因此，在跨国企业经营或本国企业进行国际贸易时，了解目标国家是否推行增值税留抵退税制度以及它们的增值税留抵退税政策的实施内容是非常有必要的。

2. 增值税留抵退税的作用研究

增值税留抵退税作为一种财政政策工具，在促进经济发展和提升企业竞争力方面发挥着重要的作用。增值税留抵退税政策能够提高企业资产流动性，增加企业可支配资金量，进而保障企业能够更加顺利地开展生产经营活动。通过直接退还企业预缴的增值税留抵税额，可以使企业在一定时期内减少或延迟缴纳应纳税款，进而保留更多的内部现金流，这极大地提高了企业的资金周转效率。卢雄标等（2018）研究发现，我国制造业企业的增值税留抵税额存量规模较大，且还有部分留抵税影响严重的制造业并没有被纳入政策覆盖范围。因此，我国下阶段需要进一步扩大增值税留抵退税政策的覆盖面，实现各行业的税收公平目标。樊勇和李昊楠（2019）的研究指出，增值税留抵税额的存在是企业增值税无法完全转嫁到下一环节的重要因素之一，这会导致企业的生产成本陡然增加，进而影响企业的有序经营。因此，建立和完善增值税留抵退税制度才能够从根本上减轻企业承担的留抵税额，有效降低企业实际税负水平，最终推动企业的持续发展。解洪涛等（2019）利用 2015 年全国税源调查数据检验增值税留抵退税政策的作用成效，发现留抵税额挤占了企业大量的货币资金，进而抬高了企业的生产成本，而增值税留抵退税政策有助于缓解企业的融资约束，并对降低企业融资成本产生积极的作用。李普亮和贾卫丽（2020）发现，增值税留抵退税是降低企业增值税税负压力、提升企业减税获得感的重要措施，国家实施增值税留抵退税政策对企业有如注射了一剂强心针，对企业新产品的研发和长期绩效优化作用明显。李艳等（2020）以金税三期为拟自然实验，探讨税收征管强度加强对于企业增值税税负的影响。研究结果表明，金税三期能够促进企业履行纳税义务的规范化、强化增值税抵扣的链条效应，研究提出要加快落实增值税留抵退税改革进程，尽可能在确保税收监管与税收目标基础上为企业卸下“增值税留抵”的包袱。王乔和徐佳佳（2020）以投入产出法探讨大规模、普惠性增值税减税改革的实施效果，研究提出通过持续降低政策门槛、扩大退税范围、提高退税比例等措施优化现有增值税留抵退税制度，引导资金流入企业。黄贤环和杨钰洁（2022）采用与吴怡俐等（2021）相同的方法进行研究，发现增值税留抵退税政策能够通过“现金流效应”和“主业投资效应”削弱企业的金融化预防储蓄动机和逐利动机，进而抑制了实体企业的金融化发展进程。增值税留抵退税政策能够缓解企业的融资压力，特别是对于中小微型企业来说，增值税留抵直接退还能够为它们提供足够的发展资金。何杨等（2019）以享受增值税留抵退税政策的 A 股上市公司为研究样本，探索增值税留抵退税政策对试点企业市场价值的影响，研究发现增值税留抵退税政策会通过降低企业的资本成本和充盈企业的货币资本而推动研发投资，进而为企业实现长期价值形成积极影响。刘金科等（2020）从固定资产投资角度验证了增值税留抵退税政策的积极作用，其研究的核心结论与何杨等（2019）的研究发现基本一致。增值税留抵退税能够提高国内企业产品定价能力，推动国内企业的进出口业务，提高国内企业的国际竞争力。杨森平和刘晓瑛（2020）探讨了“减税降费”背景下增值税留抵退税政策对制造业企业价值的影响，研究发现增值税留抵退税政策可以缓解实体经济尤其是制造业企业的现金压力，进而有利于维持制造企业采购链的正常运转，并最终为制造企业实现创新驱动、升级转化创造足够的利润空间和现金流。增值税留抵退税政策能够推动企业的投资和创新，并通过减轻企业的税收负担实现鼓励企业技术升级、设备更新和研发投资等活动，最终提高企业的生产效率和产品质量，推动地区经济的可持续发展。何杨等（2019）的研究发现，增值税留抵退税政策与企业研发投入和创新产出之间存在积极的正向关联，即增值税留抵退税政策能够激励企业的创新研发活动，进而推动企业技术的持续创新，并最终对绩效产生积极影响。张继彤和朱佳玲（2018）探讨了近年来我国的税收激励政策对企业创新活动的驱动效果，研究发现增值税留抵退税政策能够发挥降低经营成本，实现推动企业技术创新的目标。刘诗源等（2020）从生命周期视角探讨了税收激励对企业创新的影响，研究发现税收激励能够显著促进成熟期企业的研发投入，并帮助企业实现净利增长模式由“粗放型”向“高效型”转变，随着增值税留抵退税范围的扩大对减轻企业现金流占用的作用越发明显，发挥“帮扶”企业的积极作用从而提高社会整体创新水平。张妍等（2022）基于增值税留抵税额退还方式改革的经验数据探讨了减税对企业创新的影响，研究发现在人力资本水平更高、市场竞争更加充分以及资本更为密集的行业内，增值税留抵退税政策带来的企业现金流提升对于企业创新激励的增强效果更加明显。最后，增值税留抵退税政策能够促进产业结构调整，即政府可以通过直接退还增值税留抵税额引导企业进行产业结构调整，并推动经济结构的转型升级。为此，政府可以通过设置不同行业或者地区差异化的增值税留抵退税政策，激励企业加大对战略性新兴产业的投资力度，实现促进经济结构的优化和升级的目标。刘尚希和樊轶侠（2019）的研究表明，增值税留抵退税政策不仅有助于增强微观主体活力，提升产业链水平，而且有助于畅通国民经济循环、扩大消费需求、推动消费升级和改善消费者预期。甘小武和曹国庆（2020）基于上市高新技术企业数据，探讨了研发费用加计扣除政策的实施效果，并提出进一步增值税留抵退税政策的完善有助于改善高新技术企业的盈利状况，增强企业竞争力，实现高质量发展。

第二节　我国企业的公司治理问题研究

公司治理是一整套用来调节公司内部利益相关者及公司诸多经营目标之间关系的程序、惯例、政策、法律及机构的集合。公司制企业由于所有权和经营权分开，容易造成股东和管理层的利益冲突，进而导致企业的实际经营决策偏离股东利益最大化的经营目标，最终导致股东等利益相关者蒙受利益损失。另外，所有权和经营权分离也会造成控股股东和中小股东、内部股东和外部股东的利益冲突，且这一现象在股权相对集中的中国民营企业内尤为明显。区别于国外企业相对分散的股权制度，中国企业的股权相对集中，进而导致大股东直接控制董事会并接管管理层，这种实例十分常见。因此，在中国企业内控股股东和中小股东、内部股东和外部股东构成的代理矛盾要比欧美企业更为突出。例如，公司大股东会基于私利指使管理层选择倾向性的会计政策以调控公司盈余，当然他们也会迫于经营业绩压力而选择披露更有利于自身的虚假财务信息。此外，公司大股东也会基于自利动机而推卸承担经营风险的责任，进而削弱企业应对风险的能力。上述行为都会损害企业的经营绩效，进而让中小股东或者外部股东蒙受损失。

学术界从内外部因素探讨提高企业公司治理水平的因素，例如，董事会规模（Daily 和 Dalton，2003；赵露等，2014）、董事会结构（Adams 和 Ferreira，2009；秦兴俊和王柏杰，2018）等内部治理机制和投资者关注（Bebchuk 等，2009；向诚和陆静，2020）和审计师报告（Carcello 和 Neal，2000；董南雁和张俊瑞，2009）等外部监督机制。也有部分学者探索反映公司治理水平的特征，例如，盈余管理能够反映企业控股股东利用管理权限操控会计信息的结果（郭雪松和柳钢，2017）；财务舞弊能够反映企业控股股东利用管理权限虚假或延期报告经营状况的结果（张迪等，2019）；风险承担能够反映企业控股股东在特定的内外环境影响下运用自身及外在资源保证企业应对不确定事情的能力。盈余管理、财务舞弊、风险承担和财务困境本质上都是由企业管理权和所有权分离引发的代理问题造成的，它们能够较好地反映企业的公司治理现状，即在公司治理水平较好的企业内，控股股东基于私利对经营决策的干预相对较弱，此时，企业的经营决策更可能契合所有股东利益最大化的原则，也反映出企业具有较高的公司治理水平，反之，在公司治理相对较差的企业内，控股股东能够攫取企业利益的空间明显更大，此时，企业的经营决策更可能出现有损于中小股东和外部股东利益的现象。本书从盈余管理、财务舞弊、风险承担和财务困境四个维度考察增值税留抵退税政策的公司治理效应。

一、盈余管理

1. 盈余管理的概念

盈余管理是企业选择会计政策影响经济后果的现象，它是企业在相关法律、法规和制度框架内对会计政策进行有目的的选择的结果。关于盈余管理的内涵，学术界从“制度观”“信息观”和“经济后果观”3个角度进行系统阐述。

第一，制度观视角下的盈余管理。由于权责发生制和会计准则的固有缺陷，企业可以在不同会计期间内选择差异化的会计政策计量利润和成本等要素，进而实现调控企业盈余的目标。学术界支持这种观点的学者有秦荣生（2001）等，他们认为企业会在符合法律法规基础上，倾向性地选择那些使股东自身利益或者企业整体价值最大化的会计政策，而忽略这样选择是否会如实反映企业真实的经营现状，或是否会对企业信息利用者造成误导。第二，信息观视角下的盈余管理。企业操控盈余的目的是为了利用财务数据的信号传递功能，即通过对损益表中盈余数字的控制和资产负债表及财务报告中其他辅助信息的管理向市场传递某种信息（魏明海，2000；顾兆峰，2000），最终实现公司获得外部融资或者避免退市等目标。第三，经济后果观视角下的盈余管理。Graham 和 Harvey（2005）将盈余管理分成利用会计手段的应计盈余管理和实施交易策略的真实盈余管理2类，他们认为，应计盈余管理只会改变公司利润确认的时间，对经营业绩并没有实质性的影响，但真实盈余管理会因为影响企业真实的经营决策而改变现金流水平（Dechow，2000；Roychowdhury，2006），进而对企业当期乃至未来的经营绩效产生作用。上述关于盈余管理内涵的3种解释反映了学术界解释盈余管理的侧重点，即制度观聚焦于阐述盈余管理产生的原由；信息观则体现出企业进行盈余管理的作用；经济后果观则分析盈余管理的具体表现形式。整体而言，学术界谈论更多的是应计盈余管理和真实盈余管理。

2. 盈余管理的衡量方法

如何衡量企业的盈余管理程度，学术界提出应计盈余管理和真实盈余管理2类指标。

第一，应计盈余管理。学者们使用特定的应计项目法、盈余分布法和应计利润分离法来构建应计盈余管理指标。特定应计项目法能够比较准确地判断企业是否存在盈余管理行为，但受制于行业因素使其难以被广泛的运用于各个行业内进行企业应计盈余管理程度的估计（刘博和干胜道，2010）。盈余分布法能够实现从整体上估计企业的盈余管理程度，但却无法识别企业进行盈余管理的具体手段，故只适用于企业某些特定情境下的盈余管理行为研究（耿照源等，2009；程富等，2019）。应计利润分离法被广泛地运用于我国企业的盈余管理问题研究，该方法主要由 Jones 模型（夏立军和杨海斌，2002）和 DD 模型（Dechow 和 Dichev，2002）2 种方法估计得到，其中，Jonces 模型经过多次改进使其广泛地被学术界所接受。第二，真实盈余管理。真实盈余管理是建立在企业真实的经营活动质上的，Roychowdhury（2006）以修正的 Jones 截面模型为基础，设计出能够有效测度企业销售操控、生产操控和费用操控这 3 种常见真实盈余管理行为的模型，最后通过生产操控减去销售操控以及费用操控得到企业的真实盈余管理程度（Cohen 等，2008；侯立新和曲京山，2022）。总而言之，盈余管理的衡量指标是在学术研究中摸索产生的，在衡量盈余管理过程中或许还存在某些不足，需要日后结合具体问题进行持续改进。

3. 盈余管理的形成原因

企业操控盈余的动机多种多样，但归纳起来主要有以下 3 种：资本市场动机、契约动机和监管动机（邵毅平和张健，2011；杜兴强和肖亮，2022），上述 3 种盈余管理动机都是以理性人为前提假设的。

第一，资本市场动机。在面临股票发行、股票再融资和规避企业退市等情况下，企业会倾向性地进行管理盈余，以此迎合投资者期望并获得资本市场的青睐。刘建勇等（2023）发现，企业在进行换股并购时会有更强的动机进行盈余管理，因为此时的企业需要通过操控盈余以展现良好的经营状况，进而更大程度地获得合理利益。蔡宁（2015）发现，风险资本具有“逐名”动机，它会推动企业为实现顺利上市的目标，尤其是对于那些原本可能并不适合上市的企业，风险资本会选择对其进行财务业绩包装，纵容或推动企业的盈余管理行为。陆正飞等（2008）发现，在推行债券融资时，企业会基于安抚债权人不安情绪的考虑而操控盈余，进而依据较好的经营业绩而取悦于债券投资者。还有一些企业因为连年亏损面临退市风险，它们不得已操控盈余以避免退市（蒋大富和熊剑，2012）。陆建桥（1999）发现，由于公开披露的会计盈余信息是投资者进行投资决策的重要依据，因此，当企业的财务状况持续恶化、经营业绩屡有不佳时，企业管理层会尽可能采取一些多计收益、少计费用的会计处理以推迟账面亏损的出现，即通过操控盈余以取悦于投资者并得到相应的好处。张东旭等（2016）的研究发现，企业的权力高管在进行盈余管理后，股票投资者反而会更加看好企业的市场前景，并进一步增加企业股票市场活跃度。罗琦等（2023）研究发现，企业管理者有动机通过盈余管理操纵公司财务信息，进而增加研发投资以迎合投资者的非理性情绪。第二，契约动机。企业基于契约动机操纵经营业绩，以此兑现企业董事会的股权激励承诺或者获得更高的薪酬待遇。因为，企业的薪酬契约和股权契约通常与经营业绩挂钩，这就导致管理层具有较强的动机进行盈余管理。李延喜（2007）、苏冬蔚和林大庞（2010）分别对盈余管理的薪资报酬动机和股权激励动机进行探索，他们的研究支持企业盈余管理存在契约动机的结论。一方面，企业经营活动的多元化与复杂化为业绩承诺期内的企业实施盈余管理提供机会；另一方面，企业的经营业绩存在刚性约束，为减少业绩压力对管理层的利益损害，企业管理层会倾向于发生盈余管理行为（王雪等，2022）。谢德仁和廖珂（2018）的研究发现，存在控股股东股权质押的企业因为提高股价而更可能采取向上操纵盈余的真实盈余管理程度。企业高层管理团队的人事变动、个人特质和背景特征也会导致管理层进行盈余管理的动机（何威风，2015；董馨格等，2022）。通常而言，过度自信的管理层更容易在并购过程中选择一些与企业公司战略价值不符、导致企业总体业绩下滑的目标公司，故在并购完成后，他们将更有动机利用盈余管理调增企业的经营业绩（王珏玮等，2016）。李四海等（2022）研究发现，离任高管，特别是没有续聘预期的离任高管，为取得高额收入与良好声誉，会更有动机通过盈余管理方式来提升企业经营业绩。李增福和曾晓清（2014）的研究发现，在高管变更当年，新任高管为提升冲销当年业绩，会采用应计盈余管理的手段将不良业绩归咎于前任。第三，监管动机。企业为了应付股东、债权人、投资者、分析师和政府部门等利益相关者的监督而进行盈余管理，其本质是通过操控盈余以展示企业良好的经营业绩，这是由于企业管理层有义务定期向股东等利益相关方汇报业务，且当企业经营业绩未能达到预期或者股东等利益相关方预期时，他们就会受到多方的质疑而错失发展机会。王跃堂等（2009）以新出台企业所得税法为背景，研究发现当税率降低时，企业会出于避税动机而进行盈余管理。王守海等（2022）的研究发现，资产证券化的会计准则修订和实施在一定程度上可以抑制企业管理层的盈余管理行为，实现防范和控制金融风险的目标。孙思和杜金岷（2011）研究发现，当非上市公司与设在国际避税地的公司发生关联交易时，更有可能进行负向的盈余管理，由此获得更多的利益。

胡洪曙和李捷（2023）探讨了财政竞争对企业税负不平等的影响及作用机制，研究发现纳税需要承担较高的时间成本、经济成本和隐性成本，这提高了企业进行盈余管理的动机。“上有政策，下有对策”的结果表明盈余管理与上市制度和政府的监管政策有着很大的关系，在某种程度上政府的监管还缺乏效率（李明和董雪艳，2009）。邓永勤（2009）基于我国特殊的制度背景展开研究，发现上市公司的主要债权人一般为国有商业银行，由于政府干预和银行自身缺乏激励，这样就削弱了银行对企业盈余管理行为的外部监管。

4. 盈余管理的影响因素

既然企业管理层的盈余操控行为受到内外部因素的影响，那么在探索如何抑制企业盈余管理的方法上亦可以沿着这一思路展开。一部分文献聚焦于讨论企业管理制度对盈余管理的影响，强调完善以股权激励为核心的内部治理机制能够抑制企业管理层随意选择会计政策的权力，进而抑制他们操控盈余的行为（王克敏和王志超，2007；薄仙慧和吴联生，2009）。这系列的影响因素包括：董事会特征（王化成等，2007）、企业股东网络（黄灿和李善民，2019；孙宸和庄新田，2023）、股权集中度（罗劲博，2023）、客户集中度（罗栋梁等，2022）、国企董事长变更（潘红波等，2022）、实际控制人居于“幕后”（罗劲博，2023）、数字化转型（李涛和罗晓梅，2023）、内部沟通成本（陈帅等，2022）、党组织治理（王春峰等，2023）、大股东减持（李梅等，2021）、智能化监管（朱凯等，2021）、内部控制意愿（刘斌等，2021）和企业文化（姜付秀等，2015）等。通常而言，董事会成员职业背景多元化程度越高，他们会具有更加客观全面的判断认知，进而有助于企业的决策更加客观全面，从而降低企业的盈余管理水平（姚宏等，2018）。在多家企业任职的股东可以作为桥梁促进企业间的信息传递与沟通，而在网络中的企业也能够通过占据网络优势位置获取对企业发展有利的资源和信息用以缓解代理冲突，从而增加管理者占据私有信息的成本（孙宸和庄新田，2023），最终降低企业的盈余管理水平。经理作为生产经营和资产运作的直接控制人，其行为直接决定了企业盈余管理行为能否得到实施以及实施的程度，具有高独立性的经理能够作为一种有效的公司治理机制约束企业的盈余管理行为。员工持股计划作为一种反收购手段，不但能够使员工获得“当家作主”的主人翁意识，提高工作积极性，还能够促使管理层着眼于长期的经营战略而不是短期的业绩指标，最终实现抑制企业盈余管理的目的。企业文化也是影响公司治理效果的重要因素，它能够影响企业的经营策略选择以影响企业的盈余管理水平。杜兴强和肖亮（2022）的研究发现，地区饮茶文化氛围能够降低企业的盈余管理行为。徐星美和权小锋（2022）的研究发现，具有较高声誉的名牌产品企业的盈余管理程度明显更低，因为企业文化一方面能够推动企业更加稳健的发展战略，而另一方面能够通过文化渗透影响企业高管的风险态度和偏好，最终降低企业的盈余管理程度。另一部分研究则从外部监督视角探讨公司的盈余管理问题，这些研究普遍认为完善的外部治理制度是抑制企业盈余管理重要制度性保障（陈克兢等，2021）。例如，事务所的审计专长（范经华等，2013）和审计意见（温军和杨荻，2022）、董事高管责任保险（屈伸等，2023）、国家审计（王海林和常正伟，2023）、续贷限制（周晓光和刘莉莉，2023）、新金融工具准则（李梓和刘亚宁，2023）、产业政策（胡世亮等，2022）、网络舆论关注（郑建明和贾昊阳，2022）、新收入准则（易碧文，2022）、分析师关注（胡世亮等，2022）、同行自愿披露（王彩和李晓慧，2022）、年报问询函（梅蓓蕾等，2021）和媒体报道（王福胜等，2022；张志伟等，2022）等都会影响企业的盈余管理行为。企业聘请擅长主营业务审计的事务所能够提高审计质量，发挥审计约束企业盈余管理的积极作用。例如，享有较高声誉的国际四大会计师事务所能够提供更高质量的审计服务，进而他们能够更有效地抑制企业的盈余管理行为（郭照蕊和黄俊，2015）。事务所出具的“非标准”意见会引起投资者和政府对企业的关注，进而形成强有力的外部监督以制约企业的盈余管理行为。分析师会利用财务分析报告对企业的价值进行评估，若他们在评估过程中发现企业存在操控盈余的行为，那么就会通过向市场传递负面信息而约束企业的盈余管理行为。因此，分析师关注是影响企业盈余管理的重要外部因素。同行自愿披露可以通过改善企业的信息环境，直接减少企业管理层的短视行为，进而发挥抑制企业盈余管理的作用（陈俊和张传明，2010）。年报问询函具有显著的行业溢出效应，即在同一行业中，如果行业领先者收到了证监会的年报问询函，这就预示着企业的交易将会受到更加严格的监管，此时，企业进行盈余管理被稽查和被处罚的概率也会随之增加，进而反过来对企业的盈余管理行为形成约束（陈运森等，2019）。媒体能够向外界传递企业信息以缓解企业和外部投资者之间的信息不对称性，即舆论监督能够约束企业的盈余管理行为，改善公司治理环境（马壮等，2018）。李培功和沈艺峰（2010）的研究发现，媒体会通过引起相关行政机构的介入而提高公司的治理水平，进而约束企业的盈余管理水平。总而言之，完善的外部监管有助于提升企业的信息透明度，限制企业操控盈余的空间，进而发挥抑制企业的盈余管理行为。

二、财务舞弊

1. 财务舞弊的概念

“舞弊”一词通常用来描述任何蓄意欺骗或误导他人，并由此造成他人遭受不公平待遇的一种行为。财务舞弊，是指企业有意识地在财务报告中故意漏报或者错报重大事项，进而使得广大投资者的决策受到欺诈性财务报告影响，它与盈余管理的本质区别在于财务舞弊具有故意性和违法性，而盈余管理则不涉及违反法律法规。财务舞弊的形式包括伪造、操纵或篡改会计记录和凭证文件；蓄意忽略或者错误披露重要事项、交易以及其他重要信息；滥用会计政策、会计估计造成金额、分类等产生错误等。为了获得不正当利益，企业会选择性地披露经营现状和经营业绩，以此实现对投资者等利益相关群体的欺诈（董红星，2016）。因此，财务舞弊的本质是一种扰乱市场秩序、破坏市场公平竞争的违法违规行为。在研究公司治理和增值税留抵退税政策对企业经营行为的影响时，需要考虑财务舞弊这一问题。由于财务舞弊与增值税留抵退税政策的目标相悖，即财务舞弊违反了税收规定和企业道德，这可能会对企业享受增值税留抵退税政策产生影响。因此，本书在分析增值税留抵退税政策实施效果时，充分考虑财务舞弊的可能性，并采取相应的控制措施，以确保研究结果的准确性和可靠性。

2. 财务舞弊的测度方法

关于企业财务舞弊的测度，现有文献主要通过分析企业内部信息或者直接从证监会披露的处罚信息两条途径实现。第一，关于企业内部信息方面，Kirkos 等（2007）建立了利用模糊神经网络（FNN）测度企业财务舞弊的方法，模糊神经网络法是针对企业管理层决策习惯而设计的测度方法，这种方法试图从管理层的决策角度捕获企业的财务舞弊行为。沿着这一实验方法，有学者从人工神经网络（Kotsiantis 等，2007）、贝叶斯网络（Cecchini 等，2010）、逻辑回归和轻量梯度提升机算法（刘云菁，2022）等途径优化企业财务舞弊测度指标。另有学者熊方军和张龙平（2016）利用企业财务数据，通过构建回归模型测度企业的财务舞弊程度，这些研究虽然在回归方法选择上各有差异，但内在逻辑确却是高度一致的，即根据企业财务数据模拟一个标准值，然后用实际数值和标准值的差异来判断企业是否存在财务舞弊。第二，关于证监会披露信息方面，辛清泉等（2013）根据证监会等监管机构出具的行政处罚情况，将“虚构利润”“虚列资产”“推迟披露”“虚假陈述”和“重大遗漏”5 类违规行为视作公司的财务舞弊，并根据舞弊后果以及证监会的惩罚措施对财务舞弊程度进行排序，这种方法因为衡量依据比较客观而被学术界所广泛接受（丁红燕，2013；刘星和陈西婵，2018）。综上所述，测度企业财务舞弊的方法主要包括通过企业内部信息分析和从证监会披露的处罚情况来评估企业财务舞弊的程度，不同的测度方法在实证研究中可以互相补充，从不同角度揭示企业财务舞弊问题的本质和程度，为进一步探索增值税留抵退税政策的公司治理作用提供理论依据。

3. 财务舞弊的原因

在企业财务舞弊原因问题研究中，Bologna 等（1993）提出舞弊风险因子理论，该理论将风险因子划分为一般风险因子和个别风险因子。其中，一般风险因子是指组织或机构能够控制的风险因素，包括舞弊机会、舞弊被查处的可能性以及舞弊被发现后被处罚的性质以及程度；个别风险因子是指在组织或机构内可以控制范围内，由于管理层的道德品质败坏造成的企业财务舞弊行为。因此，企业的财务舞弊行为要么是为了实现组织目标，要么是出于管理者的个体私欲，但最终都是以损害部分股东收益为代价的。例如，林晚发等（2019）和全怡等（2022）的研究发现，具有财务经历的高管在其从业过程中受到的职业道德约束更多，他们更加深刻地意识到财务舞弊导致的严重后果。由于我国对于上市公司的财务舞弊行为的经济处罚力度相对较小，进而导致处罚主体错位的现象时有发生，加上上市公司的监管体系尚不完善的原因，最终这一系列原因会给企业的财务舞弊行为带来可乘之机（张维和杨金正，2022）。郑丽萍和赵杨（2020）以“瑞幸咖啡”为研究案例探讨企业发生的财务舞弊的原因，研究发现上市公司关键人员失信会引发企业的财务舞弊行为，且其中一部分原因是其诚信和规则意识淡薄，更重要的原因则是企业运营资金、估值等压力和对不正当利益的谋取意愿。Rezaee（2005）提出的舞弊 CRIME 理论从舞弊谋划者（Cooks）、舞弊方法（Recipes）、舞弊动机（Incentives）、舞弊监管体系（Monitoring）以及舞弊后果（Results）5 个维度阐述企业的财务舞弊行为，研究发现企业是否会发生财务舞弊最终取决于管理层对财务舞弊收益和成本的权衡，当财务舞弊能够带来额外收益时，他们会果断选择财务舞弊。例如，洪荭等（2012）和孔晨（2020）的研究发现，企业是否进行财务舞弊以及他们的舞弊程度决策取决于衡量舞弊被处罚的成本、舞弊被发现的概率以及舞弊带来的收益。企业管理层在进行财务舞弊信息收集的过程中，他们过度自信的特征会使其在低估舞弊被发现的概率的基础上，无意识地忽略舞弊成本信息和有意识地强化舞弊收益信息，最终造成管理层舞弊净收益的主观结果要远大于根据客观事实所计算的结果（孔晨和陈艳，2015）。高凤莲和王志强（2016）的研究发现，由于存在声誉的奖惩激励效应，丧失声誉的显性成本与隐性成本要远远大于舞弊带来的收益，巨大的得失反差使得高管更愿意履行职责和恪守职业道德，这会降低企业发生财务舞弊的可能性。舞弊三角理论从压力、机会和自我合理化3个维度解释了企业的财务舞弊行为，该理论认为，企业财务舞弊是压力、机会和自我合理化共同作用的结果。压力，是指企业面临的财务、个人和社会方面的压力，就是说企业财务舞弊的动机在于达到财务目标，以此获取相应的经济利益。机会，是指舞弊行为能够被实施并被掩盖起来不被发现的可能性。例如，企业内部缺乏有效的治理机制而使企业存在财务舞弊的空间，这就是说企业治理机制不完善是企业发生财务舞弊的重要原因。自我合理化，是指舞弊者为自己的行为寻找借口，这与企业管理者受教育程度，以及他们的家庭、亲友和社会对财务舞弊的认知态度有关。例如，当企业财务的稳定性受到宏观经济、行业部门或自身经营状况等威胁时，管理层就会因为有压力进行财务舞弊（张程睿和蹇静，2008）。陈关亭（2007）的研究发现，业绩不佳的企业在发行新股、配股、增股或连续亏损时，会有更强的动机篡改经营业绩，即通过财务舞弊手段实现其在资本市场的目标。文炳洲和焦少杰（2020）发现，利益驱动是管理层选择财务舞弊策略的一个重要因素。王遥（2008）的研究发现，会计师事务所强调薪酬与个人业绩间的关系，并且会计师事务所与上市公司之间存在的长期雇佣与被雇佣的关系也会损害注册会计师的独立性，这些压力都会迫使注册会计师与上市公司共谋财务舞弊的行为。吴国萍和马施（2010）的研究发现，偿债压力、保壳压力和保盈压力都会对企业财务舞弊行为构成正向影响。戴璐和宋迪（2018）的研究发现，企业发生财务舞弊的主要原因是业绩压力，因为管理层的业绩目标完成情况同管理层薪酬挂钩，这会增强管理层因为业绩考虑而进行财务舞弊的动机。上述研究都是从财务舞弊的压力视角展开探索的。从财务舞弊的机会方面探究，陈冬华等（2013）基于非正式制度视角，研究发现法律制度与宗教传统存在一定的互补关系，上市公司所在地的宗教传统越强，企业发生财务舞弊的概率就越低。郭照蕊和黄俊（2017）发现完善的投资者保护制度能够有效降低企业财务舞弊概率，而Donelson等（2017）、吴芃等（2019）发现媒体监督会增加公司财务舞弊被查处的概率，进而约束企业的财务舞弊行为，这些研究说明健全的监督机制是约束企业财务舞弊的重要保障，由此清晰地阐述了财务舞弊机会与财务舞弊行为间的内在关联。张健等（2015）的研究发现，控制权过于集中是造成家族企业财务舞弊盛行的根本原因，因为上市公司高管拥有更加优势的信息资源，这对企业的发展状况有着较好的把握，进而为企业的财务舞弊提供支持。还有学者从自我合理化角度进行研究，例如，Yu 等（2021）的研究发现，儒家思想的熏陶会改变管理者的财务舞弊偏好，进而降低企业的财务舞弊行为，因为儒家思想会让管理者以更高的道德标准判断财务舞弊，进而使他们主动选择避免财务舞弊行为。陈庆杰和余春宏（2006）的研究发现，受教育程度越高的企业高管进行财务舞弊的可能性越低，因为受教育程度越高的企业高管更深知财务舞弊的严重后果，使他们更难以用自我合理化的借口进行财务舞弊行为。王菁华（2021）的研究发现，地区彩票文化越是盛行，个体的冒险倾向和风险容忍度越强，其治理的企业财务舞弊的可能性越大，因为彩票文化的熏陶会刺激管理者的投机意识，使他们的财务决策偏于激进，进而使他们更能够为激进的财务舞弊行为寻找借口。武恒光和张龙平（2023）的研究发现，自恋型管理层倾向强化冒险回报敏感性，具有更高概率的财务舞弊行为，因为自恋型的高管能有可能为其财务舞弊选择寻找到合理化的借口，进而削弱财务舞弊对高管内心价值的负向冲击。

4. 财务舞弊的控制方法

如何抑制企业财务舞弊，学术界沿着企业财务舞弊的动因进行深刻探索。现有的文献认为，完善的内外部治理机制是解决企业财务舞弊的重要保障（修宗峰等，2021），制度约束机制、环境适应机制和心理与行为作用机制均会对财务舞弊行为产生显著影响（洪荭等，2017）。内部机制主要通过企业的决策制度设计影响其财务舞弊。例如，完善的公司治理机制有助于压缩企业的财务舞弊空间，利益相关者在公司治理中对权力的分享和制衡趋向合理，就会减小企业的财务舞弊概率（余玉苗和吕凡，2010）。管理层业绩目标、管理层晋升激励方式等都被证明会对企业的财务舞弊行为产生影响（张洪辉和章琳一，2017；余思明等，2020），诸如“党建入章”（将党的建设写入公司章程）等内部制度设计也会有效抑制企业的财务舞弊行为（修宗峰等，2022；陈艳和张武洲，2022）。程书强（2006）的研究发现，机构投资者在会计信息市场上扮演信息分析专家和信息传播者的双重角色，拥有机构投资者股份的上市公司发挥财务舞弊的概率明显较低。叶康涛等（2015）的研究发现，企业内部控制信息披露有利于投资者了解企业现有和潜在的竞争优势，进而抑制企业管理层选择财务舞弊的行为。董事会特征和高管团队特征也会对财务舞弊产生较大的影响，王俊和郭旭（2022）的研究发现，过于年轻化的高管团队，依赖自身的认知通常对风险持偏好和自信态度，这就导致他们治理的企业更有可能因选择激进的财务政策而最终发生财务舞弊。为提高公司治理水平、降低财务舞弊风险，学术界提出应该关注高管团队的年龄构成和学历水平。杨清香等（2009）的研究发现，完善的董事会制度有助于抑制经理人的财务舞弊行为，具体表现在共同决策机制、独立董事制度和股权激励制度的完善。牛彪等（2023）发现，数字化税收征管对上市公司的财务舞弊风险具有显著降低作用。李彬等（2013）的研究发现，规模较小的董事会有利于提升公司管理层的监督和控制效率，实现抑制企业财务舞弊行为的目的；董事会会议频繁是经营状况发生问题的表现，属于事后补救行为，同样能够对企业的财务舞弊形成约束。周泽将等（2016）的研究发现，女性高管更不倾向于选择涉及财务舞弊的经营决策。刘云菁等（2023）的研究发现，具有财务背景的独立董事更有能力抑制企业的财务舞弊行为。孔晨（2020）发现，CEO 的风险偏好与企业财务舞弊行为显著正相关。总之，这部分文献一致认为公司财务舞弊行为会随着内部治理机制逐渐完善而随之降低。外部机制主要通过监督途径抑制公司的财务舞弊行为，例如，吴永明和袁春生（2007）、郭照蕊和黄俊（2017）等的研究发现，完善的法律制度能够有效保护外部投资者的合法权益，进而抑制企业的财务舞弊行为。由于我国各地区市场化和法治发展方面存在很大差异（樊纲等，2003），研究发现法律制度越健全、执法力度更强的地区，企业财务舞弊被查处的概率就会更高，且企业财务舞弊行为被处罚也会相对更严重，这就严重压缩了企业管理层的财务舞弊空间（Donelson 等，2017；吴芃等，2019），进而对企业的财务舞弊行为形成约束。基于此，监管层可以要求企业设立防范财务舞弊风险的准备金制度，以此发挥有效警示和遏制财务舞弊行为，并配合以实施更加强势的退市制度，以此抑制企业管理层的财务舞弊行为。袁春生等（2011）的研究发现，较高的职业约束和行业专长能够保持审计师的独立性，这能够提高审计师的审计服务质量并对企业财务舞弊形成有效的约束。在法制健全的地区，市场化程度通常更高，信息也会更加透明，企业的财务舞弊被媒体发现的可能性更高，因此总部位于法制健全和市场化程度更高的企业发生财务舞弊的可能性更低（白云霞等，2009）。媒体作为一类重要的外部监管也能够发挥监督企业治理的功能抑制公司的财务舞弊行为，尤其是互联网媒体关注和政策导向媒体关注。媒体的监督作用一方面是通过完善市场竞争机制进而弥补单纯的行政监管所带来的低效率，另一方面则是通过媒体言论自由权以减少地方政府干涉上市公司经营决策实现的（李培功和沈艺峰，2010；逯东等，2015）。也有学者沿着 CRIME 理论进行探索，他们认为，加强财务舞弊的处罚力度有助于约束企业的财务舞弊行为，因为处罚力度越大就意味着财务舞弊造成的成本越高，这样就会一定程度上缓解管理者的财务舞弊偏好。在对财务舞弊主体进行行政处罚的同时，企业应该建立财务舞弊主体弥补投资者损失的赔偿制度，并同时加强行业自律，建立奖惩机制，实现对监督管理机构工作人员的渎职、失职行为处罚追究。陈佳声（2014）的研究发现监管部门的及时介入能够有效约束上市公司的财务舞弊行为，降低财务舞弊收益和加大财务舞弊处罚力度能够降低舞弊概率。此外，还有学者认为，企业内文化建设会提高管理者的道德判断底线，也有助于抑制企业的财务舞弊行为，这部分研究延续着舞弊三因素模型展开。董红星（2016）的研究发现，伦理文化不仅是企业文化的核心成分，更是会计文化的内核，而会计诚信是一种道德原则，依靠公平、正义、责任等抽象的道德原则作为价值评判的尺度，纳入企业文化建设框架，将伦理文化建设、企业文化建设和内部控制建设三者有机结合，从而抑制财务舞弊行为。综上所述，为了抑制企业的财务舞弊行为，企业需要在内外部治理结构、法律制度、处罚力度和企业内部文化建设等方面采取措施，正是这些因素的相互作用和协调发展，才能为建立有效的防范机制提供重要的理论基础。

三、风险承担

1. 风险承担的概念

风险是指经济主体的一切活动所要面临的不确定性。企业风险则是指企业在投融资活动以及日常经营活动中所面临的各种不确定性。风险承担是战略管理研究的核心组成部分，反映了企业在投融资活动中应对风险事项的能力，既考虑了企业决策偏好这种主观因素，也强调宏观经济复杂环境等客观因素。企业承担风险的能力决定了企业能否获得稳定的投资回报，进而实现长期价值（苏坤，2015）。有关企业风险承担的内涵研究，学术界主要从风险承担意愿、风险承担水平和风险承担能力 3 个方面进行系统阐述。

第一，风险承担意愿。风险承担意愿是指企业在进行不确定性投资时所做出的决策倾向，这种决策倾向反映了管理层对于风险项目的偏好程度，是管理层容忍风险程度的具体体现（Dess 和 Lumpkin，2005）。管理层对于风险的认识程度、感情偏好等主观因素或外部环境因素都会对企业的风险承担意愿产生影响（Hambrick 和 Mason，1984）。第二，风险承担水平。风险承担水平是指企业能够承担风险程度的高低，具体包括承担的经营风险和财务风险的程度（斯文，2013）。风险承担水平高不仅意味着企业能够进行更高风险的投资项目，更意味着企业能够利用现有营运资产在未来获得持续的盈余价值或者把握现有的投资机会带来将来持续的现金流入（胡育蓉等，2014）。然而，在一定条件下，企业所能承担的风险水平是极其有限的（朱宗乾等，2011），它不仅取决于企业自身的风险应对能力，还受到外部宏观环境的制约。第三，风险承担能力。风险承担能力是指企业所能应对的财务风险和经营风险的程度，企业规模、成长阶段以及行业属性等客观因素都会影响企业的风险承担能力（林朝颖等，2014）。由于企业在日常生产经营过程中会面临大量的机遇和挑战，风险的大小通常与收益的高低紧密联系，因此，企业想要获取超额收益，就必须承担起更高的风险。企业的风险承担能力表示企业为了获取超额收益而能够承担风险的意愿强弱，在一定程度上反映了企业对未来可能获得的收益和可能蒙受的损失的选择（Bromiley，1991）。李秉成等（2017）的研究发现，风险承担能力是指企业及时识别、并针对性防范风险和应对风险的能力。李文贵和余明桂（2012）将企业风险承担能力定义为企业在进行日常经营或投融资决策过程中对识别出的风险机会加以利用，抓住发展机遇并借此获取超额风险溢价的能力。综上所述，风险承担意愿会影响企业的风险承担水平，而风险承担水平通常又与企业承担风险能力相匹配，三者之间紧密联系却又相互制约。因此，本书在分析增值税留抵退税政策对企业公司治理水平的影响时，应该充分考虑企业承担风险这一问题，并将其纳入影响企业经营决策和治理机制的研究框架。

2. 风险承担的测量方法

关于风险承担的测量方法研究，现有文献主要从业绩指标、行为指标、生态指标和态度指标 4 个维度展开。

第一，业绩指标。许多学者将风险描述为财务业绩的波动程度，由于高风险承担水平意味着企业高风险的投资项目和高度不确定的未来现金流入，现有研究多采用滚动窗口期的股票收益波动性指标和盈利波动性指标测量公司的风险承担（余明桂等，2013）。股票收益波动方面，主要的衡量指标有年度收益波动率、每周收益波动率以及每日收益波动率（Bartram 等，2012），但也有学者认为以股票收益波动率衡量的企业风险承担水平必须建立在市场有效的前提之下，而有效市场假设仅仅是市场的一种理想状态，本质上来说并不存在完全满足有效市场假说的市场，进而使得以股票收益波动情况衡量企业风险承担能力显得不甚合理。因此相比于股票收益的波动，企业业绩或价值的波动可能更适用于检验不同截面之间的差异（钱先航和徐业坤，2014），进而对于企业风险的表述更加准确。第二，行为指标。这个方面的衡量指标主要包括研发支出、资本支出、财务杠杆、收购和公司现金持有等。Cheng（2008）以企业年度并购事件数量衡量风险承担，他认为企业并购数量越多就越能够反映企业的风险承担水平。史金艳等（2015）以研发支出作为公司风险承担的代理变量，这是由于研发投资成功的可能性较低，收益周期长且不确定，因此研发活动本身就是一项高风险的投资活动，即研发支出越大，企业所要承担的风险水平就越高，但该指标受会计准则影响较大，具有一定的缺陷。Bova 等（2015）以资本性支出作为企业风险承担的代理变量，它认为企业在进行资本性支出时就伴随着相应的风险，即资本性支出会存在损失的可能，因此资本性支出越大就说明企业承担的风险越大。财务杠杆也能衡量企业在资本结构方面的风险承担状况（Faccio 等，2011），财务杠杆率越高，企业需要履行利息和其他固定债务的压力越大，这显然会增加企业未来业绩的不确定性（李迎春，2012）。第三，生态指标。这类指标主要从企业的生存可能性和破产风险程度 2 个角度衡量企业的风险承担。Faccio 等（2016）选用企业在 5 年内生存下来的可能性来衡量公司风险承担水平发现，承担风险较高的企业的生存概率明显更低。以生存可能性衡量公司风险承担不受会计操纵的影响，并且不存在幸存者偏差，进而使他们的结论深受学术界的普遍认同。Altman 等（1983）构建了一个由盈利能力、财务杠杆率与波动性会计指标组成的 Z-Score 指数，并以此衡量企业经营困境和与其破产的距离。Z-Score 指数表示企业的损失可以增加的标准偏差的数量，该指标越高，说明企业能够承担业绩偏差的能力越大，进而就表明企业拥有更佳的财务状况。张三保和张志学（2012）以出口值代表的国际化程度来衡量企业风险承担意愿和风险承担水平，因为企业出口货物的国家越分散，就代表企业的消费者分布越广，进而企业受到某个特定冲击遭受集中性损失的概率越低。第四，态度指标。该类指标主要用风险投资企业对项目没有达到预期目标情况下是否还会继续投资来判断企业应对投资风险的容忍程度，金辉和张梦晓（2023）考察了风险投资对失败的容忍是否有助于激励企业的创新投资，发现企业承担的风险越大，企业获得创新成功的概率也越高。综上所述，学术界用来衡量企业风险承担的方法主要包括业绩指标、行为指标、生态指标和态度指标这 4 个维度，不同的衡量方法具有各自背后的逻辑，对于企业风险承担的解释也存在明显的差异，但是却可以在实证研究中做到互相补充，进而从不同角度揭示企业风险承担的本质和程度，为进一步探索增值税留抵退税政策对企业公司治理的影响与作用机理提供理论依据。

3. 风险承担的形成原因

影响企业承担风险的原因多种多样，归纳起来大致可以分为以下3类：外部环境因素、企业内部治理因素和管理层及个体特征因素。

第一，外部环境因素。企业的外界环境（技术环境波动或不确定性、宏观经济环境和市场环境的发展程度等）会影响风险承担。例如，产品技术的突飞猛进会对行业和产业进行洗牌，进而影响企业生产经营的不确定性；官员变更和政府变更会影响当地政治生态和经济政策的不确定性，进而增加企业应对宏观经济政策的难度，并对未来的持续发展产生重要影响（徐玉德等，2019）。钱先航和徐业坤（2014）的研究发现，企业所在城市主要官员进行更替会增加企业需要承担的风险，且这种影响不会提前或滞后。刘志远等（2017）的研究发现，经济政策不确定性会产生许多的投资机会，会对企业的风险承担产生明显地推动作用。企业面对既定的社会环境和制度环境会做出不一样的选择，社会冲突加剧会降低企业的风险承担水平。杨瑞龙等（2017）的发现得到相类似的结论，即良好的制度可以缓解社会冲突对企业风险承担水平的负面冲击，进而强化企业的风险承担水平。此外，在货币政策宽松的背景下，企业拥有更多的资金用于投资活动，此时企业选择经营决策更加灵活，它们承担相应的风险的水平也就越高（李雪和冯政，2015）。张敏等（2015）发现，企业的风险承担行为是一项资源消耗性活动，具有很强的资源依赖性，企业的社会网络有助于提升他们获取各项资源的能力，进而提升企业的风险承担水平。除了上述研究外，金融监管（赵昕等，2014）、宏观审慎政策（祁敬宇等，2023）、行政审批制度改革（李田雨和李茫茫，2023）、国际风险冲击（史番和陶冶，2023）、数字金融发展（陈小辉和张红伟，2021；姚洪心和陈慧敏，2023；申明浩和谭伟杰，2023；陈修德等，2023）、债权人保护（王红建等，2023）、数字化转型（王会娟等，2022）、税收政策激励（赵灿等，2022）、资本市场开放（吴锡皓和潘钰子，2021）、税收征管数字化升级（闫华红等，2022）和国家审计（王海林和张丁，2021）等均被证明影响企业的风险承担水平。第二，企业内部治理因素。在企业的内部治理机制中，股权性质、股权结构和董事会结构等特征对企业决策具有关键性作用，进而对企业的风险承担水平产生影响。董事会的独立性是投资者合法权益能否得到保护的关键，当董事长和总经理的私人收益较大时，他们可能会为了维护私人收益而选择风险性较低的投资项目，进而使其他股东失去企业潜在成长带来的收益。股权激励与企业风险承担水平呈现非线性关系，李小荣和张瑞君（2014）的研究发现，高管持股能够在一定范围内提高企业的风险承担水平，但这一作用在超过一定数值后，会因为堑壕效应使管理层反向选择降低企业风险承担的决策。Faccio 等（2011）发现大股东存在“风险承担代理问题”，当大股东的个人财富集中于单一企业时，他们的风险承担意愿就会低于外部股东，而小规模董事会可能会增加企业承担的风险。政府的主要目标是解决民众就业、维护社会稳定，政府与企业的目标存在天然的差异性，因此，政府基于履职需要出面干预会影响企业的风险承担水平。例如，李文贵和余明桂（2012）发现，嵌入了政府政治目标的国有企业蕴含着较强的风险规避特征，他们通常具有较低的风险承担意愿，这是因为过高的风险承担不利于国有企业政治目标和社会稳定功能的实现，同时也对国有企业管理者形成收益和成本的不对称性。但是当国有企业高管具有强烈的政治晋升动机时，他们会倾向于选择能够实现政府执政目标的策略，此时他们会有意愿承担风险。当然，国有企业高管因为考核渗杂着多种政治因素，其薪酬水平同样受到严格的限制，这就导致国有企业管理者的决策与企业效益的关系不大，最终降低管理层的风险偏好。除了上述因素外，还有研究从控股股东掏空（方胜等，2023）、家族董事席位超额控制（苏春和刘星，2023）、实体企业金融化（金健，2023）、非国有股东治理（洪金明等，2023）、国有资本参股（张建宇和杨旭，2023）、国有银行贷款（叶永卫等，2023）、业绩困境（王晓燕和柳雅君，2021）、金融化发展（徐隽翊等，2020；许志勇等，2020）、多个大股东（高磊等，2020）、高管薪酬差距（董维维和潘金晶，2020）、投资者关系管理（伊志宏等，2020）、创始人管理（韩忠雪和张玲，2022）、员工薪酬竞争力（熊毅和洪荭，2022）和非控股股东参与治理（何瑛等 2022）的角度讨论企业的风险承担水平。第三，管理层及个体特征因素。从理论上说，企业的风险承担水平取决于投资项目的实际情况，而企业投资决策及执行却高度依赖于企业管理者（何威风等，2016）。因此，企业的风险承担水平也会受到管理层以及其个体特征（性别、年龄、学历和风险偏好等）的影响。此外，由于企业的风险承担具有较强的资源依赖性，即拥有越多资源的企业能够承担更高的风险（张悦玫等，2023），因此，当企业管理者掌握更多的资源时，其治理的企业会有更强的风险承担能力。企业管理者的财富集中度也会影响企业的风险承担水平，当企业管理者财富较为集中时，他们会出于对人力资本专用性以及职业前景考虑，更加没有意愿去选择风险较高的经营项目，进而使企业呈现出风险回避的特点。学术界用代理理论解释了上述特征，即作为代理人的企业管理者会以自身效用最大化为出发点。例如，为确保个人财富和工作稳定等进行投融资决策，但不愿意因多元化投资组合而承担过高的系统风险和企业异质性风险，进而导致管理层的决策偏向风险规避，即管理者不愿意在既定收益下承担过高的风险（王永妍和牛煜皓，2023）。吕文栋等（2015）讨论了性别这一管理者个体特征因素对企业风险承担的影响，研究发现男性高管所在企业具有更高的风险承担水平，并且随着管理者年龄的逐步增加，企业管理者会更倾向于选择较低风险的投资活动，进而使其所在企业表现出较低的风险承担能力。此外，锦标赛式的激励机制也会激励企业管理者承担更多的风险投资（Kini and Williams，2012），进而使企业的经营活动表现出较高的风险偏好特性；企业管理层的金融背景会提高管理层决策过程中的自信程度，进而影响企业的风险承担能力（杜勇等，2019）。

4. 提高企业承担风险的方法

如何强化企业的风险承担能力，学术界沿着风险产生原因路径进行探索。现有文献认为，完善的内外部治理机制是提高企业风险承担水平的重要保障（郭蓉和文巧甜，2019）。例如，完善的治理机制能够强化企业的风险承担能力（解维敏和唐清泉，2013）。因为在商业活动中，管理者会为了提高企业竞争优势而不可避免地应对经营过程中的不确定性，并承担与之相应的损失可能，这显然会影响企业管理者对于风险的偏好程度。较高的风险承担能力表明企业高管具有更高的冒险精神，他们更不愿放弃风险较高但净现值为正的投资项目。由于经济的持续增长依赖于资本从低风险低产出的投资领域转向高风险高产出的投资领域，过度自信能够促使管理者更加认同自己的领导能力和项目决策能力，进而更好地识别和利用有价值的投资项目（董莉，2021）。企业管理层的团队经验可以反映出管理层团队成员的思维方式和决策偏好，多元化的认知背景和结构能够提供多样化的知识基础，这有利于强化企业应对风险的能力。杨林等（2020）研究发现，企业管理层团队经验能够帮助企业获取和整合资源，进而有助于提高企业的风险承担水平。然而，由于企业内存在代理问题，企业管理层通常不愿意为了企业利益而让自己承担风险，这就使企业因管理层的风险回避偏好而放弃良好的发展机会，最终错失持续发展的机会。因此，为企业管理层建立有效的激励机制可以降低管理层与股东之间的代理问题，确保管理层与股东之间的利益一致，进而实现提高企业风险承担水平的目标。然而也有学者认为，企业过度的承担风险是由于不恰当的激励导致的（Bebchuk 等，2010），此时企业风险承担反映的却是企业对投资项目选择的风险偏好，股权激励能够实现高层管理者和企业共享利润和共担风险，进而消除高层管理者的短期行为（沈红波等，2012）。Lefebvre 和 Vieider（2010）的研究发现，管理层持股会加剧企业的风险规避程度，但李小荣和张瑞君（2014）的研究却得到管理层持股比与企业风险承担水平间的 U 型关系，即在某临界点之前，企业的风险承担能力会随着高管持股比例的上升，但超过某一临界点，企业的风险承担能力却会因管持股比例的增加而下降。以上的研究普遍认为企业风险承担水平会随着内部治理机制逐渐完善而随之提高。与此同时，企业的外部机制主要通过制度建设、政府干预和金融监管等途径影响风险承担水平。对于处于转型期的新兴市场而言，不健全的正式制度难以全面地协调市场经济的发展，此时文化等非正式制度嵌入市场的运行体制中能够发挥有效资源配置的作用。金智等（2017）研究发现，儒家文化对企业的风险承担水平具有重要作用，在保守的儒家文化的熏陶下，企业管理者的价值观会受到熏陶而倾向于选择风险小而回报低的项目，这不仅使企业呈现出较低程度的风险承担水平，同时也为企业带来较低的市场回报。林朝颖等（2014）研究发现，宽松的货币政策有助于提高企业的风险承担水平，而紧缩型货币政策会对企业的风险承担产生抑制作用。企业风险承担水平越高意味着企业具有更高的冒险精神，这对于企业的短期成功和长期发展是至关重要的。作为企业的外部治理机制，媒体能够加强企业的信息披露、汇集与扩散，降低信息搜集成本，这会极大地影响企业管理者行为（李冬昕和宋乐，2016），进而对企业的风险承担水平产生影响。例如，李倩等（2022）研究指出，媒体负面评价会抑制企业的风险承担水平；健全的金融监管体系有助于降低市场的系统风险，进而强化企业的风险承担能力。综上所述，为了有效提升企业应对风险的能力，企业的内部治理机制、市场制度建设、政府干预和金融监管等内外部机制需要合理搭配发挥作用，正是这些因素的相互作用和协调发展才能为建立有效的防范机制提供重要的理论基础。

四、财务困境

1. 财务困境的概念

财务困境是企业的一种常见状态，有关它的确切定义学术界有着不同的解释。Beaver（1966）的研究把企业拖欠优先股股利和拖欠债务支付等行为界定为财务困境，因为上述行为反映的是企业对于掌握资源的运用情况，拖欠优先股股利和拖欠债务支付是企业财务状况恶化的具体体现。Altman（1968）将财务困境定义为进入法定破产程序，因为企业申请破产的主要原因是为了减轻应付薪酬、应付利息和应付账款的现金支付压力，保障企业朝着健康的方向发展。Ohlson（1980）认为财务困境具体表现为流动性不足、权益为负、债务拖欠及资金不足4种形式。其中，流动性不足表现为企业现金资产比例多低，容易出现临时性的现金支付危机；权益为负表现为企业长期亏损导致的资不抵债，最终迫使企业变卖资产、停止营业。国内学者谷祺与刘淑莲（1999）立足具体情境，将财务困境定义为“企业无力支付到期债务或费用的一种经济现象，包括从资金管理技术性失败到企业破产以及处于两者之间的各种情况”。吕长江和韩慧博（2004）认为企业是否陷入财务困境必须满足如下2个条件：第一，连续两年流动比率小于1；第二，这2年中至少有1年营业利润小于0。吴世农（2005）定义的财务困境是企业对优先股东和债权人违约的情况。从以上学者各个不同角度对财务困境的界定来看，财务困境具有动态性特征，公司陷入财务困境是一个渐进的过程，是公司一定时期内在资金筹集、投资、占用、耗费、回收和分配等多个财务管理环节失误的累积结果，并非会计报表中某一时点上某一项目的失误（王宁，2019），财务困境的极端表现就是企业破产（吴世农，2001），但两者间有一定差别，破产通常由存量破产和流量破产2种类型，而财务困境指的是流量破产。

2. 财务困境的衡量方法

财务困境的衡量方法，现有文献主要由Z值度量、ST特别处理、违约距离、财务数据这4种。

第一，Z值度量。国外一般用Z值来估计企业的财务困境。Z值是学术界用来度量公司财务状况的常用指标，Z值越大说明企业陷入财务困境的可能性越小，反之则说明企业陷入财务困境的概率越大（党宏欣，2022）。第二，ST特别处理。倪中新（2012）将财务困境界定为因财务状况异常而被实施特别处理的情形，对应的财务困境恢复是指困境企业因财务状况改善而撤销ST，成功恢复正常身份的情形，马若微（2015）、陈艺云（2019）的研究亦是如此。第三，违约距离。王宁（2019）指出，财务数据是对企业历史过程的描述，以此为基础制定的化解策略难免因时滞等原因无法实现预期的效果，为了弥补这一缺陷，他提出以违约距离为基础对财务困境进行度量。违约距离用来表示公司距离与违约点之间的距离。违约距离本身并不能告诉我们公司什么时候陷入财务困境，为此，王宁等学者采用Sudarsanam和Lai（2001）的方法，将违约距离连续2年下降视为企业陷入财务困境的标志。第四，财务数据。沈维成（2018）选择净资产、净利润或者营运资本等财务指标作为衡量企业财务困境的指标，因为上述指标变差就代表着企业的经营状况陷入困境。赵丽琼（2008）使用主营业务收入净利润率作为困境程度的衡量方法，这一数值越大，说明企业的获利能力越强，越不可能陷入困境，反之，这一数值越小，说明企业的获利能力越小，就越有可能陷入困境。

3. 财务困境的形成原因

企业出现财务困境是多种因素相互影响的结果。要避免企业陷入财务困境，首先要了解引起企业财务困境的原因，并通过仔细分析找到应对方法。一般情况下，企业陷入财务困境的原因分成内部因素和外部因素两个方面。从内部因素看，企业经营状况和治理体系会对企业的财务困境造成影响。例如，吕长江等（2004）发现，企业的主营业务缺乏竞争力、生产成本过高、发生重大投资失败、资产盈利能力差和提供重大债务担保等都是导致其陷入财务困境的原因。因为主营业务缺乏竞争力会造成产品滞销，进而挤压企业的市场份额，抬高单个产品的生产成本导致亏损；生产成本过高的本质还是企业的主营产品难以获得市场定价的机会，反映出的还是产品缺乏竞争力的问题；重大投资失败会直接减少企业掌控的资源，削弱企业持续发展的能力；提供重大债务担保为企业承担连带债务责任埋下伏笔，被担保企业的债务履约能力将直接影响企业的财务困境。同时，企业治理机制不健全也会对企业财务困境形成负面影响，财务管理混乱不仅会造成财务信息失真，从而影响决策有效性，还会造成财务舞弊受到监管部门处罚（颜如春，2012）。姜付秀等（2009）的研究跳出了企业层面限制，从管理者个体特征角度展开探索，研究发现过度自信的管理者更具有进行大规模投资的意愿，这成为企业陷入财务困境的原因。还有研究发现，高质量的内部控制有助于减少企业的内幕交易，降低企业的财务风险，进而可以防范和规避因财务舞弊等原因引致的财务困境（章铁生等，2018）。尹斌（2012）认为，上市公司财务困境的影响因素主要是来自公司获利能力、发展能力、营运能力以及公司治理方面的因素，并且影响程度各不相同。王伦刚（2020）认为，一个企业为什么会出现财务上的困境，归根结底还是自身运营不正确导致的。整体而言，从企业内部视角分析财务困境的原因最终还是集中到经营、财务、融资、人力资本四个方面的效率，如果公司在某一个或几个方面效率低下，则很有可能导致财务困境的出现（王昱，2021）。从外部原因角度看，货币政策、经济波动、产业更迭甚至政府的经济政策等外部因素也会影响企业的财务困境（章铁生，2017）。例如，宽松的货币政策能够为企业获得外部融资提供便利，降低企业因融资约束陷入财务困境的概率；经济波动会放大企业经营风险，加剧企业过度投资陷入困境的可能；产业更替需要企业进行大量的固定投资，这在增加投资损失的同时也带来额外的风险；政府的各类调控政策会直接影响企业的经营决策，税收优惠政策可以鼓励对优惠行业进行投资，环境治理政策会削弱企业进入高污染行业的动机。此外，还有研究发现，产业政策（关黎丽，2023）、机构持股（王丙楠等，2022）、客户关系（原安妮，2022）、税收征管（李光龙和肖继刚，2022）和社会性负担（马燕楠，2021）等都会造成企业陷入财务困境。

4. 化解财务困境的方法

财务困境不仅影响到企业自身的生存和发展，还会对股东、债权人、审计师等利益相关者产生重大影响（李万福等，2012），如果企业财务困境不能得到有效解决，任由风险长期积累，会使企业陷入破产边缘（王克敏等，2006），影响资本市场的稳定，进而可能引发系统性的市场风险，从而对宏观经济平稳运行产生不利影响（章铁生等，2017）。因此，及时化解财务困境十分必要。财务困境、合同违约和破产清算是企业基本的生命阶段（Wruck 等，1990），试图化解财务困境是企业避免或者推迟合同违约与破产清算的求生本能。化解企业财务困境的方法可以从形成的原因角度探索，包括公司自身的财务和发展方面的能力、公司治理的好坏、外部宏观经济政策的因素等（尹斌，2012）。Schendel 和 Patton（1975）发现，企业能否走出财务困境与其选择的具体策略有关，稳健的投资策略和有效的销售方法有助于公司摆脱困境。Hofer（1980）则从企业经营模式角度展开探索，提出企业摆脱财务困境的具体决策应该与造成财务困境局面的原因相对应。例如，重点关注内部组织结构、市场竞争地位和行业类型等外部环境因素的影响。章铁生与胡琪玥（2023）发现，企业客户集中度较高是造成财务困境的重要原因，所以应适度地分散客户有助于缓解企业的财务风险。Sudarsanam 和 Lai（2001）的研究对企业不同行为进行比较后发现，那些以长期成长为目标的企业，由于他们重视核心竞争力提升，故更容易走出财务困境；反观那些重视短期现金收益的企业，反而更不容易实现财务脱困。国内学者对财务困境的研究是伴随着证券市场 ST 制度的实施而兴起的，对财务困境化解方法的探索相对较少。赵丽琼（2009）运用描述性统计和 Logit 方法，从自由资产数量、主营业务收入净利润率等因素考察 ST 企业是否脱帽的问题，开启了国内化解财务困境方法的尝试。董保国（2009）采用描述性统计法，引入董事会规模、董事会持股比例等因素，对财务困境恢复的上市公司进行了分析。结果显示，适当扩大董事会规模、增加董事会持股比例会对财务困境的恢复起到显著作用。王宁（2019）选取了管理层重构、营运重建、资产重组与购建、财务重组四类共计十种化解策略展开企业财务困境问题探索，研究发现当公司内和外部经济环境都困难时，公司选择降低费用支出、资产重组以及发行债券的可能性会提高，但更换高管、裁员以及增加购建资产的可能性却会下降。而在行业经济环境良好的情况下，财务困境公司的策略选择恰好相反，这说明财务困境公司对解困策略的选择确实会受到行业经济环境的影响。李秉祥等（2023）发现，企业管理层的风险偏好越大，越容易引发企业财务困境，此时企业需要建立机制以控制管理层因偏好风险的决策行为。孙洁等（2023）利用文本分析和机器学习的方法发现，媒体的负面报道会加剧企业的财务困境。严武和孔雯（2023）从利益相关者的角度探讨了企业履行社会责任对财务困境的影响，并得到企业承担社会责任会降低财务困境的结论。

第三节 增值税留抵退税政策发挥公司治理作用的相关理论

一、委托代理理论

委托代理理论是制度经济学契约理论的重要构成内容，它是 20 世纪 30 年代由美国经济学家伯利和米恩斯提出的。委托代理关系是指一个或多个行为主体根据一种明示的或者隐含的契约，指定雇佣另一些行为主体为其服务，同时授予后者一定的决策权利，并根据后者提供的服务数量和服务质量支付相应报酬。委托代理理论是在深入探索企业内部信息不对称和激励失效的基础上发展起来的。Jensen 和 Meekling 在他们的论文《企业理论：管理行为、代理成本和所有权结构》中系统构建了完整运用委托代理理论分析公司治理结构的基本框架（Jensen and Meckling，1976），研究发现在所有权与经营权相分离的情况下，公司的代理冲突主要表现为股东与管理层之间的委托代理冲突，即管理层不会按照股东利益最大化原则行使职责，进而迫使企业因管理层的自利动机引发各类额外成本。委托代理理论以一系列的假设为前提，其中包括理性人假设、利益不一致假设和信息不对称假设。理性人假设，决定了委托方和代理方的决策目标是遵守自身利益最大化的目标；利益不一致假设，说明委托方和代理方由于处于不同的位置而造成两者的利益存在冲突，即一方利益的满足是以牺牲另一方利益为前提；信息不对称假设，是说委托人和代理人对信息的获取程度是不一样的，这造成两方在决策时由于获取信息不一致而造成冲突，即信息不对称决定了企业内部信息环境，由于现代公司的所有权与经营权的分离，委托方与代理方的利益通常是不一致的，有时甚至出现激烈冲突，此时企业必须构建一个公正的第三方（如，建设企业内部控制制度等）来维持两者之间的平衡。然而，如果企业的内部控制制度构建的不完善，就会使管理层有更多的选择去实现自身利益目标，轻则不为企业的利益最大化而卖力工作，重则甚至可能通过增加在职消费来满足一己私欲或只为提高个人声誉而盲目扩大公司规模，从而使企业陷入财务困境。良好的内部控制则能有效缓解相关代理问题，降低企业陷入财务困境的概率（李万福等，2012）。除了委托人和代理人之间的利益冲突外，学术界还发现，企业控股股东和小股东、股东与债权人之间也存在代理问题，前者是控股股东利用控制权谋取私利而使非控股股东受损；后者则是企业股东倾向于举债从事高风险项目投资进而使债权人的收益和风险存在明显偏差。由于我国企业普遍存在“一股独大”的情况，大股东侵吞小股东利益的事件屡有发生，他们凭借手中的权力通过企业内部决策牟利，而小股东由于无法直接参与企业决策而无法获得利益。此外，债权人和企业管理层在创新等高风险的事情上存在天然的矛盾冲突，债权人的诉求是获得还本付息，以此保障债权人的根本利益，而企业利用债务资金时，有更强地动机进行高风险项目，这样就造成了由于企业可以从高风险项目获得潜在的高收益，但债权人无法从企业高风险的投资活动获得额外补充，却依旧要承担高成本的债权人收益和风险不对称现象。

二、利益相关者理论

利益相关者理论是20世纪60年代在西方国家逐步发展起来的，进入20世纪80年代后迅速扩大其影响，并开始影响美英等国的公司治理模式的选择，最终促进了企业管理方式的转变。利益相关者理论认为企业是由持有企业普通股的个人投资者和机构投资者共同所有的，除此之外，企业经营活动涉及的其他成员也与企业的利益高度相关。因此，从广义上讲，利益相关者是指影响企业行为及企业目标的实现，或是受到企业目标实现过程影响的拥有企业实质上合法利益的个体或群体（Plaza-Ubeda 等，2010）。显然，这种定义过于宽泛，难以具体的衡量与企业有利益纠纷的相关者。故从狭义上讲，利益相关者不包括同企业运营和企业目标相去甚远的成员（Hillman 等，2001），如果企业分散过多精力去满足不同利益相关者各不相同的利益要求，那么企业就很难维持正常的经营。因此，利益相关者理论的核心观点是：企业不仅是实现股东利益最大化的工具，而且是将不同利益相关者群体的利益寓于其中的经济组织。企业的利益相关者分为内部利益相关者和外部利益相关者。其中，内部利益相关者包括企业员工、管理人员、企业部门和董事会，外部利益相关者包括企业股东、供应商、债权人、本地社区和社会环境，此外，竞争对手、消费者、宣传媒体、政府机构、选民和工会等也是利益相关者群体的重要构成部分（Sirgy，2002）。利益相关者理论的提出对于理解公司治理有着重要的意义，它不仅有利于引导企业追求长期目标，并以实现多维度利益为指导，并且在厘清了企业内部的利益相关者构成后，有助于完善公司内部的监督制衡机制以降低代理成本。

三、信息不对称理论

信息不对称理论是指在经济学和金融学领域中的一个重要概念，它用来描述当一方在交易过程中拥有比另一方更多或更好的信息时，会导致市场出现不完全竞争的情况。信息不对称理论最早由美国经济学家 George Akerlof 提出，后来由 Michael Spence 和 Joseph Eugene Stiglitz 等学者进一步发展和完善。在信息不对称的市场中，一方通常被称为“内部人”，拥有更多的信息，而另一方则被称为“外部人”，信息相对较少。内部人可能是公司的管理层、股东、政府官员等，他们对公司内部状况、行业趋势、未来发展等信息了如指掌，外部人可能是投资者、消费者、竞争对手等，他们只能通过公开的信息或者市场表现来判断。信息不对称会导致市场失灵（如，道德风险和逆向选择）的问题。道德风险是指一方在交易中由于信息优势而采取不道德行为（如，公司管理层故意隐瞒财务信息或者消费者虚报索赔）。逆向选择是指信息不对称导致低质量产品或高风险投资者挤占市场，从而影响市场的整体效率。为了解决信息不对称问题，学术界和实践界提出了一系列方法和制度。例如，信息披露制度要求公司必须向市场公开重要信息，以减少内幕信息对市场的影响；监管机构可以加强对金融市场的监管，防范操纵、欺诈等行为；信用评级机构可以提供独立的评级服务，帮助投资者更好地评估风险。

第四节　本章小结

本章的内容能够为后续探索增值税留抵退税影响企业公司治理问题提供坚

实的理论基础，并在增值税留抵退税话题的研究中探讨国家实施增值税留抵退税政策的制度背景和现实依据。增值税作为我国极其重要的一个税种，对于促进经济发展和优化资源配置发挥重要的作用。国家出台增值税留抵退税政策可以鼓励企业增加投资和创新，提高市场竞争力和发展潜力，最终赋能企业的高质量发展。本章首先介绍我国增值税留抵退税政策的实施背景，由此深入地介绍增值税留抵退税政策发挥作用的理论逻辑，这有助于深刻理解增值税留抵退税政策积极的治理作用。本章分析国家出台增值税留抵退税政策的制度背景和政策目的，以及其在促进企业发展、吸引外资和提升国际竞争力方面的积极作用，为从公司治理视角探索增值税留抵退税政策的积极作用提供参考。本章深入地探讨了增值税留抵退税政策对企业投资决策、盈余管理和财务风险管理等方面的影响，以及其对企业经营绩效、市场表现和财务状况的影响。在研究现状方面，本章深入探讨了关于公司治理 4 个方面的内容，分别是盈余管理、财务舞弊、风险承担和财务困境，并系统介绍了它们的概念、衡量方法、影响因素和经济后果，由此为构建增值税留抵退税政策影响公司治理的框架。接着，本书阐述了公司治理最为核心的 3 个理论，分别是委托代理理论、利益相关者理论和信息不对称理论，这 3 个理论能够形象地阐述存在于企业内部影响治理水平根本性原因，以此为本书系统解释增值税留抵退税政策的治理作用奠定基础。事实上，公司治理是保障企业利益相关方利益的重要机制，对企业的长期发展和价值创造至关重要，而盈余管理、财务舞弊、风险承担和财务困境是公司治理是否有成效的重要衡量标准，对于企业利益相关者权益是否得到保障影响重大。本章通过对影响企业公司治理的因素展开探索，这可以更好地理解企业公司治理问题的重要性以及它是否受到增值税留抵退税政策的影响，由此构建起增值税留抵退税政策影响企业公司治理的框架。总之，本章内容将在增值税留抵退税政策和公司治理问题的交叉领域中进行探索，为后续的研究提供理论基础和研究框架，即通过深入分析增值税留抵退税政策对企业决策和经营绩效的影响，为后续的逻辑推演和实证检验奠定基础。

第四章 增值税留抵退税政策的公司治理效应：博弈分析

本书从盈余管理、财务舞弊、风险承担和财务困境4个视角讨论增值税留抵退税政策的公司治理效应。盈余管理，是指企业在报告财务业绩时通过合法或非法手段，以影响盈余水平、盈余质量或者盈余波动性的经营决策行为。财务舞弊又称为财务欺诈，它是指企业管理层为实现私利而采取的一系列违背法律法规的措施，与盈余管理不同，财务舞弊是实实在在的违法违规行为，它会造成企业利益相关者的确定性损失，进而可能受到监管部门的处罚。风险承受，是指在特定的内外环境影响下，企业运用自身及外在资源，保证在风险事件发生时仍能正常运营而不致偏离原来的正常经营状态，甚至破产倒闭的能力，它是企业公司治理是否有效的重要指标。财务困境，是指企业因为治理原因或经营失误而产生的可能发生或已经发生的未能履行对债权人的承诺或者出现还本付息困难带来的成本，财务困境不及时处理会造成企业进入破产清算，最终使投资者蒙受巨大的损失，所以它是能够衡量企业经营或治理是否有效的重要指标。综上所述，盈余管理、财务舞弊、风险承担和财务困境共同构筑起衡量企业公司治理水平的指标体系，能够较好地反映企业管理层选择经营策略的问题，即经营决策是否以围绕着“企业利益相关方利益最大化”为经营目标。若企业的经营决策围绕着“企业利益相关方利益最大化”为目标，那就说明企业管理层的经营策略选择是有效的，此时企业具有较高的公司治理水平。反之，则说明企业管理层的经营决策选择是偏离最优目标的，即企业存在较为严重的治理问题。已有的研究认为，企业的经营决策不仅取决于管理层的决策能力，同时还受到管理层决策意愿的支配。因为在管理权与经营权分离的治理体系下，企业管理层通常会基于私利而倾向性地做出有利于自身，但却不利于企业利益相关方的经营决策，这就导致企业管理层具有天然的动机做出偏离“企业利益相关方利益最大化”目标的决策动机。例如，企业管理层会考虑年底薪酬或者期权行权等问题而操控盈余，进而实现管理层获得额外收益的目标，由此说明盈余管理是企业管理层攫取企业利益的一种具体表现。企业管理层也会为掩盖其经营不善的现状而试图篡改财务数据，进而导致内外部股东通过虚假财务数据做出决策而蒙受损失，故财务舞弊本质上也是企业公司治理水平低下的一种具体反映。此外，风险承担能力和财务困境化解能力也是企业管理层应对内外部不确定性挑战的意愿和能力，是衡量企业公司治理是否有效的重要标准，它们是企业在现有经营决策和治理体系下应对风险和解决财务困境能力的具体体现。因此，本书选择上述4个指标来检验增值税留抵退税政策的公司治理效应是能够说明问题的。

本章以委托代理形成的不同契约主体之间的利益冲突和信息不对称为依据，将博弈对象分为作为委托人的外部股东与作为代理人的企业内部股东展开博弈分析。狭义的外部股东仅包括企业的直接出资者，而广义的外部股东还应包括社区、政府等利益相关方。因为政府以公共服务和其掌握的公共资源入股企业，为企业的正常经营活动提供稳定的市场环境和充足的经营资源，且政府是以税收形式向企业索取回报，通过分享企业经营成果成为实质上的外部股东。此外，增值税留抵退税政策是政府颁布实施的，具体让哪个行业或企业享受增值税留抵退税红利是由政府所决定的，故本章选择政府作为外部股东展开研究是合理的。而选择控股股东作为内部股东进行博弈分析研究，是因为控股股东能够决定企业管理层任免等重大事项，他们能够实现对企业经营决策的具体干涉，尤其我国企业的所有权相对集中，控股股东直接参与企业经营决策，或者通过任免管理层影响企业经营决策的现象十分普遍，这就使控股股东代表企业内部股东展开博弈显得极其有意义。最终，本章围绕政府和企业两方来讨论增值税留抵退税政策与企业公司治理的博弈问题。

第一节　增值税留抵退税政策与公司治理的博弈模型构建

一、明确增值税留抵退税政策与企业公司治理间的博弈条件

为要构建关于增值税留抵退税政策与企业公司治理的博弈模型，本章首先要提出如下几个假设作为模型成立的前提条件。

假设4－1：假定政府出台的增值税留抵退税政策对企业享受政策红利的资格进行严格规定，且这些规定会对企业的经营决策产生影响，进而作用于企业的公司治理，并在此基础上，本章假设的政府和企业都是按照理性人逻辑进行

决策的，即遵循各自利益最大化的决策原则。其中，企业的利益最大化是指控股股东收益最优，而政府的利益最大化是指社会效益最优，在本次博弈中具体表现为企业外部股东实现最优收益目标。

假设4－2：假定在博弈过程中，参与双方分别是政府和企业，且各自都有2种策略可以选择。政府方面的策略包括：稽查并根据稽查结果决定是否给予企业增值税留抵退税优惠条件，或政府不对企业进行税收稽查而是直接给予增值税留抵退税优惠条件。企业方面的策略包括：企业选择降低公司治理水平的相关措施，具体表现在企业选择增加盈余管理、财务舞弊和提高风险承担能力和强化财务困境化解能力等措施；或企业不选择降低公司治理水平的相关措施，这样企业就不存在较明显的治理问题，即企业的盈余管理和财务舞弊问题不突出，企业风险承担水平也不会明显下降，企业财务困境也不能得到有效化解。此外，政府与企业的策略存在混合纳什均衡组合的4种选择情况，并且可以预测企业是否向政府申请增值税留抵退税优惠。

假设4－3：假定企业是具有风险中性偏好，它们采用期望收益的决策模式，这是由理性人特征决定的。如果政府出台增值税留抵退税政策的边际收入大于边际成本（因为政府实施增值税留抵退税政策的初衷是减轻企业的税费负担，且政府的收益是以企业外部股东收益最优为评价依据），那么政府会持续性地给予企业增值税留抵退税方面的相关优惠，并配合以严格的增值税纳税情况稽查。政府和企业间存在明显的信息不对称现象，政府难以完整地评价企业的治理情况，它们需要通过税务稽查才能决定是否继续保留企业享受增值税留抵退税优惠的资格，即以企业公司治理情况是否得以改善来评价政策的社会福利提高效应。若政府对企业进行税务稽查时发现企业存在明显的代理问题，那么就认为给予企业增值税留抵退税方面的边际收益小于边际成本，此时最优选择是果断停掉优惠政策；若政府对企业进行税务稽查时发现企业不存在明显的代理问题，那么就认为给予企业增值税留抵退税方面的边际收益大于边际成本，即增值税留抵退税政策能够发挥改善企业公司治理的作用，就会继续给予企业增值税留抵退税方面的优惠。

假设4－4：政府和企业各自采取的行动是具有可预测性的，双方对于各自行动的收益是能够估计到的。政府和企业分别朝着各自收益最大化的方向展开行动，企业希望在享受政府提供增值税留抵退税政策优惠的同时，还能够随意决定其经营活动，即企业管理层能够把握自主权决定是否进行盈余管理、财务舞弊和影响风险承担水平的决策的权力，并且管理层会按照自身理性人特性而倾向性地采取降低企业公司治理水平的相应策略。这就是说，企业既希望可以享受到增值税留抵退税的政策优惠，又希望可以通过满足高层管理者私利诉求，而选择可能降低公司治理水平的相关措施以攫取社会效益。而政府希望通过增值税留抵退税政策实现社会效益的提高，其中就包括企业公司治理水平的提高，或者在发现企业做出有损害公司治理的行为时果断终止优惠政策，以此降低社会整体效益的继续损失。这就是说，政府向企业提供增值税留抵退税方面的优惠为的是提高社会整体福利，当政府发现企业做出有损于社会福利的行为时，会主动取消向企业继续提供增值税留抵退税优惠，进而避免损失更多的社会福利。

假设 4－5：本章的博弈模型只考虑现行制度对企业公司治理的影响，排除企业利用资源贿赂税务征收人员和监督执法人员等特殊情况，且博弈模型是建立在政府和企业双方博弈的基础之上，假定模型以外的其余因素也基本维持不变。

二、构建增值税留抵退税政策与公司治理的博弈模型

在博弈的具体过程中，企业可以采取“执行”和“不执行”2 种策略，若企业选择“执行”策略，那么就意味着企业会选择增加企业盈余管理和财务舞弊以及降低企业风险承担水平的相关经营策略；若企业选择“不执行”策略，则相反，即企业选择以实现外部股东利益最大化为目标的经营决策，此时企业的盈余管理和财务舞弊的程度相对较低，风险承担水平相对较高，财务困境化解能力相对较强。政府也有 2 种策略可供选择，即“稽查且给予企业增值税留抵退税优惠”与“不稽查而直接给予企业增值税留抵退税优惠”。如果政府出台的增值税留抵退税政策对企业享受条件做出严格规定，那么政府会依法依规对企业的纳税情况进行稽查，并根据稽查结果做出是否继续给予企业增值税留抵退税优惠的决定。鉴于当前我国税务部门的稽查力度尚不能覆盖所有企业，这就造成某些有损于企业公司治理的行为屡有发生，这也是我国企业治理问题难以根治的重要原因。

基于上述分析，政府是否给予企业增值税留抵退税优惠和企业享受增值税留抵退税后是否选择改善公司治理的策略共有以下 4 种情况：第 1 种情况，企业选择“执行”策略，政府稽查到企业存在盈余管理等降低公司治理水平的现象而取消给予增值税留抵退税的政策优惠；第 2 种情况，企业选择“执行”策略，政府未对企业进行税务稽查而直接给予企业增值税留抵退税的政策优惠；

第3种情况，企业选择“不执行”策略，政府稽查但未发现企业具有降低公司治理水平的行为，结果是政府给予企业增值税留抵退税方面的政策优惠；第4种情况，企业选择“不执行”策略，政府未对企业进行税务稽查而是直接给予增值税留抵退税方面的政策优惠。上述4种策略构建起政府与企业博弈模型的基本选择。

假定企业以p的概率选择“执行”策略，政府以q的概率对企业进行税务稽查，当且仅当政府在税务稽查时发现企业的“执行”策略后便取消对其提供增值税留抵退税方面的政策优惠。企业的经营利润为R，通过选择“执行”策略可以获得额外的收益f，政府对企业进行税务稽查的成本为C，企业选择“执行”策略后被政府稽查到而需要产生的成本为B（这部分成本与政策执行有关的各项间接成本），M为企业选择“执行”策略的道德成本，S为企业选择“执行”策略的社会损失成本。上述条件的具体策略组合如表4－1所示。

表4－1　政府与企业的博弈结果

策略	稽查q	不稽查（1－q）
执行p	$R+f-B-M$, $B-C$	$R+f-B$, $-S$
不执行（1－p）	R, $-C$	R,0

第二节　增值税留抵退税政策与公司治理的博弈模型求解

对表4－1的矩阵进行分析可知，企业和政府的博弈过程并不存在策略的纳什均衡，因此本章从定义出发，求得企业和政府混合博弈策略下的纳什均衡。假定企业以p的概率选择“执行”策略，则企业选择“不执行”策略的概率为1－p。假定政府以q的概率对企业进行税务稽查，并根据稽查结果决定是否继续给予企业增值税留抵退税方面的政策优惠，则政府不稽查但直接给予企业增值税留抵退税优惠政策的概率为1－q。由表4－1得出的企业期望收益函数为：

$$\begin{aligned} U_0 &= p\times[q\times(R+f-B-M)+(1-q)\times(R+f-M)] \\ &\quad +(1-p)\times[(q\times R+(1-q)\times R-B)] \\ &= qpB+pf-pM+R \end{aligned} \tag{4-1}$$

企业的理性决策目标是实现内部股东收益最大化，故对式（4－1）进行求导：

$$dU_0/dp = -qB + f - M \tag{4-2}$$

令式（4-2）的左边为0，得到：

$$q = (f - M)/B \tag{4-3}$$

由表4-1得出的政府期望收益函数为：

$$\begin{aligned} U_1 &= q \times [p \times (B - C) + (1 - q) \times (-C)] \\ &\quad + (1 - q) \times [p \times (-S) + (1 - p) \times 0] \\ &= q \times (pB - C + pS) - pS \end{aligned} \tag{4-4}$$

要求政府实现目标收益最大化，对（4-4）进行求导：

$$dU_1/dq = pB - C + pS \tag{4-5}$$

令式（4-5）的左边为0，得到：

$$\mathrm{p} = \mathrm{C}/(\mathrm{B} + \mathrm{S}) \tag{4-6}$$

接着，本章根据政府的税收稽查概率和企业选择“执行”概率构建2组策略构建相关模型组，即：

$$\text{对于政府而言：}\begin{cases} 0\text{，若 } p < C/(B+S) \\ [0, 1]\text{，若 } p = C/(B+S) \\ 1\text{，若 } p > C/(B+S) \end{cases}$$

$$\text{对于企业而言：}\begin{cases} 1\text{，若 } q < (f-M)/B \\ [0, 1]\text{，若 } q = (f-M)/B \\ 0\text{，若 } q > (f-M)/B \end{cases}$$

上述2个模型中，$C/(B+S)$ 表示政府对企业进行税务稽查的成本与企业选择“执行”策略后被政府稽查到而需要产生的成本和企业选择“执行”策略的社会损失成本的比值，该比值大于1，就说明政府对企业稽查带来的收益要小于政府对企业进行税务稽查成本，从理性角度看政府应该放弃税务稽查。反之，$C/(B+S)/B$ 小于1就意味着政府需要加强对企业进行税务稽查。$(f-M)/B$ 表示企业选择“执行”策略获得的收益与其需要承担的道德成本之差除以政府稽查企业而产生的企业成本 B，该比值越大，说明企业选择“执行”策略的收益就会越高，此时，从理性角度看企业应该主动选择“执行”策略。反之，$(f-M)/B$ 越小则说明企业选择“执行”策略的收益应该越低。

第三节　增值税留抵退税政策与公司治理的博弈结果分析

对于政府来说，如果企业选择“执行”策略概率小于 $C/(B+S)$，即 $p <$

$C/(B+S)$，政府的最优选择是不对企业进行税收稽查，而是直接给予企业增值税留抵退税方面的政策优惠；因为企业选择“执行”策略的收益很低，而政府对企业进行税收稽查付出的成本相对而言较高，此时，最优的选择是政府不对企业进行税收稽查而是直接给予企业增值税留抵退税，以此实现社会整体收益的提高。如果企业选择“执行”策略概率大于 $C/(B+S)$，即 $p>C/(B+S)$，政府的最优选择是对企业进行税收稽查，并根据稽查结果确定是否继续给予企业增值税留抵退税方面的政策优惠，即在政府发现企业做出导致盈余管理等降低公司治理水平的行为时主动取消增值税留抵退税优惠，而在未发现企业有盈余管理等降低公司治理水平的行为时就继续给予增值税留抵退税政策优惠。如果企业执行降低公司治理水平策略的概率等于 $C/(B+S)$，即 $p=C/(B+S)$，政府是否稽查表现得并不重要。此时，政府对企业的税收稽查所承担的成本和产生的社会收益基本相等，故税收稽查就失去了改善社会整体利益的作用，即税收稽查不会对企业的公司治理产生影响。

对于企业而言，如果政府的税收稽查概率小于 $(f-M)/B$，即 $q<(f-M)/B$，企业应该选择“执行”策略，即企业可以选择降低公司治理水平的措施；因为政府的税收稽查概率相对较低，企业选择操控盈余等行为被稽查到的概率相对较低，并随之被处罚的概率也相应较低，此时企业具有较大概率实现一边享受政府的增值税留抵退税优惠，一边继续选择降低公司治理水平的措施。如果政府的稽查概率大于 $(f-M)/B$，即 $q>(f-M)/B$，企业就要尽量选择“不执行”策略，因为此时政府对企业的稽查会相对严格，企业的盈余操控行为、财务舞弊行为和胡乱投资等降低公司治理的行为被稽查到的概率就高，随之失去享受增值税留抵退税政策的概率就更高。如果政府的稽查概率等于 $(f-M)/B$，即 $q=(f-M)/B$，企业是否选择“执行”策略就显得不那么重要，因为企业选择“执行”策略获得的收益正好等于其所需要承担的风险。

第四节　增值税留抵退税政策与公司治理的博弈结果启示

由上述博弈分析可知，对于企业而言，企业是否选择“执行”策略与政府对企业的税收稽查力度显著正相关，当政府因税收稽查成本过高而不能对企业形成有效监督时，企业选择“执行”策略的概率就会明显更高。而当政府通过税收稽查能够轻而易举发现企业存在的公司治理问题时，企业会考虑享受增值税留抵退税优惠而放弃选择“执行”策略，此时，增值税留抵退税政策的公司治理效应就相对明显。而企业选择“执行”策略与政府对企业的处罚力度正相关，当政府的处罚力度足够强时，就会对企业的“执行”策略选择形成约束，进而使增值税留抵退税政策发挥提高企业公司治理的作用。因此，从内容上说，增值税留抵退税政策的实施目标是为了降低企业的经营压力，但从政策的实际执行效果看，随着增值税留抵退税政策对企业的税收稽查压力会约束企业的经营决策，进而使增值税留抵退税政策发挥改善企业公司治理水平的作用。综合上述结论可知，政府的税收稽查概率和处罚力度会影响增值税留抵退税政策对企业公司治理水平的作用。因此，政府下阶段在完善增值税留抵退税政策内容时，若要实现增值税留抵退税政策的公司治理作用，就要加强对企业进行税收稽查并对企业的违规进行严格处罚，以此实现增值税留抵退税政策对企业经营决策的威慑，实现增值税留抵退税政策优化公司治理的衍生目标，即加强增值税留抵退税的稽查力度和应对企业有关降低企业公司治理水平的处罚力度。

第五节　本章小结

本章以盈余管理、财务舞弊、风险承担和财务困境作为公司治理的重要内容，采用博弈分析法检验增值税留抵退税的公司治理效应。

本章得到如下结论：政府是否对企业进行税收稽查取决于稽查成本和由稽查造成的社会利益增加比值（公司治理水平的提高程度），而企业是否会执行降低公司治理水平的策略取决于政府的稽查力度和处罚力度。因此，政府要充分评估是否需要利用增值税留抵退税政策实现提高企业公司治理水平的目标，以及如何设计方案才可以提高增值税留抵退税政策对企业公司治理的积极影响。就必要性而言，虽然增值税留抵退税政策的实施目的是为了通过减轻经营负担而实现经营绩效的持续改善，但通过政策享受资格的设定和随之配套的处罚力度，增值税留抵退税政策影响企业公司治理行为的外部作用是可以发挥的，进而实现增值税留抵退税政策改善企业公司治理水平的目标。具体而言，在政策条款上，政府要将企业合规披露，依法纳税等作为企业享受增值税留抵退税优惠政策的必要条件，并配合证监会和税务局等监管部门定期检查，以检验企业是否符合优惠政策享受资格。在监管力度上，政府除了常规对企业监管外，还要制定增值税相关的专项监管措施，从企业税收缴纳合规角度监管企业的经营活动。在处罚力度上，政府可以依据稽查结果决定是否给予企业增值税留抵退税方面的政策优惠，对于那些代理问题不严重，公司治理规范的企业，政府可以给予政策优惠，而对于那些内部治理缺陷明显，代理问题严重的企业却要在增值税留抵退税优惠措施上予以区别。总之，本章通过博弈分析增值税留抵退税政策对企业公司治理的影响后，能够更清晰地明确增值税留抵退税政策的公司治理作用，本书的研究问题也得以清晰展示。

第五章　增值税留抵退税政策对企业盈余管理的影响

第一节　提出问题

盈余管理，是企业管理层基于自利动机倾向性地选择会计政策以实现操控经营业绩的做法，它是从信息披露视角反映企业公司治理问题的重要内容。现有研究发现，董事多元化（Fields and Keys，2003；Harakeh 等，2019）、所有权结构（Fan and Wong，2002；Shayan-Nia 等，2017）和管理层权力（陈沉等，2016）等内部治理机制会影响企业的盈余管理行为。也有学者从股票市场效率（王爱东等，2021）等外部治理机制视角探索企业管理层操控盈余的行为，发现有力的外部制约同样能够抑制企业的盈余管理。前人的研究系统地阐述企业内外部因素与企业盈余管理间的内在关系，并分析内外部因素如何通过企业管理层的决策作用于企业盈余管理的逻辑。除此之外，还有学者专注于中国的特殊情境，从产业政策（胡世亮等，2022）、税收政策（刘世慧和翁怀达，2022）和绿色信贷政策（郁智和曹雅丽，2021）等方面讨论经济政策颁布与实施对企业盈余管理的影响，并详细阐述经济政策作用于企业盈余管理的内在逻辑和边际条件。

近些年，我国经济面临产业结构升级、国际经济环境持续恶化的双重挑战背景下，我国政府发布的一系列财税政策和货币政策对企业的影响尤为深远，其中包括通过减税降费组合政策减轻企业税费负担而赋能企业经营绩效的持续优化。增值税改革是减税降费组合政策的重要构成部分，也是政府减轻企业负担的定向举措，尤其是最近几年发布的增值税留抵退税改革更是直接与企业的减负效果相关。相关数据显示，仅 2022 年 4 月，国家便向企业退还增值税留抵税额高达 4 202 亿元，增值税留抵退税的对象覆盖全国 52.7 万户纳税人。2022 全年的增值税留抵退税额达到 1.5 万亿元，这数字接近全国增值税收入总额的 1/4①。国家大规模清退增值税留抵税额直接上会充盈企业内部的货币资

① 据国家税务总局披露数据现实，2020 年和 2021 年全国增值税收入分别为 56 791 亿元和 63 519 亿元，按这个逻辑 2022 年的总额基本维持在 6 万亿元的规模。

金，间接上会通过缓解融资约束进而降低企业的融资成本，最终对企业的经营决策乃至经营绩效产生深远的影响。已有文献对增值税留抵退税政策的实施效果进行了检验。例如，蔡伟贤等（2022）探索了增值税留抵退税政策对创新投资的影响后发现，企业在获得增值税留抵退税后会增加创新投资。黄贤环和杨钰洁（2022）检验了增值税留抵退税政策对企业金融化的影响后，发现增值税留抵退税政策会加剧企业朝着金融化方向发展。董思文（2020）检验了增值税留抵退税政策与企业经营绩效间的关系，发现增值税留抵退税通过缓解企业内部融资约束、降低债务融资成本而发挥改善企业经营绩效的作用，最终得到增值税留抵退税政策能够推动经济高质量发展的结论。

增值税留抵退税，是指税务机关对企业当前尚未实现抵扣的进项增值税额予以直接退还的具体举措，它通过降低企业的财务成本而发挥改善企业经营绩效的作用，进而可以抑制企业管理层操控盈余的动机。增值税留抵退税政策内要求的关于合规纳税的规定意味着税务机关会更加严格地对企业进行税务稽查，这就增加了企业操控盈余被发现的概率，此概率可能会对企业管理层的盈余操控行为有约束作用。因此，增值税留抵退税政策的颁布实施可能和企业的盈余管理存在某种内在关联，即增值税留抵退税政策可能会约束企业管理层的盈余操控行为。为验证这一猜想，本章对2015—2021年中国沪深A股上市公司数据进行研究，通过系统的理论分析和严谨的实证检验，验证出增值税留抵退税政策对企业盈余管理的影响，并进一步探明增值税留抵退税政策影响企业盈余管理的机理和边际条件，加深政策制定者和市场参与各方对政策实施效果的理解。本章结论将为探明增值税留抵退税政策与企业盈余管理的内在联系奠定基础，并从信息披露的视角验证增值税留抵退税政策的公司治理作用。

第二节　增值税留抵退税政策与企业盈余管理

增值税留抵税额，是指企业预缴的增值税进项税额超过销项税额部分，税务部门依法可以不直接将其退还给企业，而是以后期抵扣的方式予以逐步退还，这会导致企业由于某些原因造成预缴的增值税进项税额难以在当期实现退还（刘怡和耿纯，2020），最终形成大量的预缴增值税额被税务机关截留，形成所谓的增值税留抵税额。增值税留抵税额的本质是税务部门预收了企业的增值税进项税额，占用了企业原本可以用以生产经营的货币资金，这会加剧企业的货币资金压力、抬高企业的资金使用成本，进而对企业的经营绩效形成负面影响（解洪涛等，2019）。增值税留抵退税政策要求税务机关直接退还预收的增值税进项，这会加快企业预缴进项增值税的回收进度，优化企业货币资金的使用效率，最终实现企业经营绩效的持续优化。例如，企业可以将获得的增值税留抵退税额用于创新投资（何杨等，2019）和固定资产投资（刘金科等，2020），进而为企业的长期持续发展奠定坚实的基础。企业也可以因享受增值税留抵退税政策而减轻的税收负担红利（李普亮和贾卫丽，2020），主动减少避税措施而降低企业财务违规的概率（黄静和李凌秋，2018）。还有企业因增值税留抵退税政策的影响而改变其金融化建设进程（黄贤环和杨钰洁，2022），确保企业在实体行业深耕细作，朝着专业化方向发展。总结已有的研究发现，增值税留抵退税政策能够发挥削减交易成本（吴怡俐等，2021）、缓解外部融资约束（俞杰和万陈梦，2022；蔡伟贤等，2022）、降低企业融资难度（崔惠玉等，2022）的作用，进而对企业的经营活动和经营绩效产生积极影响。

现代企业所有权与经营权分离的制度设计为企业管理层的酌情衡量权提供契机，同时奠定企业管理层操控盈余信息的制度性基础（Dechow 等，1995；Roychowdhury，2006）。增值税留抵退税政策通过直接向企业返还预收的增值税进项税额，能够发挥抑制企业管理层操控盈余调节增值税留抵税额的动机；且增值税留抵退税政策要求企业履行合规纳税的规定，并随之配合税务机关以增值税留抵税额清算稽查，能够对企业管理层操控盈余调节增值税留抵税额形成约束，最终使增值税留抵退税政策发挥抑制企业盈余管理的积极作用。具体可总结为以下 2 个方面。

第一，增值税留抵退税政策能够发挥削弱企业管理层操控盈余动机的作用。增值税是针对企业生产产品和劳务价值增值部分征收的税种，征收标准是以企业会计确认的价值增加值为依据。因此，在增值税留抵退税政策发布前，企业管理层通常会基于理性人本质而酌情选择会计政策调控盈余，进而通过调整企业的经营行为而降低预缴的增值税纳税额。例如，企业可以与供应商协商原材料采购的会计确认时间，这样就可以调整当年的进项税缴纳额，实现降低增值税留抵税额的目的；企业也可以与商品购买方协商，要求对方提早签订合同以实现产品销售，进而通过获得增值税销项减少留抵额。但在国家出台增值税留抵退税政策后，企业通过操控盈余减少增值税留抵税额的动机就会随之降低。因为增值税留抵退税政策能够校正传统以抵扣处理留抵额所造成的赋税偏差，确保增值税只对产品和服务价值增值部分进行征税的税收中性本质。在增值税留抵额能够实现直接退还的背景下，即使企业的生产和销售发生错配，或因生产季节交替造成销售额波动，抑或宏观经济冲击会造成企业增值税留抵税额的临时增加，这些原因都不会增加企业的增值税留抵税额，进而使增值税留抵退税政策发挥削弱企业管理层操控盈余的动机。

第二，增值税留抵退税政策能够发挥压缩企业管理层操控盈余空间的作用。所有权和经营权分离是企业管理层能够操控盈余的制度性原因，管理层利用全体股东赋予的经营权力，可以随意选择会计政策和安排业务活动，这样企业的盈余就存在被操控的可能。例如，企业管理层可以通过选择销售政策影响产品的销售进度，或通过选择采购政策影响原材料机器设备的采购进度，进而实现平滑盈余的目的。企业管理层也能够授意财务部门利用会计政策操控盈余。但在国家实施增值税留抵退税政策时，企业通过操控盈余降低增值税留抵税额的空间就会被压缩。因为增值税留抵退税政策对享受政策红利的企业按照纳税规定进行约束，而企业调控盈余的举措势必会影响增值税缴纳额，进而导致企业因纳税违规而失去申请增值税留抵退还的机会，甚至还面临巨额的罚款。并且，国家在实施增值税留抵退税政策时，也会配合以增值税留抵退税的专项税收稽查措施①，进而对企业管理层的盈余操控行为进行监督，最终使增值税留抵退税政策在实质上发挥约束企业管理层操控盈余的作用。

基于以上分析，本章认为，增值税留抵退税政策通过削弱企业管理层的盈余操控动机、约束企业管理层的盈余操控空间，而发挥抑制企业盈余管理的作用，进而使增值税留抵退税政策表现出抑制企业盈余管理的作用。

第三节　研究方案

一、数据来源与样本选择

本章利用 2015—2021 年中国 A 股上市公司数据展开增值税留抵退税政策与企业盈余管理的关系研究。为实现研究目标，本章对 CSMAR 数据库提供的原始数据进行如下步骤处理。

第一，剔除保险公司、证券公司和银行等金融类上市公司样本；第二，剔除被标记 ST、*ST 或 PT 的上市公司样本；第三，剔除研究数据缺失或者数据出现异常的上市公司样本（如总资产回报率大于 1 的样本，资产负债率不在

① https：//fgk. chinatax. gov. cn/zcfgk/c102424/c5205795/content. html.

0—1 区间内的样本等）；第四，剔除受到 2016 年及以前年份国家发布的增值税留抵退税政策试点影响的上市公司样本①（如集成电路、大型客机和新支线飞机等相关行业）。为控制极端值对结果的影响，本章在 1% 和 99% 水平上对所有连续变量进行缩尾处理。经过上述步骤处理，本章最终确定了 3 617 个公司共计 20 432 条观测值，所有数据的处理是通过使用 STATA 14.0 软件和 Excel 软件完成的。

二、模型设计和变量说明

参考已有文献（何杨等，2019；刘金科等，2020；吴怡俐等，2021），本章构建双重差分模型展开检验增值税留抵退税政策与企业盈余管理间的关系研究，具体模型如下：

$$\begin{aligned} EM_{it} = & \beta_0 + \beta_1 Treat_i \times Post_t + \beta_2 Firmsize_{it} + \beta_3 Leverage_{it} + \beta_4 ROA_{it} \\ & + \beta_5 Receivable_{it} + \beta_6 \ Salesgrowth_{it} + \beta_7 Cash_{it} + \beta_8 Loss_{it} \\ & + \beta_9 SOE_{it} + \beta_{10} Firmage_{it} + \beta_{11} Boardsize_{it} + \beta_{12} BIG_{it} \\ & + \beta_{13} Dual_{it} + \beta_{14} Year + \beta_{15} Firm + \varepsilon_{it} \end{aligned} \tag{5-1}$$

变量 *EM* 是模型（5－1）的被解释变量，用来衡量企业的盈余管理。参考聂辉华等（2009）和刘金科等（2020）的做法，本章采用应计盈余管理（*Earnings*1）和真实盈余管理（*Earnings*2）2 个指标分别展开研究。应计盈余管理，是指企业在财务报表编制过程中，通过选择会计政策、会计估计和会计处理等手段，以实现对企业盈余进行管理和操控的行为，如通过平滑盈余波动以达到市场预期、进而影响股价和提高财务指标等效果。真实盈余管理，是指企业通过合法和可持续的经营行为来改变企业的盈余管理水平，以契合企业的内部和外部财务目标，并反映企业真实的经营状况。相对于应计盈余管理而言，真实盈余管理侧重于改变企业的实际经营决策和实际业务操作，并以此实现操纵真实盈余的目标。本章通过下面过程实现上述 2 个指标的构建。

1. 应计盈余管理

参考 *Dechow* 等（1995）的方法，本章使用修正的琼斯模型估计企业的应计盈余管理程度，修正的琼斯模型由以下 3 个模型组构成：

$$\frac{TA_{i,t}}{A_{i,t-1}} = \beta_0 \times \frac{1}{A_{i,t-1}} + \beta_1 \times \frac{(\Delta REV_{i,t} - \Delta REC_{i,t})}{A_{i,t-1}} + \beta_2 \times \frac{PPE_{i,t}}{A_{i,t-1}} + \varepsilon_{it} \tag{5-2}$$

① 铁路、船舶、航空航天和其他运输设备制造业（C37），参考证监会 2012 年版的行业标准。

$$\frac{NDA_{i,t}}{A_{i,t-1}} = \beta_0 \times \frac{1}{A_{i,t-1}} + \beta_1 \times \frac{(\Delta REV_{i,t} - \Delta REC_{i,t})}{A_{i,t-1}} + \beta_2 \times \frac{PPE_{i,t}}{A_{i,t-1}} \quad (5-3)$$

$$\frac{DA_{i,t}}{A_{i,t-1}} = \frac{TA_{i,t}}{A_{i,t-1}} - \frac{NDA_{i,t}}{A_{i,t-1}} \quad (5-4)$$

在模型（5－2）、模型（5－3）和模型（5－4）中，$TA_{i,t}$ 表示企业第 t 年的经营性应计项目总额，该指标由营业利润减去经营性活动现金流量净额得到；$A_{i,t-1}$ 表示企业第 $t-1$ 年的期末资产总额；$\Delta REV_{i,t}$ 表示企业第 t 年的主营业务收入变化额，$\Delta REC_{i,t}$ 表示企业第 t 年的应收账款变化额，$PPE_{i,t}$ 表示企业第 t 年的固定资产原值。经过上述模型组的回归，本章计算出企业应计项目中的不可操控部分，然后利用经营性应计项目总额减去总应计项目中的不可操控部分便得到可操控的应计项目部分，这便是本章选定的企业应计盈余管理指标，用 *Earnings*1 表示并对其做绝对值处理，*Earnings*1 的数值越大，说明企业的应计盈余管理程度越高。

2. 真实盈余管理

参考 Roychowdhury（2006）的方法，本章采用下列模型组估计企业的真实盈余管理程度，具体步骤如下：

第一步，用模型（5－5）估计企业的异常经营活动现金流量，以残差项指代。

$$\frac{COF_{i,t}}{A_{i,t-1}} = \beta_0 + \beta_1 \times \frac{1}{A_{i,t-1}} + \beta_2 \times \frac{S_{i,t}}{A_{i,t-1}} + \beta_3 \times \frac{\Delta S_{i,t}}{A_{i,t-1}} + \varepsilon_{it} \quad (5-5)$$

第二步，用模型（5－6）估计企业的异常生产成本，以残差项指代。

$$\frac{PROD_{i,t}}{A_{i,t-1}} = \lambda_0 + \lambda_1 \times \frac{1}{A_{i,t-1}} + \lambda_2 \times \frac{S_{i,t}}{A_{i,t-1}} + \lambda_3 \times \frac{\Delta S_{i,t}}{A_{i,t-1}} + \lambda_4 \times \frac{\Delta S_{i,t-1}}{A_{i,t-1}} + \varepsilon_{it} \quad (5-6)$$

第三步，用模型（5－7）估计企业的异常费用支出，以残差项指代。

$$\frac{DISEXP_{i,t}}{A_{i,t-1}} = \theta_0 + \theta_1 \times \frac{1}{A_{i,t-1}} + \theta_2 \times \frac{S_{i,t-1}}{A_{i,t-1}} + \varepsilon_{it} \quad (5-7)$$

在模型（5－5）、模型（5－6）和模型（5－7）中，$A_{i,t-1}$表示企业第 $t-1$ 年的期末资产总额，$S_{i,t}$表示企业第 t 年的销售收入总额，$CFO_{i,t}$表示企业第 t 年的经营性现金流量，$PROD_{i,t}$表示企业第 t 年的生产成本总额，$DISEXP_{i,t}$表示企业第 t 年的期间费用总额，包括管理费用和销售费用。经过上述模型组的估计，本章得到模型（5－5）、模型（5－6）和模型（5－7）的残差项分别为 $R\_PROD_{i,t}$、$R\_CFO_{i,t}$ 和 $R\_DISEXP_{i,t}$。最后，利用模型（5－8）计算出企业的真实盈余管理程度，用 *Earnings*2 表示并对其作绝对值处理，*Earnings*2 的数值越大，说明企业的真实盈余管理程度越高。

$$Earnings2_{i,t} = R\_PROD_{i,t} - R\_CFO_{i,t} - R\_DISEXP_{i,t} \quad (5-8)$$

$Treat_i \times Post_t$是模型（5－1）的解释变量，用来测度增值税留抵退税政策对企业盈余管理的作用。财政部、税务总局联合印发《关于2018年退还部分行业增值税留抵税额有关税收政策的通知》（财税〔2018〕70号），将增值税留抵退税范围由部分行业拓展至多个行业，实现了增值税留抵退税政策由支持部分关键产业向多数产业转变，以此强化了增值税留抵退税政策的普惠性特点，所以本章以财税〔2018〕70号文件作为政策时点展开研究是极具意义的。*Treat* 表示企业是否受到财税〔2018〕70号文件的影响，若企业所属的行业在增值税留抵退税政策列示的目录内，那么，赋值 *Treat* 为1，否则赋值 *Treat* 为0。*Post* 是财税〔2018〕70号文件发布前后的虚拟变量，2018年以前的研究样本赋值 *Post* 为0，2018年及以后的研究样本赋值 *Post* 为1。虽然2018年颁布的财税〔2018〕70号文件针对各个行业，即增值税留抵退税政策是根据企业所属行业确定优惠条件的，但鉴于企业短期内的主营业务相对稳定，并不会出现随意变更行业归属的现象，故本章直接将增值税留抵退税政策的实施效应落实到企业层面。

模型（5－1）中的控制变量包括：公司规模（*Firmsize*）、资产负债率（*Leverage*）、总资产收益率（*ROA*）、应收账款比率（*Receivable*）、销售收入增长率（*Salesgrowth*）、自由现金流水平（*Cash*）、经营压力（*Loss*）、产权属性（*SOE*）、上市年份（*Firmage*）、董事会规模（*Boardsize*）、第一大股东持股比例（*BIG*）和董事长总经理两职合一（*Dual*）。*Year* 和 *Firm* 分别是年度和企业固定效应的虚拟变量，下标 i 代表企业，下标 t 代表年度，ε 是模型（5－1）的随机扰动项。之所以加上控制变量，主要是为了消除影响企业盈余管理的一系列可控因素。例如，从直观上看，资产负债率高的企业会有更强的动机进行盈余管理，因为这些企业承担着更大的偿债压力和融资压力，进而更有动机通过操控盈余营造高质量财务报表；总资产收益率高的企业相对就不需要进行太多的盈余操控，因为它们能以较好的经营业绩向投资者提交经营成绩单等，管理层所处的业绩压力相对较小。本章利用模型（5－1）对研究数据进行回归，如果交互项 $Treat \times Post$ 的估计系数 β_1 显著为负，说明增值税留抵退税政策确实能够发挥抑制企业盈余管理的作用，若 β_1 不显著或者正向显著则均不能支持增值税留抵退税政策抑制企业盈余管理的研究假设。表5－1列示了模型（5－1）中所有变量的类型、符号和定义。

表 5－1　　　　变量类型、变量符号和变量定义

变量类型	变量符号	变量定义
被解释变量	*Earnings*1	参考 Dechow 等（1995）模型估计得到随机扰动项的绝对值。
	*Earnings*2	参考 Roychowdhury（2006）模型估计得到随机扰动项的绝对值。
解释变量	*Treat* × *Post*	交互项，增值税留抵退税政策对企业盈余管理的评估变量。
控制变量	*Firmsize*	公司规模，期末资产总计的自然对数。
	Leverage	资产负债率，期末负债合计与期末资产总计的比值。
	ROA	总资产收益率，期末税后利润与期末资本总计的比值。
	Receivable	应收账款比例，期末应收账款金额与主营业务收入额的比值。
	Salesgrowth	销售收入增长率，当年销售收入增加额与上年度销售收入的比值。
	Cash	自由现金流水平，当年自由现金流量与期末资产总计的比值。
	Loss	经营压力，若上年度净利润小于零，赋值 Loss 为 1，否则赋值 Loss 为 0。
	SOE	产权属性，控股股东为非国有资本赋值 SOE 为 1，否则赋值 SOE 为 0。
	Firmage	上市年龄，研究当年和上市当年差值加 1 的自然对数。
	Boardsize	董事会规模，董事会内（非）执行董事人数总和的自然对数。
	BIG	第一大股东持股比，第一大股东持股数与流通股总数的比值。
	Dual	两职合一，董事长兼任总经理则赋值 Dual 为 1，否则赋值 0。
	Year	年度固定效应。

第四节　实证检验结果

一、研究数据的描述性统计结果

在 20 432 个公司年度样本观测值中，应计盈余管理变量（*Earnings*1）和真实盈余管理变量（*Earnings*2）的均值分别是 0.056 和 0.136，标准差分别为 0.057 和 0.138，说明应计盈余管理和真实盈余管理在研究样本中是普遍存在的，且不同公司样本间的盈余管理程度存在明显的差别。*Treat* 变量的均值为 0.541，*Post* 变量的均值为 0.531，说明样本中有超过 1/2 的公司样本的所属行业在财税〔2018〕70 号文件列示目录内，具体有 10 852 个公司样本。*Treat* × *Post* 变量的均值为 0.292，说明有 5 966 个样本受到财税〔2018〕70 号文件的

影响，有超过1/4的样本受到增值税留抵退税政策的影响。控制变量的统计结果如下：公司规模变量（*Firmsize*）的均值为22.384，最大值与最小值分别为26.347和19.863，说明公司样本间的规模差距比较明显。资产负债率变量（*Leverage*）的均值为0.434，最大值与最小值分别为0.998和0.014，说明公司样本的总资产中有接近1/2来源于负债，其中，负债率最高的企业已经接近100%，这部分企业由于负债多高通常存在较大经营风险，因此管理层操控盈余的动机相对较强；而负债最低的企业几乎实现全权益公司，这部分企业具有较强的风险承担能力，管理层的盈余操控动机相对较弱。总资产收益率变量（*ROA*）的均值为0.036，说明研究样本的总资产收益率普遍不高，每100元的资产投入仅能够得到3.6元的净利润回报，较低的投资回报率会增强企业管理层的理论操控动机。应收账款比例变量（*Receivable*）的均值为0.124，说明样本企业每100元的销售收入中有应收账款12.4元。销售收入增长率变量（*Salesgrowth*）的均值为0.402，最小值和最大值分别为-0.772和7.721，说明公司样本的销售收入年度平均增长率约为40%，且销售收入成长性较高的企业与较低的企业差距十分明显。自由现金流水平变量（*Cash*）的均值为-0.004，说明研究样本的自由现金流的整体状况比较差，多数企业的经营活动中出现现金亏损的现状。经营压力变量（*Loss*）的均值为0.118，说明上个年度有接近12%的上市公司出现亏损，这些企业的管理层通常会有更强的动机进行盈余操控。产权属性变量（*SOE*）的均值0.643，说明研究样本中非国有企业占比略多于国有企业样本。董事会规模变量（*Boardsize*）的均值为2.118；第一大股东平均持股比例（*BIG*）的均值33.488；董事长和总经理两职合一变量（*Dual*）的比例为26.9%，说明有接近1/4的样本企业的总经理由董事长兼任，存在经营管理权力高度集中的事实，而这部分公司样本的盈余操控空间通常更大。研究数据统计结果如表5-2所示。

表5-2　　研究数据统计结果

变量	均值	标准差	最小值	中位数	最大值	样本数
Earnings1	0.056	0.057	0.001	0.039	0.271	20 432
Earning2	0.136	0.138	0.002	0.095	0.754	20 432
Treat	0.541	0.498	0	1	1	20 432
Post	0.531	0.499	0	1	1	20 432
Treat × *Post*	0.292	0.455	0	0	1	20 432
Firmsize	22.384	1.295	19.863	22.216	26.347	20 432

续表

变量	均值	标准差	最小值	中位数	最大值	样本数
Leverage	0.434	0.201	0.014	0.427	0.998	20 432
ROA	0.036	0.066	-0.271	0.035	0.209	20 432
Receivable	0.124	0.108	0.000	0.101	0.813	20 432
Salesgrowth	0.402	1.050	-0.772	0.146	7.721	20 432
Cash	-0.004	0.103	-0.772	0.002	1.645	20 432
Loss	0.118	0.322	0	0	1	20 432
SOE	0.643	0.479	0	1	1	20 432
Firmage	2.328	0.681	0.693	2.398	3.466	20 432
Boardsize	2.118	0.199	1.609	2.197	2.708	20 432
BIG	33.488	14.757	0.290	31.090	89.990	20 432
Dual	0.269	0.443	0	0	1	20 432

二、双重差分回归检验

表5-3报告了利用双重差分模型（5-1）对研究数据进行实证检验的结果，其中解释变量（*Treat*×*Post*）的回归系数用来评价增值税留抵退税政策对企业盈余管理的作用。列（1）和列（2）分别是以应计盈余管理（*Earnings*1）和真实盈余管理（*Earnings*2）为被解释变量的研究结果。我们发现，解释变量（*Treat*×*Post*）的回归系数分别为-0.005和-0.012，均通过1%水平的显著性检验，说明受财税〔2018〕70号文件的影响，企业的应计盈余管理和真实盈余管理明显更低，基本验证了本章的研究假设，即增值税留抵退税政策能够发挥抑制企业盈余管理的作用。从控制变量角度看，公司规模变量（*Firmsize*）、总资产收益率变量（*ROA*）和自由现金流水平变量（*Cash*）的回归系数显著为负，说明公司规模越大、盈利能力越强、现金水平越高的企业管理层越不可能操控盈余。因为规模越大、盈余能力越强的公司越没有必要操控盈余以粉饰经营业绩，而现金流充沛的企业的财务风险较低，它们同样不需要进行盈余管理。资产负债率变量（*Leverage*）、应收账款比例变量（*Receivable*）、业绩压力变量（*Loss*）、国有产权属性变量（*SOE*）、第一大股东持股变量（*BIG*）和董事长兼任总经理比例变量（*Dual*）的回归系数显著为负。因为高负债企业的利润和风险都会被成倍放大，因此企业管理层更有操控盈余以通过调控利润避免业绩大起大落的动机；应收账款比例和经营业绩越高的企业的营运资本成本相

对更高，财务风险相对更大，这就会诱发企业管理层进行盈余管理调控利润，以便于企业从市场获得外源融资支持。此外，第一大股东持股比例（*BIG*）和董事长兼任总经理（*Dual*）的数据显示，企业的权力越是集中，企业管理层操控盈余的空间就越大，而国有产权因为缺乏有效的监管，最终导致国有企业通常有操控盈余的巨大空间。具体增值税留抵退税政策对企业盈余管理的回归结果如表5-3所示。

表5-3　增值税留抵退税政策对企业盈余管理的回归结果

变量	*Earnings*1	*Earnings*2
	(1)	(2)
Treat × Post	-0.005***	-0.012***
	(-4.469)	(-3.266)
Firmsize	0.004***	-0.008***
	(6.930)	(-5.297)
Leverage	-0.018***	0.072***
	(-5.216)	(8.063)
ROA	0.091***	0.677***
	(6.142)	(16.614)
Receivable	-0.004	-0.064***
	(-0.676)	(-3.610)
Salesgrowth	-0.003***	0.009***
	(-5.823)	(6.636)
Cash	0.016**	-0.073***
	(2.555)	(-4.992)
Loss	-0.021***	0.074***
	(-10.959)	(13.555)
SOE	-0.007***	0.019***
	(-6.152)	(4.923)
Firmage	-0.001	0.006**
	(-1.578)	(2.103)
Boardsize	0.008***	-0.005
	(3.410)	(-0.680)
BIG	0.000	0.000
	(0.089)	(0.551)

续表

变量	*Earnings1*	*Earnings2*
	(1)	(2)
Dual	-0.001 (-0.530)	0.007 ** (2.092)
Constant	-0.129 *** (-11.693)	0.235 *** (6.948)
Firm-effected	控制	控制
Year-effected	控制	控制
观测值	20 432	20 432
调整 R^2	0.102	0.126

注释：括号内的数值为 t 统计量检验结果，** 、*** 分别表示 5%、1% 置信水平显著性检验结果。

三、稳健性检验

本章使用平行趋势讨论、安慰剂检验、倾向得分匹配模型和变更被解释变量估计等方法对表 5-3 列示的结论进行稳健性检验，试图通过克服模型（5-1）中存在的问题来提高结论的可信程度。本章的稳健性检验过程如下：

1. 平行趋势分析

本章的实证结果是通过使用双向固定效应的双重差分模型得到的，这种模型的优点是能够在一定程度上克服内生性因素干扰，但关键在于必须以满足实验组样本和对照组样本的平行趋势假设为前提，唯有如此才能实现交互项（*Treat* × *Post*）估计系数解释政策平均处理效应的设想。因此，本章有必要首先对模型（5-1）中的实验组样本和对照组样本的平行趋势问题进行重点讨论。参考 Fang 等（2014）的方法，本章使用事件分析法来检验实验组样本和对照组样本在财税〔2018〕70 号文件出台前后实验组样本和对照组样本应计盈余管理和真实盈余管理的动态差异。从理论上说，财税〔2018〕70 号文件对企业盈余管理的影响只会发生在文件出台以后，故在财税〔2018〕70 号文件出台前的 2 组企业样本的应计盈余管理和真实盈余管理的变化趋势不应该存在显著的差异，否则就难以精确识别出增值税留抵退税政策的盈余管理抑制作用。为此，本章首先统计每一个年度内实验组样本和对照组样本的应计盈余管理和真实盈余管理变量均值，通过勾勒企业年度应计盈余管理均值和年度真实盈余管理均值在财税〔2018〕70 号文件出台前后的变化情况来直观检验 2 组样本是否满足平行趋势的假设。图 5－1 展示了利用事件研究思想估计的政策动态效应，横轴代表标准化年份（本研究以 2018 年为第 0 期，前 3 期分别为 2015 年、2016 年和 2017 年，后 3 期分别为 2019 年、2020 年和 2021 年），纵轴表示企业的应计盈余管理（左）和真实盈余管理（右），图中竖虚线代表财税〔2018〕70 号文件出台的时间。我们可以清晰地看到，财税〔2018〕70 号文件出台之前的前 3 期的 2 组样本的年度应计盈余管理均值和年度真实盈余管理均值基本平行，但 2018 年以后，实验组样本的年度应计盈余管理均值和年度真实盈余管理均值的降幅明显大于对照组样本的。图 5－1 不仅直观地列示了研究样本基本满足平行趋势的假设，还能够从图形上展示出财税〔2018〕70 号文件的出台对企业盈余管理地抑制作用，支持了增值税留抵退税政策发挥抑制企业盈余管理的研究假设。研究样本平行趋势检验图如图 5－1 所示。

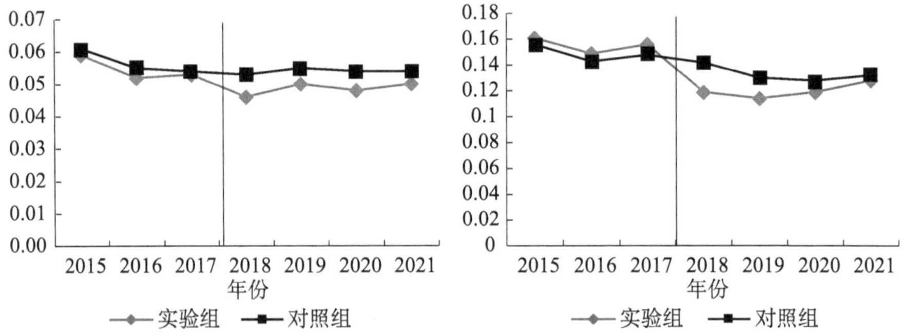

图 5－1　研究样本平行趋势检验图

2. 安慰剂检验

本章的解释变量是以交互项形式存在的，因此在使用安慰剂检验时需要围绕交互项的 2 个单独变量各自展开。参考陆菁等（2021）的做法，本章以随机赋值的方法虚拟构建一个实验组（对 Treat 变量展开安慰剂检验）。Treat 是一个虚拟变量，本章通过统计研究样本中 Treat 变量赋值为 1 的个数，然后对 Treat 变量随机赋值相同个数的“1”值，并与 Post 变量相乘构建新的交互项以替换模型（1）中的解释变量进行回归，获得回归系数 β_1 即为随机赋值情况下增值税留抵退税政策对企业盈余管理的检验结果。若此时 β_1 不显著，说明随机赋值情况下的研究样本不能支持增值税留抵退税政策抑制企业盈余管理的结论，进而说明增值税留抵退税政策的盈余管理抑制效应是由本章特定数据产生的。反之，若 β_1 显著，说明增值税留抵退税政策在随机赋值情况下仍然能够发挥抑制企业盈余管理的作用，由此削弱财税〔2018〕70号文件作为增值税留抵退税政策而对企业盈余管理的影响。最后，本章对上述检验过程重复1 000次模拟，并通过统计结果以排除小概率事件的干扰。图5－2描绘了1 000次模拟的统计结果。横轴是t统计量大小，纵轴是t值的频数。我们可以发现，1 000次模拟的t统计量基本服从均值为0的正态分布，两端t值超过绝对值1.65的样本之和少于总样本的10%（分别为85次和77次），由此说明Treat变量随机赋值的安慰剂检验结果在90%的置信水平上支持结论，基本达到本章的稳健性检验要求。Treat变量随机赋值的安慰剂检验图如图5－2所示。

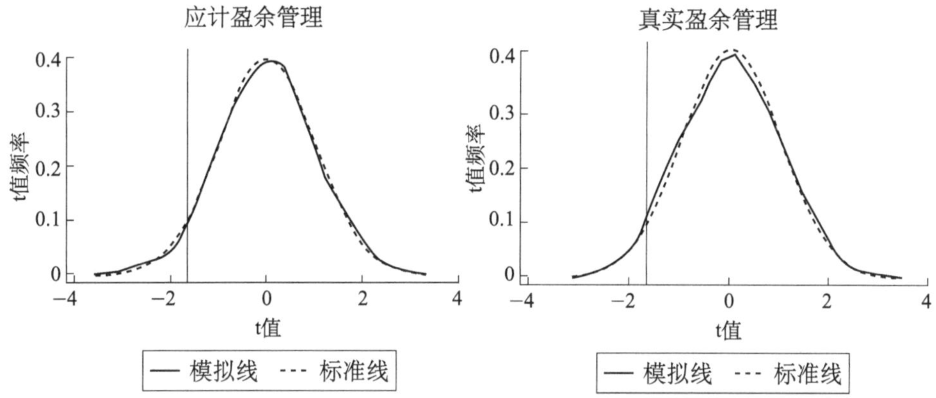

图5－2　Treat变量随机赋值的安慰剂检验图

进一步地，本章对Post变量进行安慰剂检验。参考许红梅和李春涛（2020）的研究方法，我们分别假设国家于2017年和2019年分别发布了类似财税〔2018〕70号的文件，即在2018年前后出台增值税留抵退税政策。那么，Post变量赋值为1就会向前提前或者向后推迟1年。如果Post在2017年赋值为1，说明增值税留抵退税政策是在2017年出台的，此时模型（5－1）通过回归后的交互项系数若依旧显著为负，则说明即便类似财税〔2018〕70号文件的增值税留抵退税政策于2017年出台，而2018年并没有出台有关增值税留抵退税的相关政策，增值税留抵退税政策对实验组样本和对照组样本的应计盈余管理和真实盈余管理的处理效应依旧十分明显，这就说明本章讨论的财税〔2018〕70号文件并不能有效地作为增值税留抵退税政策文件而发挥抑制企业盈余管理的作用。同理，2019年Post赋值为1时的检验原理也类似。由表5－4报告的检验结果发现，2017年赋值Post为1的交互项（$Treat \times Post_{-1}$）与2019年赋值Post为1的交互项（$Treat \times Post_{+1}$）的回归系数均不显著，由此说明2017年和2019年出台增值税留抵退税政策的假设并不能发挥抑制企业盈余管理的作用，确实是2018年财政部与国家税务总局联合出台的财税〔2018〕70号文件显著抑制企业的盈余管理，基本达到本章对Post变量进行稳健性检验要求，具体检验结果如表5-4所示。

表5-4　稳健性检验的回归结果（一）

变量	*Earnings1*	*Earnings2*	*Earnings1*	*Earnings2*
	(3)	(4)	(5)	(6)
$Treat \times Post_1$	-0.002 (-1.353)	-0.004 (-1.077)		
$Treat \times Post_{+1}$			-0.008 (-0.950)	-0.007 (-1.390)
Firmsize	0.004*** (6.973)	-0.008*** (-5.320)	0.004*** (6.956)	-0.008*** (-5.245)
Leverage	-0.018*** (-5.237)	0.072*** (8.056)	-0.018*** (-5.205)	0.072*** (8.056)
ROA	0.090*** (6.125)	0.676*** (16.594)	0.091*** (6.172)	0.677*** (16.643)
Receivable	-0.004 (-0.707)	-0.063*** (-3.532)	-0.004 (-0.768)	-0.066*** (-3.709)
Salesgrowth	-0.003*** (-5.815)	0.009*** (6.664)	-0.003*** (-5.840)	0.009*** (6.610)
Cash	0.015** (2.537)	-0.074*** (-5.009)	0.016** (2.566)	-0.073*** (-4.989)
Loss	-0.021*** (-10.990)	0.074*** (13.526)	-0.021*** (-10.944)	0.074*** (13.558)
SOE	-0.007*** (-6.128)	0.018*** (4.892)	-0.007*** (-6.114)	0.019*** (4.971)
Firmage	-0.001 (-1.571)	0.006** (2.104)	-0.001 (-1.570)	0.006** (2.109)
Boardsize	0.008*** (3.418)	-0.005 (-0.705)	0.008*** (3.420)	-0.005 (-0.656)
BIG	0.000 (0.119)	0.000 (0.520)	0.000 (0.117)	0.000 (0.598)

续表

变量	*Earnings*1	*Earnings*2	*Earnings*1	*Earnings*2
	(3)	(4)	(5)	(6)
Dual	−0. 001 (−0. 535)	0. 007 ** (2. 107)	−0. 001 (−0. 542)	0. 007 ** (2. 074)
Constant	−0. 129 *** (−11. 735)	0. 235 *** (6. 947)	−0. 129 *** (−11. 693)	0. 234 *** (6. 922)
Firm-effected	控制	控制	控制	控制
Year-effected	控制	控制	控制	控制
观测值	20 432	20 432	20 432	20 432
调整 R^2	0. 102	0. 126	0. 102	0. 125

注释：括号内的数值为 t 统计量检验结果，** 、*** 分别表示 5% 、1% 置信水平显著性检验结果。

3. 倾向得分匹配

考虑到 2018 年财政部与国家税务总局联合出台的财税〔2018〕70 号文件仅规定 18 个行业的企业能够享受增值税留抵退税优惠条件，而文件规定的 18 个试点行业企业大部分又是国家重点扶持的先进制造企业或现代服务类企业，这体现出国家出台政策的倾向性，进而在无形中削弱了财税〔2018〕70 号文件的外生性，导致双重差分模型的平均处理效应可信度下降。按照惯例，国家会出于发展经济、调整产业结构等目的出台政策，这就使本章用于检验的实验组样本与对照组样本可能存在天然的特征差异，进而导致财税〔2018〕70 号文件对企业盈余惯例的处理效应被削弱。为了排除这一因素，本章尝试采用倾向得分匹配模型解决这个问题。因为倾向得分匹配模型可以通过缩小实验组样本与对照组样本的组件差异提高研究结论稳健性。首先，本章根据政策出台前一年企业的财务特征和行业特征（*Firmsize*，*Leverage*，*Salesgrowth*，*Cash* 和 *Industry*）构建一个新的研究样本，采用 1∶3 不放回匹配的最小临近设定，重新构造一组财务特征和行业特征相似的实验组样本和对照组样本，我们如此选择样本可以预先排除行业和样本特征对财税〔2018〕70 号文件内容的影响。接着，使用模型（5 –1）对选定的研究样本进行回归检验。由表 5 –5 中列（1）和列（2）报告的结果发现，在使用倾向得分匹配模型对实验组样本和对照组样本进行重新匹配后，增值税留抵退税政策抑制企业盈余管理的结论依然成立，即财税〔2018〕70 号文件的自选择效应并不对研究结论稳健造成影响，即本研究假设得以验证。

4. 更换被解释变量

最后，我们讨论企业盈余管理指标构建方法对研究结论稳健性的影响。本章用于实证检验的盈余管理指标是通过模型估计出来的，那么，估计方法的不同必然会造成盈余管理指标数值差异，即不同的估计方法会对检验结论产生影响。为消除这一影响，本研究从企业现金流视角重新估计企业的应计盈余管理（*Earnings*3）。并且，本章还参考 Mcnichols（2000）的方法，在现金流模型基础上融入琼斯模型的方式构建企业真实盈余管理的衡量指标（*Earnings*4）。然后以这 2 个新构建指标为被解释变量重新估计增值税留抵退税政策对企业盈余管理的处理效应。由表 5－5 中列（3）和列（4）报告的检验结果显示，交互项（*Treat*×*Post*）回归系数分别为－0.005 和－0.004，均实现在 5% 水平上通过显著性检验，说明在重新估计企业盈余管理指标并对表 5－3 结果进行稳健性检验后，增值税留抵退税政策抑制企业盈余管理的结论依然成立。

表 5－5　　　　稳健性检验的回归结果（二）

变量	*Earnings*1	*Earnings*2	*Earnings*3	*Earnings*4
	(1)	(2)	(3)	(4)
Treat×*Post*	－0.006***	－0.013***	－0.005**	－0.004**
	(－4.194)	(－3.244)	(－2.429)	(－1.972)
Firmsize	0.003***	－0.007***	－0.007***	－0.009***
	(5.811)	(－4.234)	(－7.049)	(－8.984)
Leverage	－0.015***	0.065***	0.034***	0.031***
	(－3.974)	(6.626)	(5.641)	(5.011)
ROA	0.112***	0.637***	0.043*	0.033
	(6.811)	(14.680)	(1.946)	(1.496)
Receivable	－0.005	－0.067***	－0.076***	－0.076***
	(－0.857)	(－3.506)	(－8.883)	(－9.395)
Salesgrowth	－0.003***	0.009***	0.007***	0.007***
	(－3.376)	(4.486)	(5.882)	(5.991)
Cash	－0.001	－0.039**	－0.116***	－0.122***
	(－0.098)	(－2.397)	(－10.999)	(－10.199)
Loss	－0.024***	0.073***	0.014***	0.010***
	(－10.518)	(11.816)	(4.484)	(3.360)

续表

变量	*Earnings*1	*Earnings*2	*Earnings*3	*Earnings*4
	(1)	(2)	(3)	(4)
SOE	-0.008***	0.018***	0.018***	0.018***
	(-5.956)	(4.299)	(9.122)	(9.197)
Firmage	-0.000	0.005	0.001	0.001
	(-0.283)	(1.618)	(0.634)	(0.464)
Boardsize	0.008***	-0.005	-0.009**	-0.011***
	(2.777)	(-0.567)	(-2.339)	(-2.755)
BIG	0.000	0.000	0.000	-0.000
	(0.632)	(0.845)	(0.429)	(-0.547)
Dual	0.000	0.005	0.002	0.001
	(0.237)	(1.309)	(1.218)	(0.863)
Constant	-0.131***	0.231***	0.242***	0.276***
	(-10.562)	(6.087)	(11.480)	(14.489)
Firm-effected	控制	控制	控制	控制
Year-effected	控制	控制	控制	控制
观测值	0.112	0.113	0.068	0.075
调整 R^2	14 975	14 975	17 879	17 588

注释：括号内的数值为 t 统计量检验结果，**、*** 分别表示 5%、1% 置信水平显著性检验结果。

第五节　增值税留抵退税政策的作用机理分析

本章从盈余操控动机和盈余操控空间 2 个维度阐述增值税留抵退税政策对企业盈利管理的抑制作用，并搜集沪深 A 股上市公司数据，构建双重差分模型进行实证检验而得到结论。通常而言，经营业绩会影响企业管理层操纵盈余的动机，这是因为当企业经营绩效未达到预期时，管理层为了向投资者和市场有所交代而操纵盈余，即此时企业的盈余管理程度通常会更加严重。因此，本章可以从经营业绩的角度去检验企业管理层操纵盈余的动机。另外，公司治理会影响企业管理层操纵盈余的空间，这是因为当企业的内外部治理机制逐步完善时，管理层操纵盈余的行为会更容易被发现，即企业管理层基于私利操纵盈余的行为受到公司内外部治理机制的约束。因此，本章可以通过公司治理机制角度来检验企业管理层操纵盈余的空间。为此，本章构建经营绩效和公司治理机制 2 个场景来检验增值税留抵退税政策的作用机理。

一、增值税留抵退税政策的作用机制检验：经营绩效

经营绩效，是指在一定时期内企业通过经营活动取得的经济、社会、文化效益的总和，它是评价企业经营成果质量的重要依据。一般而言，当企业的经营绩效很好时，管理层得到职位晋升的机会就越大，获得的经济回报也越丰厚。反之，当企业的经营绩效出现问题时，管理层就会有动机操控盈余，即通过利用会计政策来粉饰业绩进而实现个人利益最大化目标（孙蔓莉等，2018；许文静等，2018）。因此，经营业绩是影响企业管理层操控盈余的一个重要因素。增值税留抵退税政策能够直接退还企业预缴的增值税进项税额，发挥充实企业内部货币资金的积极作用，进而改善企业的经营绩效（吴怡俐等，2021），并最终影响企业管理层操控盈余粉饰经营业绩的动机。例如，在经营绩效相对较差的企业内，企业管理层迫于业绩压力而具有较强的动机操控盈余，若此时企业能够因增值税留抵退税政策获得大量的留抵退税，就有可能以改善企业经营绩效的途径削弱管理层的盈余操控动机，进而使增值税留抵退税政策发挥抑制企业盈余管理的作用。同时证明增值税留抵退税政策通过抑制企业管理层的操控盈余动机而发挥抑制盈余管理的逻辑。

为了检验企业经营绩效是影响增值税留抵退税政策抑制企业盈余管理的重要因素，本章构建总资产收益率（*ROA*）和上年度是否亏损（*Loss*）2 个场景展开讨论。总资产收益率反映的是企业全部资产投入与产出的问题，是学术界公认的能够有效衡量企业经营绩效的指标；上年度是否亏损与企业能否维持上市身份以及实施增发股票举措等紧密相关，这个指标同样被学术界用来评价企业的经营绩效。本章使用交互项方法进行实证检验。首先，构建经营绩效变量和增值税留抵退税政策变量的交互项（$Treat \times Post \times ROA$，$Treat \times Post \times Loss$），然后加入到模型（5 - 1）对研究样本进行回归。表 5 - 6 中列（1）、列（2）和列（3）、列（4）分别是以总资产收益率变量和上年度是否亏损变量为调节变量的检验结果，我们可以发现，在经营绩效较好的企业内（*ROA* 数值较高、企业上年度实现盈利），增值税留抵退税政策抑制企业盈余管理的作用相对较弱；而在经营绩效较差的企业内（*ROA* 数值较低、企业上年度出现亏损），增值税留抵退税政策对企业盈余管理抑制效应较强。综合上述检验结果说明，经营绩效确实会影响增值税留抵退税政策对企业盈余管理的抑制作用。在经营绩

效较好的企业内，管理层因没有经营业绩压力，操控企业盈余的动机就相对较弱，此时增值税留抵退税政策直接退还企业预缴留抵税额而改善企业经营状况的边际作用相对较小，导致其抑制企业盈余管理的作用相对较弱。反观那些经营业绩较差的企业，因增值税留抵退税政策而获得预缴的留抵税额时，它们会利用这些资金从事改善企业经营绩效的活动，进而削弱管理层通过操控盈余改善经营绩效的动机。即在经营绩效较差的企业内，增值税留抵退税政策抑制企业盈余管理的边际作用明显更强。上述研究验证了增值税留抵退税政策通过减轻管理层的盈余操控动机发挥抑制企业盈余管理的机制。具体检验结果如表 5 -6 所示。

表 5 -6　　基于盈余操控动机的机制检验：经营绩效

变量	*Earnings*1	*Earnings*2	*Earnings*1	*Earnings*2
	(1)	(2)	(3)	(4)
Treat × Post	-0.010***	-0.005	-0.003**	-0.016***
	(-6.637)	(-1.412)	(-2.404)	(-4.120)
Treat × Post × ROA	0.116***	0.176***		
	(5.670)	(3.916)		
Treat × Post × Loss			0.020***	0.030***
			(5.720)	(4.844)
Firmsize	0.004***	-0.008***	0.004***	-0.008***
	(7.353)	(-5.501)	(7.253)	(-5.455)
Leverage	-0.020***	0.074***	-0.019***	0.073***
	(-5.784)	(8.422)	(-5.537)	(8.265)
ROA	0.038**	0.756***	0.080***	0.692***
	(2.214)	(15.600)	(5.448)	(16.729)
Receivable	-0.001	-0.068***	-0.003	-0.065***
	(-0.247)	(-3.827)	(-0.515)	(-3.687)
Salesgrowth	-0.003***	0.009***	-0.003***	0.009***
	(-5.800)	(6.628)	(-5.816)	(6.639)
Cash	0.017***	-0.075***	0.016***	-0.074***
	(2.785)	(-5.134)	(2.677)	(-5.073)
Loss	-0.022***	0.075***	-0.016***	0.066***
	(-11.306)	(13.689)	(-7.531)	(11.917)

续表

变量	*Earnings*1	*Earnings*2	*Earnings*1	*Earnings*2
	(1)	(2)	(3)	(4)
SOE	-0.007***	0.018***	-0.007***	0.018***
	(-5.851)	(4.803)	(-5.947)	(4.827)
Firmage	-0.001	0.006**	-0.001	0.006**
	(-1.379)	(2.021)	(-1.577)	(2.104)
Boardsize	0.008***	-0.005	0.008***	-0.005
	(3.314)	(-0.628)	(3.333)	(-0.643)
BIG	0.000	0.000	0.000	0.000
	(0.162)	(0.519)	(0.084)	(0.554)
Dual	-0.000	0.007**	-0.001	0.007**
	(-0.464)	(2.061)	(-0.493)	(2.074)
Constant	-0.132***	0.240***	-0.132***	0.241***
	(-12.014)	(7.117)	(-12.063)	(7.120)
Firm-effected	控制	控制	控制	控制
Year-effected	控制	控制	控制	控制
观测值	20 432	20 432	20 432	20 432
调整 R^2	0.106	0.128	0.105	0.127

注释：括号内的数值为 t 统计量检验结果，**、*** 分别表示 5%、1% 置信水平显著性检验结果。

二、增值税留抵退税政策的作用机制检验：公司治理

公司治理，是一整套用来制衡股东、董事会与管理层权力的制度安排，它由内部治理机制和外部监督机制构成。一般而言，完善的公司治理机制能够发挥制衡企业管理层决策的作用，从而有助于抑制管理层滥用职权的败德行为。而在公司治理机制不健全的企业内，管理层的决策行为受制约明显较弱，他们操控盈余的空间明显更大。现代企业采用的所有权和经营权分离的制度为管理层任意使用公司权力奠定了基础，且管理者通常会因为私利而倾向性地作出操控盈余的决策。因此，如果企业存在治理机制不完善的情况，就难以有效监督管理层随意使用权力，那么最终企业盈余管理从本质上而言亦是难以避免的。财政部和国家税务总局在发布财税〔2018〕70 号文件等推行增值税留抵退税政策时，除了对增值税留抵税额规定直接退还等做法外，还要求各地税务

部门对企业的增值税留抵退税申报情况进行核查与监督，以此杜绝企业的弄虚作假行为。因此，增值税留抵退税政策可以通过税务稽查等具体措施约束企业管理层的决策行为，进而发挥有效的企业外部监督而抑制企业的盈余管理（于忠泊等，2011；孙光国等，2015）。即在公司治理机制相对欠缺的企业内，管理层因权力缺乏有效制约而能够肆意操控盈余，进而使企业表现出较高程度的盈余管理，若此时企业因申请增值税留抵税额退还而受到税务局的外部监督，势必会约束企业管理层的盈余操控行为，由此验证增值税留抵退税政策通过抑制管理层操控盈余空间而作用于企业盈余管理的逻辑。

为了检验企业公司治理是影响增值税留抵退税政策抑制企业盈余管理的因素，本章从市场环境建设和内控制度建设2个场景展开讨论。如果市场制度完善，那么可以从外部有效监督企业管理层的决策行为，进而替代增值税留抵退税政策的税务稽查作用，实现约束企业管理层操控盈余的作用。同理，如果企业内控制度完善，同样可以替代增值税留抵退税政策发挥抑制企业管理层盈余操控空间的作用，最终抑制企业的盈余管理。本章选择“迪博公司治理指数”和王小鲁等学者编制的“市场中介组织的发育和法律制度环境”2个指数，分别衡量企业内外部治理程度，其中“迪博公司治理指数”从企业内部环境、风险评估、控制活动、信息与沟通和内部监督5个方面评价公司的治理情况，而“市场中介组织的发育和法律制度环境”用来评价每个省份在法律制度，法治治理和市场交易等方面的完善程度，得分越高说明该省份的市场化水平越高，外部监督对企业的作用就越强。接着，本章采用交互项的方式对研究样本进行实证检验。首先，构建公司治理变量和增值税留抵退税政策变量的交互项（$Treat \times Post \times Iindex$，$Treat \times Post \times Eindex$），然后加入模型（5-1）进行回归。表5-7中列（1）、列（2）和列（3）、列（4）分别是以“迪博公司治理指数”和“市场中介组织的发育和法律制度环境”为调节变量的检验结果，我们可以发现，在公司治理机制相对完善的企业内（Iindex和Eindex数值较高），增值税留抵退税政策抑制企业盈余管理的作用相对较弱；而在经营绩效相对较差的企业内（Iindex和Eindex数值较低），增值税留抵退税政策抑制企业盈余管理的作用相对较强。上述检验结果说明，公司治理确实会影响增值税留抵退税政策对企业盈余管理的抑制作用。在公司治理相对较好的企业内，管理层因权力受公司治理机制约束而难以随意操控盈余，此时增值税留抵退税政策通过监督管理层改善企业经营状况的边际作用相对较小，导致其对于企业盈余管理的抑制作用也相对较弱。反观那些内外部治理机制相对较差的企业，管理层因权力未受到有效制约而导致他们可以随意操控盈余，此时，增值税留抵退税政策通过税务监督的措施发挥压缩企业管理层操控盈余空间的作用相对较小。综上分析，本部分的研究验证了增值税留抵退税政策通过压缩管理层盈余操控空间发挥抑制企业盈余管理的机制。具体检验结果如表 5 -7 所示。

表 5 -7　　基于盈余操控空间的机制检验：公司治理

变量	*Earnings*1	*Earnings*2	*Earnings*1	*Earnings*2
	(1)	(2)	(3)	(4)
Treat × *Post*	-0.016***	-0.004	-0.016***	-0.025**
	(-4.043)	(-0.565)	(-3.252)	(-2.188)
Treat × *Post* × *Iindex*	0.000***	0.000**		
	(2.882)	(2.003)		
Treat × *Post* × *Eindex*			0.001**	0.002**
			(2.257)	(2.362)
Iindex	-0.000*	0.000		
	(-1.744)	(0.050)		
Eindex			-0.000**	0.000
			(-2.275)	(0.390)
Firmsize	0.004***	-0.008***	0.004***	-0.008***
	(7.094)	(-5.241)	(7.031)	(-5.311)
Leverage	-0.018***	0.072***	-0.018***	0.072***
	(-5.314)	(8.043)	(-5.332)	(8.038)
ROA	0.089***	0.679***	0.090***	0.676***
	(6.019)	(16.625)	(6.127)	(16.612)
Receivable	-0.003	-0.064***	-0.003	-0.065***
	(-0.660)	(-3.592)	(-0.502)	(-3.624)
Salesgrowth	-0.003***	0.009***	-0.003***	0.009***
	(-5.787)	(6.628)	(-5.817)	(6.661)
Cash	0.016***	-0.074***	0.015**	-0.074***
	(2.610)	(-5.008)	(2.541)	(-5.017)
Loss	-0.021***	0.074***	-0.021***	0.074***
	(-11.038)	(13.597)	(-11.020)	(13.561)
SOE	-0.007***	0.018***	-0.007***	0.018***
	(-6.171)	(4.905)	(-6.116)	(4.873)

续表

变量	*Earnings*1	*Earnings*2	*Earnings*1	*Earnings*2
	(1)	(2)	(3)	(4)
Firmage	-0.002*	0.006**	-0.002*	0.006**
	(-1.683)	(2.100)	(-1.690)	(2.156)
Boardsize	0.008***	-0.005	0.008***	-0.005
	(3.384)	(-0.684)	(3.375)	(-0.650)
BIG	0.000	0.000	0.000	0.000
	(0.049)	(0.561)	(0.149)	(0.550)
Dual	-0.001	0.007**	-0.001	0.007**
	(-0.516)	(2.092)	(-0.492)	(2.043)
Constant	-0.127***	0.234***	-0.126***	0.233***
	(-11.457)	(6.908)	(-11.426)	(6.831)
Firm-effected	控制	控制	控制	控制
Year-effected	控制	控制	控制	控制
观测值	0.103	0.126	0.102	0.126
调整 R^2	20 432	20 432	20 432	20 432

注释：括号内的数值为 t 统计量检验结果，**、*** 分别表示 5%、1% 置信水平显著性检验结果。

第六节　增值税留抵退税政策的拓展研究

本章在验证了增值税留抵退税政策抑制企业盈余管理的机理后，进一步讨论影响增值税留抵退税政策抑制企业盈余管理的边际条件。本章选择对企业是否由民营资本控股、是否属于高科技行业和是否受到税务强监管 3 种情境展开讨论，以此丰富本章的内容。产权属性，是指企业的经营权是由国有资本控股还是民营资本控股，本质上反映了 2 类不同的经营模式和治理机制。企业是否属于高科技行业可以反映 2 类企业差异化的风险承担，本质上反映了企业的营绩绩效对市场的敏感程度。税收监管，是指政府对企业的征税力度，它能够在一定程度上反映企业的外部监督程度。

一、产权属性：民营资本控股和国有资本控股

不同产权属性的企业在治理结构、决策逻辑和盈余操控动机等方面存在明

显差异，因而造成增值税留抵退税政策对企业盈余管理的抑制作用随之出现异质性。相比国有资本控股企业，由民营资本控股企业的管理层通常拥有更大的决策权力，并且他们与企业经营绩效的绑定更加紧密，这就使民营资本控股企业更有动机操控盈余，也有更大的空间操控盈余，最终使民营控股企业表现出比国有控股企业程度更高的盈余管理。反观国有资本控股企业的管理者，可能会循规蹈矩地按章办事，因为他们的薪酬待遇与业绩的关联度没有那么紧密，并且他们操控盈余的行为会留下不良记录，故国有企业管理者的盈余操控动机明显更低，进而使国有资本控股企业的盈余管理程度更轻。这 2 类不同产权属性企业的盈余管理存在明显的差异，进而使得增值税留抵退税政策抑制企业盈余管理的作用有所差异。在民营资本控股企业内，由于管理层具有较强的操控盈余动机和较大操控盈余空间，增值税留抵退税政策发挥抑制盈余管理的作用会相对明显，而在国有资本控股企业内，增值税留抵退税抑制盈余管理的作用相对不明显。

为了验证产权属性差异情境下增值税留抵退税政策的实施效果，本章根据企业实际控制人属性将研究样本划分为国有资本控股企业和民营资本控股企业 2 组，利用模型（5－1）对 2 组样本分别进行回归检验。从表 5－8 报告的回归结果发现，民营资本控股企业样本列（1）和列（3）的交互项（*Treat* × *Post*）回归系数要分别明显比列国有控股企业样本列（2）和列（4），显著性水平也明显更高，进一步通过组建系数检验发现，列（1）与列（2），列（3）与列（4）的交互项回归系数存在明显的差异（组间差异系数分别为 2.188 和 3.657），由此说明，在民营资本控股企业内，增值税留抵退税政策对企业应计盈余管理和真实盈余管理的抑制作用明显更高。综合以上检验，本章认为，增值税留抵退税政策的盈余管理抑制作用在国有控股企业和民营控股企业存在显著差异，从而得到产权属性会影响增值税留抵退税政策抑制企业盈余管理的结论。具体回归结果如表 5－8 所示。

表 5－8　产权属性条件下增值税留抵退税政策与企业盈余管理的回归结果

变量	*Earnings*1		*Earnings*2	
	（1）民营	（2）国有	（3）民营	（4）国有
Treat × *Post*	−0.005***	−0.002*	−0.017***	−0.003*
	（−3.514）	（−1.846）	（−3.566）	（−1.704）
Firmsize	0.003***	0.004***	−0.007***	−0.008***
	（4.231）	（6.027）	（−3.285）	（−3.963）

续表

变量	*Earnings1*		*Earnings2*	
	（1）民营	（2）国有	（3）民营	（4）国有
Leverage	-0.021*** (-4.858)	-0.016*** (-3.009)	0.074*** (6.072)	0.064*** (5.202)
ROA	0.092*** (5.323)	0.034 (1.196)	0.747*** (15.085)	0.473*** (6.597)
Receivable	-0.007 (-1.004)	0.007 (0.904)	-0.101*** (-4.483)	0.005 (0.162)
Salesgrowth	-0.002*** (-3.259)	-0.004*** (-5.087)	0.009*** (4.644)	0.009*** (4.589)
Cash	0.022*** (3.032)	-0.000 (-0.020)	-0.047*** (-2.634)	-0.130*** (-4.452)
Loss	-0.029*** (-11.372)	-0.011*** (-4.085)	0.089*** (12.144)	0.045*** (5.934)
Firmage	0.000 (0.303)	-0.005*** (-3.112)	0.002 (0.649)	0.010** (2.319)
Boardsize	0.008** (2.432)	0.007** (2.007)	0.004 (0.384)	-0.023** (-2.005)
BIG	0.000 (0.415)	-0.000 (-0.309)	-0.000 (-0.085)	0.000 (1.221)
Dual	-0.001 (-0.520)	-0.000 (-0.209)	0.010*** (2.621)	-0.002 (-0.305)
Constant	-0.125*** (-8.380)	-0.142*** (-8.500)	0.214*** (4.508)	0.272*** (5.965)
Firm-effected	控制	控制	控制	控制
Year-effected	控制	控制	控制	控制
主变量组间系数检验	2.188		3.657	
观测值	13 128	7 304	13 128	7 304
调整 R^2	0.113	0.083	0.127	0.125

注释：括号内的数值为 t 统计量检验结果，**、*** 分别表示 5%、1% 置信水平显著性检验结果。

二、行业特征：高科技行业和传统行业

不同行业的企业在经营风险、资源依赖和政策支持等方面也有差别，因此增值税留抵退税政策对企业盈余管理的影响也可能因行业差异而有所不同。相比传统行业企业，高科技企业面临的风险通常更大，对于政策的依赖程度也明显更高（杜瑞和李延喜，2018），故高科技企业管理者更有动机操控盈余以美化财务报表，最终实现从政府和市场募集生产和发展资源的目的。并且，相比传统企业，高科技企业通常发展时间较短，且发展速度较快，进而使这类企业的治理制度建设相对滞后，这为管理层的操控盈余提供空间。反观传统企业由于发展年限较长，业务增长也相对稳定等特点，并且传统行业管理层的薪酬待遇与业绩的关联度也没有高科技企业来得紧密，这样造成传统企业管理层的盈余操控动机相对较弱，盈余操控的空间也没有高科技企业那么大。因此，增值税留抵退税政策抑制企业盈余管理的作用会在高科技企业和传统企业内有所差异。具体而言，在高科技企业内，由于管理层的盈余操控动机较强、盈余操控的空间也较大，这样增值税留抵退税政策直接退还预缴留抵税额就可以改善企业财务状况的作用，政策对企业进行税收监管的作用也就明显更大，进而使增值税留抵退税政策的盈余管理抑制作用在高科技企业内更加明显。

为了验证这一猜想，我们对研究样本进行分组检验。参照国务院颁布的《关于加快培育和发展战略性新兴产业的决定》规定，本章将样本分为高科技企业和传统企业[①] 2 组，然后以用模型（5－1）对 2 组样本分别进行回归检验。从表 5－9 中列（1）和列（3）报告的高科技企业样本检验结果发现，交互项系数（$Treat \times Post$）分别为－0.007 和－0.008，通过 1% 水平的显著性检验；而列（2）和列（4）报告的是传统企业样本的检验结果，交互项系数不显著。上述检验说明，增值税留抵退税抑制企业盈余管理的作用仅存在于高科技企业内，在传统企业内不明显。本部分的结论证实了增值税留抵退税政策抑制企业盈余管理的作用因企业所属行业特征有所差异，这为本章的后续提出针对性的建议提供支持。具体回归结果如表 5－9 所示。

① 高科技行业的定义包括：电子业、医药生物制品业、信息技术业、化学纤维制造业、化学原料及化学制品制造业、仪器仪表及文化和办公用机械制造业等；除高科技行业以外的全部归类为传统行业。

表 5-9 行业特征条件下增值税留抵退税政策与企业盈余管理的回归结果

变量	*Earnings1*		*Earnings2*	
	（1）高科技	（2）传统	（3）高科技	（4）传统
Treat × Post	-0.007*** (-4.221)	0.002 (0.594)	-0.008*** (-9.097)	-0.001 (-0.220)
Firmsize	0.002* (1.715)	0.004*** (6.895)	-0.006* (-1.798)	-0.009*** (-5.592)
Leverage	-0.021*** (-3.822)	-0.017*** (-3.922)	0.096*** (5.661)	0.076*** (7.319)
ROA	0.020 (0.793)	0.128*** (7.006)	0.746*** (10.158)	0.624*** (13.303)
Receivable	-0.001 (-0.057)	-0.004 (-0.620)	-0.051 (-1.249)	-0.098*** (-5.245)
Salesgrowth	-0.006*** (-4.215)	-0.003*** (-4.520)	0.021*** (5.016)	0.007*** (4.895)
Cash	-0.006 (-0.676)	0.026*** (3.332)	-0.018 (-0.759)	-0.092*** (-5.075)
Loss	-0.040*** (-11.236)	-0.013*** (-5.652)	0.085*** (8.408)	0.065*** (10.595)
SOE	-0.005** (-2.501)	-0.008*** (-5.656)	0.013* (1.771)	0.019*** (4.506)
Firmage	0.001 (0.462)	-0.002* (-1.782)	0.005 (0.984)	0.002 (0.722)
Boardsize	0.013*** (3.056)	0.006** (2.215)	-0.007 (-0.496)	-0.003 (-0.394)
BIG	0.000 (0.138)	-0.000 (-0.230)	0.000** (2.136)	-0.000 (-0.458)
Dual	-0.001 (-0.525)	-0.000 (-0.080)	0.001 (0.266)	0.008* (1.930)
Constant	-0.099*** (-5.381)	-0.140*** (-10.658)	0.183*** (2.723)	0.275*** (7.598)
Firm-effected	控制	控制	控制	控制

续表

变量	*Earnings*1		*Earnings*2	
	（1）高科技	（2）传统	（3）高科技	（4）传统
Year-effected	控制	控制	控制	控制
观测值	0. 088	0. 115	0. 129	0. 154
调整 R^2	6 460	13 972	6 460	13 972

注释：括号内的数值为 t 统计量检验结果，*、**、*** 分别表示 10%、5%、1% 置信水平显著性检验结果。

三、税收征管：税收征管力度强和税收征管力度弱

政府通过税收征管从而发挥监管企业经营活动的作用，再对企业管理层的盈余操控行为形成约束。通常而言，税收征管力度较大地区的企业受到政府的监管力度更大，坐落于税收征管力度较小地区的企业进行盈余管理的空间会更小，这可能造成增值税留抵退税政策的企业盈余管理抑制作用会因地区税收征管力度而有所差异。相对而言，受税收征管力度较大的企业通常面临更大力度的外部监督，此时企业操控盈余的空间相对较小（李增福等，2021），故增值税留抵退税政策通过监管管理层操控盈余发挥抑制企业盈余管理的边际作用相对较小；而受税收征管力度较小的企业操控盈余的制约相对较弱（孙雪娇等，2021），管理层更有机会基于自利考虑而操控盈余，故此时增值税留抵退税政策通过监管企业管理层操控盈余发挥抑制企业盈余管理的边际作用相对较大。

为验证这一猜想，我们对研究样本进行分组检验。借鉴陈德球等（2016）、曾亚敏和张俊生（2009）的研究方法，本章以政府税收努力程度①作为衡量企业受税收征管的力度，并以政府税收努力程度中位数为依据，将研究样本分为征管力度较强和征管力度较弱 2 组，然后以用模型（5 - 1）对 2 组样本进行回归检验。从表 5 - 10 报告的检验结果，我们可以发现，交互项系数（*Treat* × *Post*）在所有组内都是显著的，说明增值税留抵退税政策抑制企业盈余管理的作用无论是在受税收征管力度大还是受税收征管力度小的企业内都存在。强征管企业样本的交互项回归系数分别为 -0. 002 和 -0. 009，通过 10% 水平的显著

① 该指标由模型 $T_{it}/Y_{it} = \alpha + \beta_1 GDP_{it} + \beta_2 IND\_1_{it} + \beta_3 IND\_2_{it} + \varepsilon_{it}$ 估计得到。其中，T_{it} 和 Y_{it} 分别表示某地级市 i 在时期 t 的税收收入和国内生产总值，GDP 表示某地级市对数化人均国内生产总值，IND_1 和 IND_2 分别表示某地级市第一产业产值和第二产业产值占国内生产总值的比重。本书用实际税收负担比率减去理论税收负担比率来衡量税收征管力度，数值越大说明税收征管力度越强。

性检验，而弱征管企业样本的交互项回归系数分别为 -0.006 和 -0.022，通过1%水平的显著性检验，即弱征管企业样本的交互项回归系数无论是数值还是显著性都更能说明增值税留抵退税政策对企业盈余管理发挥更大的抑制作用，系数组建差异差异检验支持了这一结论（组建差异检验分别为 1.682 和 2.887）。综合上述检验，本章认为，当政府加强税收征管力度时，增值税留抵退税政策抑制企业盈余管理的作用就会被削弱，而当政府减轻税收征管力度时，增值税留抵退税政策抑制企业盈余管理的作用就会被增强，由此验证税收征管力度和增值税留抵退税政策共同发挥监督企业盈余管理的结论。此外，本部分结论也间接说明增值税留抵退税政策扮演着类似企业公司治理外部因素的角色，为抑制企业盈余管理发挥着积极作用。

表 5-10　　税收征管背景下增值税留抵退税政策与企业盈余管理的回归结果

变量	*Earnings*1		*Earnings*2	
	（1）强征管	（2）弱征管	（3）强征管	（4）弱征管
Treat × Post	-0.002* (-1.868)	-0.006*** (-2.662)	-0.009* (-1.789)	-0.022*** (-3.683)
Firmsize	0.003*** (4.296)	0.004*** (6.105)	-0.008*** (-4.173)	-0.008*** (-4.220)
Leverage	-0.009** (-2.061)	-0.027*** (-5.625)	0.059*** (5.514)	0.084*** (7.361)
ROA	0.108*** (5.637)	0.073*** (3.425)	0.612*** (13.610)	0.747*** (13.268)
Receivable	0.001 (0.180)	-0.008 (-1.045)	-0.072*** (-3.842)	-0.057** (-2.453)
Salesgrowth	-0.003*** (-3.997)	-0.003*** (-4.224)	0.007*** (3.741)	0.011*** (5.331)
Cash	0.022** (2.414)	0.011 (1.426)	-0.077*** (-3.672)	-0.068*** (-3.633)
Loss	-0.022*** (-8.604)	-0.020*** (-7.357)	0.078*** (11.813)	0.070*** (9.722)
SOE	-0.005*** (-3.292)	-0.010*** (-5.654)	0.010** (2.330)	0.027*** (5.453)
Firmage	0.000 (0.084)	-0.003** (-2.143)	0.000 (0.108)	0.012*** (3.105)

续表

变量	*Earnings*1		*Earnings*2	
	（1）强征管	（2）弱征管	（3）强征管	（4）弱征管
Boardsize	0.007 **	0.009 ***	-0.004	-0.007
	(2.115)	(2.799)	(-0.393)	(-0.764)
BIG	0.000 **	-0.000	0.000	0.000
	(2.038)	(-1.644)	(0.420)	(0.380)
Dual	0.001	-0.002	0.009 **	0.005
	(0.896)	(-1.275)	(2.314)	(0.993)
Constant	-0.130 ***	-0.144 ***	0.282 ***	0.213 ***
	(-5.315)	(-8.677)	(5.100)	(4.943)
Firm-effected	控制	控制	控制	控制
Year-effected	控制	控制	控制	控制
主变量组间系数检验	1.682		2.887	
观测值	0.111	0.093	0.115	0.136
调整 R^2	10 314	10 118	10 314	10 118

注释：括号内的数值为 t 统计量检验结果，*、**、*** 分别表示 10%、5%、1% 置信水平显著性检验结果。

第七节　本章小结

增值税留抵退税作为国家推行减税降费组合政策的重要内容，不仅发挥着改善企业经营绩效的作用，同时也扮演着优化企业公司治理的积极角色。本章以 2015—2021 年中国上市公司作为研究样本，以 2018 年财政部、国家税务总局联合印发《关于 2018 年退还部分行业增值税留抵税额有关税收政策的通知》（财税〔2018〕70 号）文件作为国家推行增值税留抵退退税政策的标志，采用双重差分模型实证检验增值税留抵退税政策与企业盈余管理间的关系。本章得到如下结论：增值税留抵退税政策能够发挥抑制企业应计盈余管理和真实盈余管理的作用，并且这一作用是通过降低盈余操控动机和压缩盈余操控空间实现的。增值税留抵退税政策的盈余管理的抑制作用在民营资本控股、高科技行业和税收征管力度较小的企业内更加明显。

根据研究结论，本章提出如下建议：第一，政府下阶段需要持续推进增值税改革，继续深化落实增值税留抵退税政策，以此契合国家实施的减税降费举措，实现利用合理的税费政策引导企业持续发展的调控目标。企业的高质量发展不仅仅是经营绩效的持续提高，同时也是治理结构等软性制度因素的优化演进。政府在优化增值税留抵退税政策时，要强化政策的外部监管职能，以发挥政策能够达到完善我国企业公司治理为目标。为了达到上述目标，政府可以考虑以下方面的措施：加强对企业的监管和评估，确保企业在享受增值税留抵退税政策的同时，还要遵守相关法规和规定；加强对企业财务数据的审计和核实，减少信息不对称和信息造假的可能性；加强对企业治理结构的监督和指导，鼓励企业建立健全的内部控制机制，提升企业的治理水平。第二，政府下阶段推行增值税留抵退税政策应重点关注民营资本控股企业和高科技企业的切实需求，通过充分调研去挖掘增值税留抵退税政策尚能发挥作用之处，并围绕扶持民营资本控股企业和高科技企业作为下阶段增值税改革的指导思想，进而优化增值税留抵退税政策内容。此外，政府还要优化税收征管工具，强化税收征管对企业合法合规经营的监管职能，并通过优化增值税留抵制度改革内容引导企业朝着合法合规的方向履行纳税义务，最终实现增值税制度改革推动中国企业公司治理持续优化的长远目标。

第六章 增值税留抵退税政策对企业财务舞弊的影响

第一节 提出问题

财务舞弊，是指企业利用财务欺诈等违法手段谋取私利，最终导致其他利益相关方蒙受损失的蓄意行为。财务舞弊的手段包括：伪造会计记录或凭证、隐瞒或删除交易事项、记录虚假的交易内容、蓄意使用不合适的会计政策、故意违反会计准则规定编制财务报告等。近些年来，随着全球经济环境的持续恶化和企业间竞争压力陡然增加，企业的财务舞弊现象也日趋普遍。以证监会披露的中国上市公司财务舞弊数据为例，仅2015—2021年，全国便有128家上市公司因财务舞弊而受到处罚，并且受到处罚的上市公司数量呈现逐年增加的趋势。在财务舞弊的影响方面，康美药业和东南融通等一连串臭名昭著的财务舞弊案件使社会各界对上市公司治理问题普遍持质疑态度。上市公司财务舞弊行为不仅反映出中国企业治理体系存在重大的结构性缺陷问题，还反映出企业内外部治理机制无法有效发挥监管作用的问题。企业的财务舞弊行为不仅破坏了市场公平公正的交易机制，降低了广大投资者的参与积极性，而且扭曲了企业的投融资决策行为，同时也损害了利益相关方的合法权益，最终违背市场配置资源是以实现经济健康发展的目标。为此，监管层和学术界致力于探索影响企业财务舞弊的深层次原因，构建可以保护投资者合法权益、维护市场稳定健康和企业持久发展的框架。

有关企业财务舞弊的动因研究，主要从董事会特征（Agrawal 和 Chadha，2005；Dhaliwal 等，2016；黄伟和姚卫国，2018）、高管薪酬激励机制（郭彩云和张鑫，2018；徐华和熊瑞香，2021；Bhagat 和 Bolton，2019）、股权结构（Alexander 和 Cohen，1999；张鑫和韦蓉，2020）等内部治理机制和媒体监督等（杨莎等，2016；Li 和 Venkateswaran，2020）外部监管机制展开。除了公司内外部治理机制，也有学者讨论经济政策（Dey 等，2020；Raimondi 等，2021；王俊杰等，2021）对企业财务舞弊行为的影响。例如，郑梦玲等（2021）利用中国上市公司数据检验了经济政策与企业财务舞弊行为间的关系，研究发现经济政策的不确定性与企业的财务舞弊呈显著正相关，即在不确定的经济政策环境下，企业更可能选择涉及财务舞弊的措施。周俊和刘伟（2020）发现，政府补贴会促进企业的财务舞弊行为，具体表现在虚报利润和操纵财务数据等。上述研究发现，经济政策等宏观因素能够通过资源配置影响企业的财务舞弊。

从上述研究发现，企业的外部政策与内部治理相互交错共同影响了企业的财务舞弊行为，他们究竟能够发挥抑制财务舞弊还是加剧财务舞弊的作用取决于外部政策和内部治理机制对企业管理层的影响。增值税留抵退税政策的核心内容在于及时归还企业预缴的增值税进项税额，进而能够发挥推动改善企业经营绩效的作用，这可以降低企业通过财务舞弊粉饰财务报告的必要性，并且增值税留抵退税政策会对申请退税企业进行税务稽查，这会提高企业财务舞弊被稽查并处罚的概率，进而增加企业财务舞弊成本。此外，随着增值税留抵退税等优惠政策陆续出台，企业的经营环境变得越来越好，这也会削弱企业进行财务舞弊的合理化借口。因此，增值税留抵退税政策可能是抑制企业财务舞弊的一个重要因素。然而，目前有关增值税留抵退税政策的研究集中在经营业绩（何杨等，2019；吴怡俐等，2021）、创新投资（蔡伟贤等，2022）、就业（刘长庚等，2022）、投资策略（谢雁翔等，2022）和金融化（黄贤环和杨钰洁，2022）等少数领域，至于增值税留抵退税政策能否发挥抑制企业财务舞弊这一问题尚未有文献给出明确的答案。如果增值税留抵退税政策能够发挥抑制企业财务舞弊的作用，那么增值税留抵退税政策效应的微观作用机理又是什么？其作用效果最终是否呈现异质性差异？这些都是极具探索价值的问题。本章以2015—2021年中国沪深A股上市公司为研究对象，以财政部、税务总局联合发布的《关于2018年退还部分行业增值税留抵税额有关税收政策的通知》（财税〔2018〕70号）文件作为国家推行增值税留抵退退税政策的标志，采用双重差分模型实证检验增值税留抵退税政策与企业财务舞弊之间的关系，并进一步探索增值税留抵退税发挥作用的作用机理以及发挥差异化作用的边际条件，以此丰富本章的研究内容，并为优化增值税留抵退税政策内容和完善上市公司治理机制提供参考。

第二节 增值税留抵退税政策与企业财务舞弊

关于企业财务舞弊行为的探索，大量研究从舞弊三角理论提供的框架展开。舞弊三角理论指出，动机、机会和合理化借口是影响企业财务舞弊行为的3个关键要素。企业所处的竞争压力（Kim 等，2019；王云涛等，2020）、股票激励制度（周雷和郭华，2020）、高额奖金（Benlemlih 和 Ben Mbarek，2019；陈雨萌和朱红，2019）等是企业管理层因私利选择财务舞弊的动力；企业内部控制不完善（魏洁和张广辉，2018；Gill 等，2018）、审计制度不健全（Lennox 和 Wu，2019；高洪星和熊建强，2020）、信息系统不安全（刘宁和胡宇晴，2020；Kusuma 和 Rahyuda，2021）等是企业管理层能够实施财务舞弊的空间。而合理化借口粉饰了企业管理层进行财务舞弊的负面影响（Gendron 等，2019；于海琴和郑华，2021），进而扫除了企业财务舞弊的障碍。增值税留抵退税政策能够抑制企业管理层的财务舞弊动机，限制企业管理层的财务舞弊机会和削弱企业管理层的财务舞弊合理化借口，进而发挥抑制企业财务舞弊的作用，具体有以下 3 个方面。

第一，增值税留抵退税政策能够发挥对企业的直接减税作用，通过降低企业的经济压力（赵玉杰和张慧，2018）而削弱企业管理层因财务压力和经济困难实施财务舞弊的合理化借口，进而抑制企业的财务舞弊行为。首先，增值税留抵退税政策可以使企业及时回收本期实际缴纳的进项税款来减轻当期税负，提升企业的资产流动性和盈利能力（张思婷和谢庆华，2020）。其次，增值税留抵退税政策通过回收预缴的增值税进项税额，降低企业对外部负债融资的依赖（周国红和周巧，2019），并减轻企业债务融资所要承担的财务费用负担。最后，增值税留抵退税政策能够充实企业的现金资产（赵明和王燕，2020），帮助企业更加有效地进行投融资活动，这显然有助于提升企业的核心竞争力，保障企业更加专注于业务发展和市场竞争的经营目标。综上所述，增值税留抵退税政策可以有效地减轻企业税负，提高盈利水平并降低经济压力，最终抑制企业的财务舞弊行为。

第二，增值税留抵退税政策可以完善企业的内部控制制度，通过强化企业的财务合规和风险控制意识（李倩和刘军，2021），限制企业因内部治理机制不完善发生财务舞弊，进而使增值税留抵退税政策发挥抑制企业财务舞弊的作用。首先，税务机关对留抵退税的监管可以促进企业建立健全内部控制机制，即税务机关通过审核和评估企业的增值税缴纳情况，推动企业完善内部治理机制建设（赵明明和孙瑞，2022），提高企业的财务管理水平和风险控制能力。其次，税务机关对留抵退税的监管可以完善企业的财务管理制度（王雅琪和张莉莉，2022），即税务机关通过审核和评估企业的财务报表体系，提出规范企业财务报告的建议，这可以提高企业的财务信息披露质量，增强企业财务制度的合规性。最后，税务机关对留抵退税的监管可以提高企业的风险控制意识，即税务机关通过监控和跟踪企业留抵退税的实施情况，促使企业加强对增值税留抵退税实施过程的管理和控制，避免财务舞弊行为的发生，进而提高企业的合规性和风险控制能力。综上所述，税务机关对增值税留抵退税实施过程的监管可以促进企业建立健全内部控制机制和财务管理制度，加强其对风险的控制意识，进而有助于抑制企业的财务舞弊行为。

第三，增值税留抵退税政策能够打破企业采取的合理化措施，通过提高企业的财务舞弊成本，降低企业以合理化措施粉饰财务舞弊行为的效果（陈力和周洁，2019）。企业管理层通常采用一些合理化的措施来粉饰财务舞弊的痕迹，但增值税留抵退税政策要求企业进行相应的税务申报和记录，这就使企业难以有效地隐藏内部信息，削弱了其采取合理化措施粉饰财务舞弊行为的效果。具体来说，增值税留抵退税政策要求企业在申报留抵退税时提供相关的票据、凭证等财务资料，而这些资料需要经过税务部门的审核，这就增加了企业的财务舞弊行为被稽查的风险，并且企业的财务舞弊行为一旦被税务部门发现，税务部门便会依据增值税留抵退税政策相关规定对其进行追究，从而打破企业以往进行财务舞弊的合理化借口。综上所述，增值税留抵退税政策能够打破企业应对财务舞弊的合理化措施，抑制企业的财务舞弊行为。

基于以上的分析，本章认为，增值税留抵退税政策可以通过缓解管理层的财务舞弊压力、约束财务舞弊空间和粉碎财务舞弊合理化借口来发挥抑制企业财务舞弊的作用。

第三节　研究方案

一、数据来源与样本选择

本章以 2015—2021 年中国沪深 A 股上市公司为样本展开增值税留抵退税政策与企业财务舞弊的关系探索。为实现本章的研究目标，我们对 CSMAR 数据库提供的原始数据按如下过程进行处理：第一，剔除银行、保险公司和证券公司等金融类上市公司样本；第二，剔除被标记 ST、*ST 或 PT 的上市公司样本；第三，剔除变量缺失或者数据异常的上市公司样本（如总资产回报率大于 1 的样本和资产负债率不在 0—1 区间的样本）；第四，剔除受 2016 年及以前年份实施的增值税留抵退税政策试点影响的公司样本①（集成电路、大型客机和新支线飞机等行业企业样本）。为控制极端值对结果的影响，本章在1%和99%水平上对所有参与回归的连续变量进行缩尾处理。经过上述步骤处理，本章共确定了3 580个公司合计20 600条观测值，我们在研究过程中使用STATA 14.0软件和Excel软件处理所有的数据。

二、模型设计和变量说明

为了实证检验增值税留抵退税政策对企业财务舞弊的影响，本章设计了实证模型（6－1）：

$$Fraud_{it}=\beta_0+\beta_1 Treat_i\times Post_t+\Sigma Controls_{it}+\beta_2 Year+\beta_3 Firm+\varepsilon_{it} \quad (6-1)$$

Fraud 是模型（6－1）的被解释变量，本章分别用财务舞弊概率（*Fraud*1）和财务舞弊程度（*Fraud*2）表示。财务舞弊是指公司故意的、有目的的、有预谋的、有针对性的财务造假和欺诈行为，它是企业基于私利而进行有损于其他利益相关者的败德行为。例如，企业向投资者、社会公众提供虚假的或者隐瞒重要事实的财务会计报告，这会严重地损害投资者或者其他人利益的投资收益；企业隐匿或故意销毁依法应当保存的会计凭证、会计账簿和财务会计报告等，以此逃避税收监管而为企业长期发展埋下伏笔。鉴于研究数据可获得性考虑，学术界通常以证监会披露的上市公司被处罚情况来衡量企业的财务舞弊行为（戴亦一等，2017），这个变量具体由财务舞弊概率和财务舞弊程度2个维度来衡量。财务舞弊概率（*Fraud*1）是个哑变量，当上市公司出现虚增利润、推迟披露等重大财务舞弊行为而被证监会通报批评、处罚时，本章赋值 *Fraud*1 为1，否则赋值为0。财务舞弊程度（*Fraud*2）是个排序变量，按照上市公司舞弊行为受到证监会的处罚程度进行排序。上市公司未被处罚，*Fraud*2 赋值为0；若上市公司的舞弊行为被证监会公开批评时，赋值 *Fraud*2 为1；若上市公司的舞弊行为被公开谴责或者警告时，赋值 *Fraud*2 为2；若上市公司的舞弊行为被公开处罚时，*Fraud*2 赋值为3。从证监会的处罚措施对上市公司的影响来看，公开处罚明显要重于公开谴责，而公开谴责又比公开批评严重，所以本章的 *Fraud*2 赋值越大，说明企业的财务舞弊程度越严重。

$Treat_i\times Post$ 是模型（6－1）的解释变量，指代增值税留抵退税政策的财务舞弊抑制作用。财政部、税务总局联合发布的《关于2018年退还部分行业

---

① 铁路、船舶、航空航天和其他运输设备制造业（C37），参考证监会2012版的行业标准。

增值税留抵税额有关税收政策的通知》（财税〔2018〕70 号）实现了企业可以申请增值税留抵退税的范围由部分行业拓展至多个行业，实现了支持增值税留抵退税政策由部分产业向普惠性转变，这在整个增值税改革进程中具有里程碑的意义。因此，本章将财税〔2018〕70 号文件作为增值税留抵退税政策文件进行准自然实验研究。Treat 表示企业所述行业是否在财税〔2018〕70 号文件列示的目录内，若是赋值 Treat 为 1，否则赋值 Treat 为 0。Post 是政策实施前后的虚拟变量，2018 年以前的研究样本 Post 赋值为 0，2018 年及以后的研究样本 Post 赋值为 1。虽然财税〔2018〕70 号文件是按行业来判断企业是否有资格申请增值税留抵退税，但鉴于企业短期内主营业务相对稳定的特点，本章直接将政策的效应落实到企业个体层面。

ΣControl 是模型（6－1）的控制变量，用来控制其他因素对企业财务舞弊的影响。模型（6－1）的控制变量有：公司规模（*Firm Size*）、资产负债率（*Financial Leverage*）、总资产收益率（*Return on Asset*）、应收账款比率（*Account Receivables*）、销售收入增长率（*Sales Growth*）、经营压力（*Performance Pressure*）、产权属性（*State owned Property*）、上市年份（*Firm age*）、董事会规模（*Board Size*）、第一大股东持股比例（*Topholding*）和董事长总经理两职合一（*Duality*）。此外，模型（6－1）还控制了影响企业财务舞弊的内部治理因素（*Innerindex*）和外部治理因素（*Extraindex*），前者用迪博公布的公司治理指数衡量，后者用王小鲁等发布的“市场化指数”衡量。*Year* 和 *Firm* 分别是年度和企业个体固定效应的虚拟变量，下标 i 代表企业，下标 t 代表年度，ε 是模型（6－1）的随机扰动项。经过模型（6－1）的回归，如果交互项 $Treat \times Post$ 的估计系数 β_1 显著为负，说明增值税留抵退税政策能够发挥抑制企业财务舞弊的作用，β_1 不显著或者显著为正均不能支持增值税留抵退税政策抑制企业财务舞弊的研究假设。表 6－1 列示了模型（6－1）中所有变量的类型、符号和定义。

表 6－1　　　　变量类型、变量符号和变量定义

变量类型	变量符号	变量定义
被解释变量	*Fraud*1	被证监会稽查到舞弊行为赋值为 1，否则为 0。
	*Fraud*2	被证监会公开批评，公开警告和公开处罚，分别赋值为 1、2 或 3，未被证监会批评、警告和处罚赋值为 0。
解释变量	$Treat \times Post$	交互项，增值税留抵退税政策评估变量。

续表

变量类型	变量符号	变量定义
控制变量	*Firm Size*	公司规模，期末资产总计的自然对数。
	Financial Leverage	资产负债率，期末负债合计除以期末资产总计。
	Return on Asset	总资产收益率，期末税后利润与期末资本总计的比值。
	Account Receivables	应收账款比例，期末应收账款额与主营业务收入的比值。
	Sales Growth	销售收入增长率，当年销售收入增加额除以上年度销售收入。
	Performance Pressure	经营压力，上年度净利润小于零，赋值 Loss 为 1，否则赋值 0。
	State owned Property	产权属性，控股股东为非国有资本赋值 SOE 为 1，否则赋值 0。
	Firm age	上年年份，研究当年和上市当年差值加 1 的自然对数。
	Board Size	董事会规模，董事会内（非）执行董事总人数的自然对数。
	Topholding	最大股东持股比，最大股东持股数与公司流通股总数的比值。
	Duality	两职合一，董事长兼任总经理则赋值 Dual 为 1，否则 0。
	Innerindex	内部控制指数，迪博企业内控指数。
	Extraindex	外部市场指数，王小鲁等编撰的市场化指数。
	ZGindex	用政府的征税监管力度衡量的地区税收征管强度。
	Year	年度固定效应。

第四节　实证检验结果

一、研究数据描述性统计结果

表 6－2 报告了研究数据的描述性统计结果。在 20 600 个公司年度样本观测值中，财务舞弊概率变量（*Fraud*1）和财务舞弊程度变量（*Fraud*2）的均值分别为 0. 089 和 0. 121，标准差分别为 0. 281 和 0. 418，说明财务舞弊在研究样本中是普遍存在的，且不同企业样本的财务舞弊概率和财务舞弊程度存在较大的差异。*Treat* 变量的均值为 0. 550，说明样本中有接近一般的研究样本是在财税〔2018〕70 号文件列示的行业内，具体有 11 440 个研究样本；*Post* 变量的均值为 0. 583，说明有接近一般的样本是在 2018 年以后。*Treat* × *Post* 变量的均值为 0. 325，说明有 6 074 个样本受到财税〔2018〕70 号文件的影响，接近研究样本总数的 1/3。控制变量的统计结果如下：公司规模变量（*Firm Size*）的均值 22. 275，最大值与最小值分别为 27. 435 和 19. 701，说明研究样本间的规

模差距比较明显。资产负债率变量（*Financial Leverage*）的均值为0.422，最大值与最小值分别为0.998和0.014，说明研究样本的总资产中有接近50%来源于负债融资，且负债率最高的企业已经接近100%负债，而这部分企业由于过高的负债而存在较大财务风险。总资产收益率变量（*Return on Asset*）的均值为0.038，说明研究样本的总资产收益率普遍不高，每百元的总资产投入仅能够为企业产生3.80元的利润回报。应收账款比例变量（*Accountant Receivable*）的均值为0.127，说明样本企业每百元的销售收入中有应收账款12.7元。销售收入增长率变量（*Sales Growth*）的均值为0.401，最小值和最大值分别为-0.835和7.702，说明样本企业的销售收入年度平均增长率约为40%，且销售收入成长性较高的企业与成长性较低的企业差异明显，增长较好的企业一年内销售额能够实现7倍的增长，而增长较差的企业却面临着严重的市场萎缩，这些企业通常会有更强的动机进行财务舞弊。经营压力变量（*Performance Pressure*）的均值为0.115，说明上个年度有接近12%的上市公司出现亏损，这些企业通常会有更强的动机进行财务舞弊。产权属性变量（*State owned Property*）的均值0.680，说明研究样本中非国有企业占比2/3，略多于国有企业样本。董事会规模变量（*Board Size*）的均值为2.110，说明样本企业的董事会平均人数维持在9个左右，结果基本符合常识。最大股东持股比例（*Topholding*）的均值33.321，说明中国上市公司具有一股独大的特点。董事长和总经理两职合一变量（*Duality*）的比例为29.6%，说明有超过1/4的样本企业的总经理是由董事长兼任的，说明研究样本存在经营管理权力高度集中的事实。内外部治理指数变量的均值分别为642.473和11.160，最大值和最小值有巨大差距，说明研究样本的内部治理水平和外部市场环境均存在较大的差距。最后，税收征管变量（*ZGindex*）的均值为1.122，标准差为0.207，说明不同地区政府的税收征管力度是不同的。表6-2列示了本章使用到的样本的描述性统计，清晰地呈现出均值、标准差、最小值、中位数和最大值等数据特征。

表6-2　研究数据的描述性统计

变量	均值	标准差	最小值	中位数	最大值	样本量
Fraud1	0.089	0.285	0	0	1	20 600
Fraud2	0.121	0.418	0	0	3	20 600
Treat	0.550	0.497	0	1	1	20 600
Post	0.583	0.493	0	1	1	20 600
Treat × *Post*	0.325	0.468	0	0	1	20 600

续表

变量	均值	标准差	最小值	中位数	最大值	样本量
Firm Size	22. 275	1. 328	19. 701	22. 102	27. 435	20 600
Financial Leverage	0. 422	0. 205	0. 014	0. 411	0. 998	20 600
Return on Asset	0. 038	0. 075	-0. 359	0. 039	0. 224	20 600
Account Receivables	0. 127	0. 109	0. 000	0. 104	0. 813	20 600
Sales Growth	0. 401	1. 048	-0. 835	0. 149	7. 702	20 600
Performance Pressure	0. 115	0. 320	0	0	1	20 600
State owned Property	0. 680	0. 467	0	1	1	20 600
Firm age	2. 151	0. 891	0. 000	2. 303	3. 466	20 600
Board Size	2. 110	0. 198	1. 609	2. 197	2. 708	20 600
Topholding	33. 321	14. 700	0. 290	31. 000	89. 990	20 600
Duality	0. 296	0. 456	0	0	1	20 600
Innerindex	642. 473	104. 141	-694. 670	659. 345	1 040. 070	20 600
Extraindex	11. 160	3. 007	1. 271	11. 527	16. 507	20 600
ZGindex	1. 122	0. 207	0. 032	0. 101	0. 176	20 600

二、双重差分回归检验

本章的核心问题是增值税留抵退税政策能否发挥抑制企业财务舞弊的作用，因此实证关键点是验证模型（6-1）交互项回归系数β_1的显著性情况，β_1显著为负可以说明增值税留抵退税政策能够抑制企业的盈余管理，验证本章的核心问题。表6-3报告了双重差分模型的检验结果，其中解释变量（*Treat* × *Post*）的回归系数β_1用来评价增值税留抵退税政策对企业财务舞弊概率和财务舞弊程度的影响。列（1）和列（2）分别是以财务舞弊概率（*Fraud*1）和财务舞弊程度（*Fraud2*）为被解释变量的研究结果。解释变量（*Treat* × *Post*）的回归系数β_1分别为-0. 243和-0. 274，均通过不低于5%水平的显著性检验，说明受到增值税留抵退税政策影响企业的财务舞弊概率明显更低，财务舞弊程度也明显更轻，这基本验证了本章假设，即增值税留抵退税政策确实能够发挥抑制企业财务舞弊的作用。因为增值税留抵退税政策能够减轻企业的税负程度，通过降低企业资金压力提高财务绩效进而削弱企业管理层的财务舞弊动机，并且通过完善企业内部控制制度，实现了强化企业风险意识，从而约束企业的财务舞弊行为。此外，增值税留抵退税政策能够打破企业管理层采取财务舞弊的合理化粉饰，强调财务舞弊的负面作用而抑制管理层的财务舞弊决策。

从实证结果报告的控制变量来看，公司规模变量（*Firm Size*）、资产负债率（*Financial Leverage*）、应收账款比例变量（*Account Receivables*）、业绩压力（*Performance Pressure*）、国有产权属性变量（*State owned Property*）和公司年份（*Firm age*）等的回归系数显著为正，说明公司规模越大、负债程度越高、应收账款比重越大、经营压力越大和成立年份越久的企业发生财务舞弊的概率更高，财务舞弊的程度也会更加严重。资产收益率（*Return on Asset*）、董事会规模（*Board Size*）、第一大股东持股变量（*Topholding*）和内部控制（*Innerindex*）等变量的回归系数显著为负，说明投资收益率越好、董事会规模越大、内部控制越好企业的财务舞弊行为更不明显，这些控制变量的回归结果基本符合预期，加强了本研究实证结果的科学性。总结本部分实证结果得出结论，增值税留抵退税政策确实能够发挥抑制企业财务舞弊的作用，具体检验结果如表 6－3 所示。

表 6－3　　增值税留抵退税政策与企业财务舞弊的回归结果

变量	*Fraud1*	*Fraud2*
	(1)	(2)
Treat × Post	−0.243**	−0.274***
	(−2.428)	(−2.719)
Firm Size	0.066*	0.058
	(1.802)	(1.524)
Financial Leverage	0.866***	0.945***
	(3.683)	(3.932)
Return on Asset	−3.510***	−3.458***
	(−7.115)	(−7.324)
Account Receivables	0.111	0.033
	(0.307)	(0.092)
Sales Growth	−0.049	−0.047
	(−1.474)	(−1.419)
Performance Pressure	0.429***	0.458***
	(4.497)	(4.847)
State owned Property	0.919***	0.953***
	(8.473)	(8.649)
Firm age	0.418***	0.436***
	(7.058)	(7.067)

续表

变量	*Fraud*1	*Fraud*2
	(1)	(2)
Board Size	-0.428**	-0.447**
	(-2.138)	(-2.217)
Topholding	-0.012***	-0.011***
	(-3.768)	(-3.632)
Duality	-0.024	-0.012
	(-0.306)	(-0.145)
Innerindex	-0.003***	-0.003***
	(-10.047)	(-9.437)
Extraindex	-0.012	-0.015
	(-0.768)	(-0.938)
Constant	-2.286**	N/A
	(-2.470)	N/A
Firm-effected	YES	YES
Year-effected	YES	YES
N	20 600	20 600
Pseudo-R^2	0.115	0.135

注释：括号内的为 t 统计量检验结果，*、**、*** 分别表示 10%、5%、1% 置信水平显著性检验结果。

三、稳健性检验

已有的经济学文献表明，实证检验结果难以避免受到实证模型存在的内生性影响，具体表现在遗漏变量、互为因果和选择性偏误 3 个方面。就遗漏变量而言，虽然模型（6-1）控制了很多影响企业财务舞弊概率和财务舞弊程度的因素，但仍然难免存在少数影响企业财务舞弊的因素未被控制。就互为因果而言，本章讨论的增值税留抵退税政策并非是为了抑制企业财务舞弊而颁布的，政府也不可能因为要抑制企业的财务舞弊行为而特意出台增值税留抵退税政策，因此互为因果的影响在本章相对较弱，可以基本不予讨论。就选择性偏误而言，本章实证研究选择的上市公司样本是存在选择偏误的，虽然这个做法的初衷为了便利地获得研究数据，但这样却导致样本的选择偏误。为了解决本章涉及的内生性问题，我们使用平行趋势讨论、安慰剂检验、倾向得分匹配模型和变更被解释变量估计等方法对表 6 – 3 汇报的结论进行稳健性检验，以此克服模型（6 – 1）的估计偏差进而提高结论可信程度。

1. 平行趋势分析

本章的主要结论是通过使用双向固定效应的双重差分模型得到的，这种模型的优点是能够在一定程度上克服内生性因素干扰，但其必须在满足实验组样本和对照组样本平行趋势假设的前提下，才能实现交互项估计系数解释增值税留抵退税政策对企业财务舞弊的平均处理效应。因此，本章有必要重点讨论模型（6 – 1）中实验组样本和对照组样本的平行趋势情况。与上一章节一样，本章依然参考 Fang 等（2014）的做法，使用事件分析法来检验实验组样本和对照组样本在财税〔2018〕70 号文件发布前后企业财务舞弊概率和财务舞弊程度年度均值的动态差异。从理论上说，财税〔2018〕70 号文件对企业财务舞弊的影响只会发生在该文件实施之后，故在该文件实施前，2 组企业样本的财务舞弊概率和财务舞弊程度的变化趋势不应该存在显著的差异，否则就说明企业财务舞弊的变动受到其他因素的影响，进而难以精确识别财税〔2018〕70 号文件的企业财务舞弊抑制作用。本章首先统计每一个年度内实验组和对照组的财务舞弊概率和财务舞弊程度的平均值，通过勾勒出企业财务舞弊均值在财税〔2018〕70 号文件发布前后的变化来直观检验样本的平行趋势问题。图 6 – 1 展示了本章利用事件研究法测算增值税留抵退税政策实施效果的动态效应，横轴代表标准化年份（本研究以 2018 年为第 0 期，前 3 年分别为 2015 年、2016 年和 2017 年，后 3 年分别是 2019 年、2020 年和 2021 年），纵轴表示企业的财务舞弊概率（左）和财务舞弊程度（右），图中竖虚线代表政策实施时间点。我们可以看到，财税〔2018〕70 号文件发布前 3 期 2 组样本的财务舞弊概率和财务舞弊程度的平均值基本平行，但在 2018 年以后，实验组的财务舞弊概率和财务舞弊程度的降幅明显大于对照组的。图 6 – 1 不仅直观的列示了研究样本基本满足平行趋势假设，也能够从图形上展示增值税留抵退税政策的财务舞弊抑制作用，支持了本章的研究假设。

2. 安慰剂检验

模型（6 – 1）的解释变量是一个交互项，故本章的安慰剂检验可以围绕着 2 个变量单独展开。参考陆菁等（2021）的做法，本章以随机赋值的方法虚拟构建一个实验组（对 Treat 变量展开安慰剂检验）。Treat 是虚拟变量，本章通过统计 Treat 赋值为 1 的个数，然后对 Treat 变量进行随机赋值相同个数的 1 值处理，并重新构建交互项替换模型（6 – 1）中原来的交互项，接着对研究样本

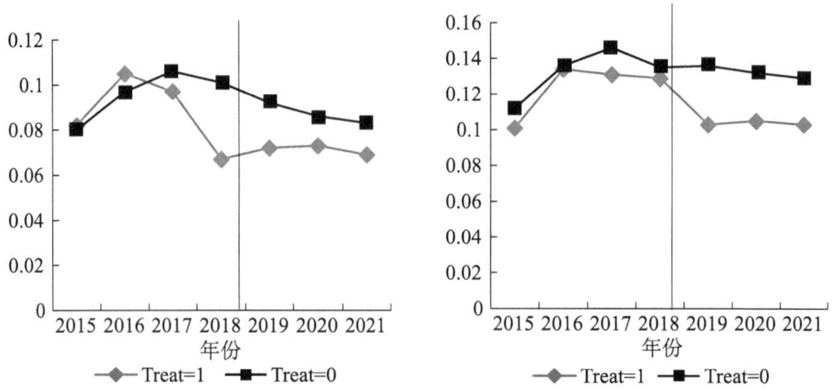

图 6－1　研究样本平行趋势检验图

进行回归检验，交互项的回归系数 β_1 即为随机赋值情况下增值税留抵退税政策对企业财务舞弊的检验结果。若 β_1 不显著，说明随机赋值的研究样本不能支持增值税留抵退税政策抑制企业财务舞弊的结论，进而说明增值税留抵退税政策的财务舞弊抑制作用是在特定情况下产生的。而 β_1 显著为负，则说明增值税留抵退税政策在随机赋值情况下都能够抑制企业的财务舞弊，由此削弱 2018 年发布的财税〔2018〕70 号文件对企业财务舞弊的影响。最后，本章对上述检验过程重复 1 000 次模拟，通过统计结果以排除小概率事件的干扰。图 6－2 描绘了 1 000 次模拟的统计结果。横轴是 t 统计量数值大小，纵轴是检验得到的 t 值出现频数。我们可以发现，1 000 次模拟的 t 统计量统计结果基本服从均值为 0 的正态分布，两端 t 值超过绝对值 1. 650 的样本少于 10%（分别为 85 次和 77 次），由此说明 Treat 变量随机赋值的安慰剂检验结果在 90% 的置信水平上支持结论，达到本研究的稳健性检验要求。

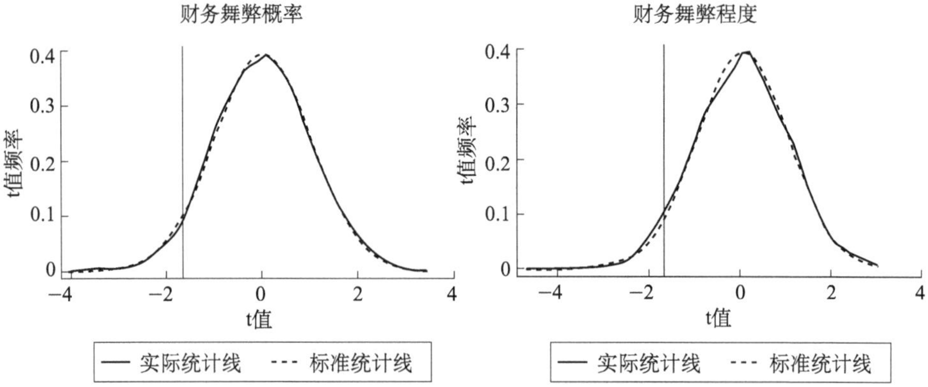

图 6－2　Treat 变量随机赋值的安慰剂检验图

进一步，本章对 Post 变量进行安慰剂检验。参考许红梅和李春涛（2020）的研究方法，本章分别假设增值税留抵退税政策发布于 2017 年和 2019 年，即在 2018 年的前后各一年，那么，Post 变量赋值为 1 就需要向前或者向后 1 年。若 Post 变量在 2017 年被赋值为 1，说明增值税留抵退税政策是在 2017 年推广实施的，若此时模型（6－1）对研究样本的回归后，交互项系数 β_1 依旧显著为负的话，则说明财税〔2018〕70 号文件并不是影响企业财务舞弊的原因，即国家若没有在 2018 年没有发布财税〔2018〕70 号文件，增值税留抵退税政策对实验组和对照组的财务舞弊处理效应依旧十分明显，这就说明本研究讨论的财税〔2018〕70 号文件并不一定是抑制企业财务舞弊的真正因素，由此削弱了本章讨论的增值税留抵退税政策能够抑制企业财务舞弊的结论。同理，2019 年 Post 变量被赋值为 1 时的检验原理也类似。由表 6－4 列（1）—列（4）报告的检验结果发现，2017 年赋值 Post 为 1 的交互项（$Treat \times Post_{-1}$）与 2019 年赋值 Post 为 1 的交互项（$Treat \times Post_{+1}$）的回归系数均不显著，由此排斥增值税留抵退税政策提前和滞后一年对研究结果所造成的后果，说明正是 2018 年国家发布的财税〔2018〕70 号文件发挥了抑制企业财务舞弊的作用，即本章讨论的增值税留抵退税政策确实能够发挥抑制企业财务舞弊的作用，强化研究结论的稳健性，具体检验结果如表 6－4 所示。

表 6－4　　稳健性检验回归结果

变量	*Fraud1*	*Fraud2*	*Fraud1*	*Fraud2*	*Fraud1*	*Fraud2*
	(1)	(2)	(3)	(4)	(5)	(6)
$Treat \times Post_{-1}$	−0.137 (−1.469)	−0.157 (−1.645)				
$Treat \times Post_{+1}$			−0.254 (−0.703)	−0.237 (−0.656)		
$Treat \times Post$					−0.287** (−2.112)	−0.301** (−2.219)
Firm Size	0.074** (1.994)	0.064* (1.690)	0.075** (2.042)	0.066* (1.738)	0.169*** (3.507)	0.154*** (3.180)
Financial Leverage	0.852*** (3.631)	0.930*** (3.879)	0.854*** (3.645)	0.933*** (3.894)	1.039*** (3.429)	1.090*** (3.592)
Return on Asset	−3.336*** (−6.730)	−3.283*** (−6.932)	−3.325*** (−6.705)	−3.267*** (−6.891)	−3.354*** (−4.818)	−3.283*** (−4.986)

续表

变量	*Fraud*1	*Fraud*2	*Fraud*1	*Fraud*2	*Fraud*1	*Fraud*2
	(1)	(2)	(3)	(4)	(5)	(6)
Account Receivables	0. 123	0. 046	0. 081	0. 001	-0. 214	-0. 275
	(0. 340)	(0. 126)	(0. 222)	(0. 001)	(-0. 457)	(-0. 583)
Sales Growth	-0. 049	-0. 048	-0. 051	-0. 049	-0. 037	-0. 036
	(-1. 493)	(-1. 445)	(-1. 538)	(-1. 492)	(-0. 800)	(-0. 767)
Performance Pressure	0. 410 ***	0. 440 ***	0. 410 ***	0. 440 ***	0. 541 ***	0. 578 ***
	(4. 319)	(4. 688)	(4. 314)	(4. 686)	(3. 750)	(4. 080)
State owned Property	0. 919 ***	0. 952 ***	0. 926 ***	0. 961 ***	0. 873 ***	0. 913 ***
	(8. 429)	(8. 601)	(8. 526)	(8. 710)	(6. 446)	(6. 711)
Firm age	0. 408 ***	0. 427 ***	0. 409 ***	0. 428 ***	0. 351 ***	0. 382 ***
	(6. 838)	(6. 874)	(6. 826)	(6. 856)	(4. 587)	(4. 862)
Board Size	-0. 431 **	-0. 450 **	-0. 423 **	-0. 440 **	-0. 649 ***	-0. 630 ***
	(-2. 150)	(-2. 234)	(-2. 110)	(-2. 187)	(-2. 695)	(-2. 671)
Topholding	-0. 011 ***	-0. 011 ***	-0. 011 ***	-0. 011 ***	-0. 014 ***	-0. 013 ***
	(-3. 676)	(-3. 541)	(-3. 621)	(-3. 474)	(-3. 634)	(-3. 367)
Duality	-0. 024	-0. 012	-0. 025	-0. 013	0. 090	0. 112
	(-0. 303)	(-0. 151)	(-0. 310)	(-0. 162)	(0. 918)	(1. 148)
Innerindex	-0. 004 ***	-0. 003 ***	-0. 004 ***	-0. 003 ***	-0. 004 ***	-0. 003 ***
	(-10. 671)	(-9. 917)	(-10. 661)	(-9. 892)	(-7. 931)	(-7. 319)
Extraindex	-0. 010	-0. 014	-0. 011	-0. 015	0. 009	0. 006
	(-0. 658)	(-0. 848)	(-0. 718)	(-0. 911)	(0. 426)	(0. 302)
ZGindex	-0. 303	-0. 654	-0. 234	-0. 736 *	-1. 237 *	-0. 834
	(-0. 889)	(-1. 462)	(-0. 124)	(-1. 887)	(-1. 176)	(-0. 871)
Constant	-1. 908 **	N/A	-1. 906 **	N/A	-3. 342 ***	N/A
	(-2. 045)	N/A	(-2. 043)	N/A	(-2. 966)	N/A
Firm-effected	YES	YES	YES	YES	YES	YES
Year-effected	YES	YES	YES	YES	YES	YES
N	20 597	20 600	20 597	20 600	9 579	9 581
Pseudo-R^2	0. 137	0. 116	0. 138	0. 116	0. 162	0. 136

注释：括号内的为 t 统计量检验结果，*、**、*** 分别表示 10%、5%、1% 置信水平显著性检验结果。

3. 倾向得分匹配

考虑到 2018 年财政部、税务总局联合发布的财税〔2018〕70 号文件仅规定 18 个行业企业能够申请增值税留抵税额的直接退还，而文件规定的 18 个试点行业大部分是国家重点鼓励的先进制造企业或者现代服务类企业，这就造成财税〔2018〕70 号文件的发布和研究行业间存在内生关系，进而削弱了财税〔2018〕70 号文件的外生性，最终导致本章用于检验样本的双重差分模型准自然实验特性被弱化。因为国家通常会立足发展经济、调整产业结构等目的出台优惠政策，这就使得本章用于检验的实验组样本与对照组样本之间存在天然的特征差异，进而削弱增值税留抵退税政策对两组样本的处理效应。本章尝试采用倾向得分匹配模型解决这个问题。因为倾向得分匹配法可以通过选择 2 组特征相近的样本而排除行业等差异对结论的干扰。本章的具体做法如下：首先，根据财税〔2018〕70 号文件发布前一年的企业的财务特征和行业特征（*Firmsize*，*Leverage*，*Salesgrowth*，*Cash* 和 *Industry*）构建一个新的研究样本，为实验组样本选取一组特征更为相似的对照组样本，并重新使用模型（6 - 1）对新选定的样本进行回归检验。由表 6 - 4 列（5）和列（6）报告的结果发现，交互项回归系数依然显著为负，由此说明，在使用倾向得分匹配模型对样本进行选择后，增值税留抵退税政策抑制企业财务舞弊的结论依然成立，由此强化文章结论的稳健性。

第五节　增值税留抵退税政策的作用机理分析

一、增值税留抵退税政策的压力机制：经营绩效

经营绩效，是指企业在一定时期内通过经营活动取得的经济、社会和文化效益的总和，它是用来评价企业经营效果的重要依据。通常而言，企业的经营绩效越好，那么管理层能够得到职位晋升的机会越大，获得的经济回报也会更加丰厚。反之，当企业的经营绩效出现问题时，企业管理层获得的经济回报也会随之受到影响。因此当企业出现经营问题时，管理层就会有天然的动机进行财务舞弊以美化财务报表，即管理层会倾向性地通过虚构财务业绩等财务舞弊措施以实现自身利益最大化目标（孙蔓莉等，2018；许文静等，2018）。增值税留抵退税政策可以通过及时退还企业预缴的增值税进项税而减轻企业当期税负，降低企业的财务费用以提高企业的资金流动性和盈利能力（吴怡俐等，

2021)，最终实现改善企业经营绩效而削弱管理层进行财务舞弊的目标。这也就是说，在经营绩效较差的企业内，企业管理者会迫于业绩压力而具有较强的动机选择财务舞弊，若此时增值税留抵退税政策能够通过及时退还企业预缴的增值税留抵税额发挥抑制企业财务舞弊的作用，那么就可以证明增值税留抵退税政策是通过企业改善经营绩效而发挥作用的猜想，并由此验证了增值税留抵退税发挥作用的压力机制：经营绩效。

本章以总资产收益率和上年度是否亏损作为经营绩效的代理指标展开讨论。总资产收益率反映的是资产投入和效益生成问题，而上年度亏损与否与上市公司股票表现和股份蒸发等紧密相关，这就决定了上述 2 个指标能够较好地衡量企业的经营绩效。本章分别构建交互项（*Treat* × *Post* × *ROA*、*Treat* × *Post* × *Loss*）加入模型（6 - 1），以检验经营业绩情境下增值税留抵退税政策抑制企业财务舞弊的边际作用。表 6 - 5 的列（1）和列（2）、列（3）和列（4）分别报告的是以总资产收益率（*ROA*）和上年度是否亏损（Loss）为调节变量的检验结果，其中，变量 *Treat* × *Post* × *ROA* 的回归系数显著为正，变量 *Treat* × *Post* × *Loss* 的回归系数显著为负，说明在投资回报率越好的企业内，增值税留抵退税政策的财务舞弊抑制作用相对较弱，因为投资回报率越好企业的管理层的业绩压力较小，他们进行财务舞弊的动机就退更弱、发生财务舞弊的程度也会明显更轻，故此时增值税留抵退税政策抑制企业舞弊的作用相对较弱。而在上年度出现亏损的企业内，企业管理层由于面对上市公司被 ST、* ST 甚至退市的影响，具有更强的动机进行财务舞弊，此时企业发生财务舞弊的概率会更高，财务舞弊的程度也会更深。因此，在企业业绩情境下，增值税留抵退税政策能够发挥更大的作用，进而使增值税留抵退税政策与企业财务舞弊之间的关系更加紧密。基于以上分析，我们发现，经营业绩确实会影响增值税留抵退税政策抑制企业财务舞弊的作用，进而验证增值税留抵退税政策发挥用的压力机制：经营绩效。

表 6 - 5　　增值税留抵退税政策、舞弊动机与企业财务舞弊的回归结果

变量	*Fraud*1		*Fraud*2	
	(1)	(2)	(3)	(4)
Treat × *Post*	-0.234** (-2.338)	-0.261*** (-2.608)	-0.274** (-2.571)	-0.279*** (-2.635)
Treat × *Post* × *ROA*	0.538** (2.383)	0.892** (1.995)		

续表

变量	*Fraud*1		*Fraud*2	
	(1)	(2)	(3)	(4)
Treat × Post × Loss			−0.233*** (−2.933)	−0.067* (−1.857)
Firm Size	0.074** (2.001)	0.067* (1.744)	0.072* (1.945)	0.064* (1.670)
Financial Leverage	0.848*** (3.610)	0.913*** (3.804)	0.861*** (3.664)	0.933*** (3.884)
Return on Asset	−3.507*** (−5.644)	−3.805*** (−6.138)	−3.283*** (−6.391)	−3.305*** (−6.604)
Account Receivables	0.122 (0.336)	0.046 (0.126)	0.116 (0.319)	0.041 (0.111)
Sales Growth	−0.050 (−1.496)	−0.048 (−1.454)	−0.050 (−1.496)	−0.048 (−1.445)
Performance Pressure	0.401*** (4.183)	0.420*** (4.415)	0.372*** (3.740)	0.426*** (4.376)
State owned Property	0.918*** (8.435)	0.952*** (8.614)	0.916*** (8.426)	0.950*** (8.601)
Firm age	0.408*** (6.821)	0.426*** (6.836)	0.409*** (6.842)	0.427*** (6.867)
Board Size	−0.433** (−2.162)	−0.456** (−2.262)	−0.431** (−2.152)	−0.451** (−2.239)
Topholding	−0.011*** (−3.702)	−0.011*** (−3.569)	−0.011*** (−3.699)	−0.011*** (−3.568)
Duality	−0.023 (−0.290)	−0.012 (−0.146)	−0.022 (−0.282)	−0.011 (−0.136)
Innerindex	−0.004*** (−10.659)	−0.003*** (−9.932)	−0.004*** (−10.647)	−0.003*** (−9.905)
Extraindex	−0.011 (−0.664)	−0.014 (−0.849)	−0.011 (−0.688)	−0.014 (−0.866)
ZGindex	−0.099 (−0.632)	−0.176 (−0.218)	−0.248* (−1.778)	−0.524 (−0.725)

续表

变量	*Fraud1*		*Fraud2*	
	(1)	(2)	(3)	(4)
Constant	-1.905**	N/A	-1.858**	N/A
	(-2.041)	N/A	(-1.990)	N/A
Firm-effected	YES	YES	YES	YES
Year-effected	YES	YES	YES	YES
N	20 597	20 600	20 597	20 600
Pseudo-R^2	0.139	0.117	0.139	0.117

注释：括号内的为 t 统计量检验结果，*、**、*** 分别表示 10%、5%、1% 置信水平显著性检验结果。

二、增值税留抵退税政策的空间机制：公司治理

公司治理，是一整套用来制衡股东、董事会与管理层权力的制度安排，它可以分为内部治理机制和外部监督机制。通常而言，完善的公司治理机制能够制衡管理层决策，进而抑制管理层滥用职权的败德行为。而在公司治理机制不健全的企业内，管理层具有更大的空间实施财务舞弊决策。因此，公司内外部治理机制是否健全会影响企业的财务舞弊。财政部、税务总局在发布财税〔2018〕70 号文件等有关增值税留抵退税政策时，除了对增值税留抵税额如何退还等作出规定外，还要求各地税务部门对企业的增值税留抵退税申报进行专项核查，以此杜绝企业的弄虚作假行为，避免国家税收流失。因此，企业在申请增值税留抵退税时也会强化自身的治理机制建设，以避免稽查出问题而失去享受优惠政策的机会，即通过强化企业的财务合规和风险控制意识，限制企业因内部治理机制不完善而发生财务舞弊的机会。因此，在公司治理相对欠完善的企业内，管理层因权力缺乏有效制约而能够肆意进行财务舞弊，进而使企业表现出较高概率的财务舞弊和较高程度的财务舞弊，若此时企业因申请增值税留抵税额退还而受到监督，势必会因税务机关的外部监督而约束企业管理者的财务舞弊行为，由此验证增值税留抵退税政策通过抑制管理层的财务舞弊空间而作用于企业财务舞弊的逻辑。反观在公司治理制度健全的企业内，增值税留抵退税政策发挥外部监督对企业的影响相对较弱，进而对企业财务舞弊的抑制作用也相对较轻。

本章利用迪博内部治理指数和市场中介组织的发育和法律制度环境 2 个指数（王小鲁等，2021）来衡量企业的内外部治理机制完善程度，分别构建交互项（*Treat* × *Post* × *Innerindex*、*Treat* × *Post* × *Extraindex*）加入模型（6-1）对研

究样本进行回归，以此验证公司治理情境下增值税留抵退税政策对财务舞弊的边际影响。表6-6的列（1）和列（2）、列（3）和列（4）分别报告的是以内部治理指数（*Innerindex*）和外部治理指数（*Extraindex*）为调节变量的检验结果。表6-6报告的交互项（*Treat* × *Post* × *Innerindex*、*Treat* × *Post* × *Extraindex*）回归系数均显著为正，由此说明公司治理能够发挥抑制增值税留抵退税政策对企业财务舞弊的影响。进一步对检验列（1）和列（2）、列（3）和列（4）交互项系数的组间差异，发现在内外部治理机制更加完善的企业内，增值税留抵退税政策对企业财务舞弊概率和财务舞弊程度的抑制作用相对不明显，而在公司治理机制欠完善的企业样本内更加明显。基于以上分析，我们发现，经营业绩确实会影响增值税留抵退税政策抑制企业财务舞弊的作用，进而验证增值税留抵退税政策发挥作用的压力机制，具体检验结果如表6-6所示。

表6-6　　增值税留抵退税政策、治理机制与企业财务舞弊的回归结果

变量	*Fraud1*		*Fraud2*	
	(1)	(2)	(3)	(4)
Treat × *Post*	-0.319 (-0.837)	-0.540 (-1.492)	-0.809 ** (-2.371)	-0.887 *** (-2.587)
Treat × *Post* × *Innerindex*	0.001 ** (2.234)	0.001 * (1.804)		
Treat × *Post* × *Extraindex*			0.049 * (1.747)	0.052 * (1.884)
Firm Size	0.074 ** (1.993)	0.065 * (1.708)	0.073 ** (1.979)	0.064 * (1.676)
Financial Leverage	0.853 *** (3.637)	0.930 *** (3.883)	0.853 *** (3.641)	0.932 *** (3.894)
Return on Asset	-3.383 *** (-6.804)	-3.363 *** (-7.063)	-3.385 *** (-6.825)	-3.343 *** (-7.060)
Account Receivables	0.119 (0.329)	0.040 (0.107)	0.126 (0.346)	0.045 (0.122)
Sales Growth	-0.049 (-1.489)	-0.047 (-1.425)	-0.048 (-1.455)	-0.047 (-1.407)
Performance Pressure	0.404 *** (4.244)	0.433 *** (4.592)	0.402 *** (4.218)	0.432 *** (4.584)

续表

变量	Fraud1		Fraud2	
	(1)	(2)	(3)	(4)
State owned Property	0. 917 ***	0. 951 ***	0. 916 ***	0. 949 ***
	(8. 427)	(8. 598)	(8. 413)	(8. 587)
Firm age	0. 409 ***	0. 427 ***	0. 410 ***	0. 428 ***
	(6. 835)	(6. 862)	(6. 858)	(6. 889)
Board Size	-0. 433 **	-0. 454 **	-0. 431 **	-0. 451 **
	(-2. 161)	(-2. 253)	(-2. 148)	(-2. 236)
Topholding	-0. 011 ***	-0. 011 ***	-0. 011 ***	-0. 011 ***
	(-3. 707)	(-3. 588)	(-3. 700)	(-3. 569)
Duality	-0. 023	-0. 012	-0. 024	-0. 012
	(-0. 290)	(-0. 144)	(-0. 298)	(-0. 146)
Innerindex	-0. 004 ***	-0. 003 ***	-0. 004 ***	-0. 003 ***
	(-9. 046)	(-8. 670)	(-10. 691)	(-9. 944)
Extraindex	-0. 011	-0. 014	-0. 019	-0. 023
	(-0. 665)	(-0. 848)	(-1. 157)	(-1. 369)
ZGindex	-0. 083	-0. 146	-0. 101	-0. 090
	(-0. 909)	(-1. 241)	(-1. 499)	(-1. 285)
Constant	-1. 871 **	N/A	-1. 826 *	N/A
	(-1. 983)	N/A	(-1. 950)	N/A
Firm-effected	YES	YES	YES	YES
Year-effected	YES	YES	YES	YES
N	20 597	20 600	20 597	20 600
Pseudo-R^2	0. 139	0. 117	0. 139	0. 117

注释：括号内的为 t 统计量检验结果，*、**、*** 分别表示 10%、5%、1% 置信水平显著性检验结果。

三、舞弊合理化：税收征管强度

税收征管，是指税务机关通过制定和执行一系列税收征管和执行政策，对纳税人的纳税情况进行管理、征收和监管的过程。税务机关不同强度的税收征管会使企业受到差异化的外部监督，进而对企业的财务舞弊行为产生差异化的抑制作用。具体而言，受税收征管强度高的企业通常面临着更为严格的外部监督，故企业的合理化粉饰财务舞弊的行为更可能被税务机关稽查到，进而增加企业进行财务舞弊的成本从而抑制企业的财务舞弊行为（李增福等，2021）。反之，受税收征管力度小的企业由于其进行财务舞弊被稽查到的概率较低，且即便被稽查到所承受的成本相对较小，这就使得这些企业会更频繁地以合理化措施粉饰财务舞弊，进而企业更可能发生财务舞弊。增值税留抵退税政策规定企业进行相应的税务申报和记录，并要求税务机关对企业的增值税留抵退税情况进行核查，这就使企业难以有效地隐藏内部信息，抑制了企业以合理化借口进行的财务舞弊。因此，在受税收征管力度较小的企业内，企业管理层更可能采取合理化的措施粉饰其财务舞弊的行为，若此时增值税留抵退税政策能够发挥有效的外部监督，就会抑制企业管理者的合理化粉饰财务舞弊的措施，进而约束企业的财务舞弊行为。反观那些受税收征管力度较大的企业，企业管理层因受到较强的税收征管而主动放弃以合理化粉饰财务舞弊的措施，进而使增值税留抵退税政策难以有机会发挥抑制企业财务舞弊的作用。基于此分析，本章认为，若能从税收征管角度验证增值税留抵退税政策对企业财务舞弊的差异化影响，那么就可以证明增值税留抵退税政策作用机制。

本章借鉴陈德球等（2016）、曾亚敏和张俊生（2009）等做法，以政府税收努力程度①衡量企业受到的税收征管强度，该指数是指税务当局征收全部法定应纳税额的程度，该指标越大，说明当地政府的税收征管力度越大。然后，本章构建交互项（$Treat \times Post \times ZGindex$）以检验税收征管强度情境下增值税留抵退税政策抑制企业财务舞弊的边际作用。由表 6－7 报告的结果可知，主变量（$Treat \times Post$）的回归系数显著为负，说明增值税留抵退税政策能够发挥抑制企业财务舞弊的作用。交互项（$Treat \times Post \times ZGindex$）的回归系数分别为 0.069 和 0.231，通过 5% 水平的显著性检验，说明受税收征管力度较大的企业内，增值税留抵退税政策对财务舞弊的抑制作用相对不明显，而在受税收征管力度较小的企业内，增值税留抵退税政策对财务舞弊的抑制作用更加明显。因为税收征管能够发挥抑制企业财务舞弊的作用，进而使增值税留抵退税抑制企业财务舞弊的边际作用被削弱，因此增值税留抵退税政策在受不同征管力度的企业内有所差异。基于以上分析，我们发现，经营业绩确实会影响增值税留抵退税政策抑制企业财务舞弊的作用，进而验证增值税留抵退税政策发挥用的合

---

① 该指标由模型 $T_{it}/Y_{it} = \alpha + \beta_1 GDP_{it} + \beta_2 IND\_1_{it} + \beta_3 IND\_12_{it} + \varepsilon_{it}$ 估计得到。其中，T_{it} 和 Y_{it} 分别表示某地级市 i 在时期 t 的税收收入和国内生产总值，GDP 表示某地级市对数化人均国内生产总值，IND_11 和 IND_12 分别表示某地级市第一产业产值和第二产业产值占国内生产总值的比重。本书用实际税收负担比率减去理论税收负担比率来衡量税收征管力度，数值越大说明税收征管力度越强。

理化借口机制，具体检验结果如表6－7所示。

表6－7　增值税留抵退税政策、税收征管与企业财务舞弊的回归结果

变量	*Fraud1*	*Fraud2*
	(1)	(2)
Treat × Post	−0.237**	−0.255**
	(−2.361)	(−2.543)
Treat × Post × ZGindex	0.069**	0.231**
	(2.348)	(2.195)
Firm Size	0.071*	0.064*
	(1.929)	(1.694)
Financial Leverage	0.884***	0.944***
	(3.717)	(3.881)
Return on Asset	−3.935***	−3.798***
	(−5.279)	(−5.203)
Account Receivables	0.089	0.012
	(0.245)	(0.032)
Sales Growth	−0.049	−0.048
	(−1.482)	(−1.435)
Performance Pressure	0.394***	0.410***
	(4.119)	(4.300)
State owned Property	0.919***	0.953***
	(8.461)	(8.629)
Firm age	0.405***	0.423***
	(6.715)	(6.761)
Board Size	−0.429**	−0.452**
	(−2.142)	(−2.242)
Topholding	−0.011***	−0.011***
	(−3.671)	(−3.548)
Duality	−0.028	−0.018
	(−0.355)	(−0.220)
Innerindex	−0.004***	−0.003***
	(−10.862)	(−10.127)

续表

变量	*Fraud*1	*Fraud*2
	(1)	(2)
Extrandex	-0.010	-0.014
	(-0.645)	(-0.830)
ZGindex	-0.152	-0.016
	(-0.729)	(-0.076)
Constant	-1.829**	N/A
	(-1.965)	N/A
Firm-effected	YES	YES
Year-effected	YES	YES
N	20 597	20 600
Pseudo-R^2	0.139	0.118

注释：括号内的为t统计量检验结果，*、**、***分别表示10%、5%、1%置信水平显著性检验结果。

第六节　增值税留抵退税政策的作用拓展研究

在验证了增值税留抵退税政策与企业财务舞弊的关系与两者的作用机制后，本章继续从2个方面探索影响增值税留抵退税政策抑制企业财务舞弊的差异化作用：行业特征和产权属性。2011年，财政部与国家税务总局实施增值税留抵退税试点的目的是鼓励先进制造等重点行业，而这些行业本身具有高科技行业特征，这就使得增值税留抵退税政策的财务舞弊抑制作用会受到行业的影响。2020年，增值税留抵退税正式成为国家减税降费的重要政策内容，而减税降费政策主要以扶持中小微型企业为核心，且这部分企业多数是由民营资本所控股的，这就使得增值税留抵退税政策的财务舞弊抑制作用会受到产权属性的影响。基于此，本章选择主要从行业特征和阐述属性展开拓展检验。

一、行业特征：高科技行业和传统行业

高科技行业和传统行业的企业在经营风险、资源依赖和政策支持等方面存在明显的差别，这可能使增值税留抵退税政策抑制财务舞弊的作用有所差异。相比传统行业企业，高科技企业面临的风险明显更大，对于政策的依赖程度也明显更高（杜瑞和李延喜，2018），且政府更热衷于支持绩效相对较好的科技

企业，这就使高科技企业采取财务舞弊措施以获取外部支持的可能性更大，从而造成高科技企业具有更大的财务舞弊压力。此外，高科技企业因业务发展较快则更易造成治理机制失灵，进而导致高科技企业具有充足的财务舞弊空间，并且高科技企业通常具有较好的发展前景，这就使企业管理层以实现企业长期发展的借口而粉饰财务业绩以取得内外部资源的可能性增大。反观传统行业企业，由于业绩相对稳定，成长预期也更加容易预测，加上企业内外部治理机制相对成熟等特点，使传统企业相比高科技企业发生财务舞弊的可能性更低。因此不同类型的企业在受到增值税留抵退税政策影响时，他们的财务舞弊概率和财务舞弊程度会出现一定的差异。具体而言，在高科技企业内，增值税留抵退税发挥降低管理层财务舞弊压力的作用更加明显，约束管理层财务舞弊空间的力度更大，破除管理层利用合理化措施粉饰舞弊的借口效果更佳，进而使增值税留抵退税政策在高科技企业内发挥抑制企业财务舞弊概率和财务舞弊程度的效果更加明显。

为了验证这一结论，我们对研究样本进行分组检验。参照国务院颁布的《关于加快培育和发展战略性新兴产业的决定》规定，本章将研究样本分为2组：高科技企业和传统企业①，其中高科技企业的行业在《关于加快培育和发展战略性新兴产业的决定》目录内。然后利用模型（6－1）对2组样本进行回归检验。表6－8的列（1）和列（3）的报告是高科技企业样本的检验结果，交互项系数（*Treat*×*Post*）分别为－0.299和－0.324，通过5%水平的显著性检验，而列（2）和列（4）报告的是传统企业样本的检验结果，交互项回归系数不显著。上述检验说明，增值税留抵退税抑制企业财务舞弊的作用仅存在于高科技企业内，在传统企业内的作用并不明显。综合上述检验结果可以发现，增值税留抵退税政策抑制企业财务舞弊的作用受行业因素的影响。本章结论支持了产权属性影响增值税留抵退税政策能够发挥抑制企业财务舞弊作用的结论，具体检验结果如表6－8所示。

表6－8　行业特征条件下增值税留抵退税政策与企业财务舞弊的回归结果

变量	*Fraud*1		*Fraud*2	
	（1）高科技行业	（2）传统行业	（3）高科技行业	（4）传统行业
Treat×*Post*	－0.299**	－0.162	－0.324**	－0.174
	（－2.233）	（－0.852）	（－2.438）	（－0.901）

① 高科技行业的定义包括：电子业、医药生物制品业、信息技术业、化学纤维制造业、化学原料及化学制品制造业、仪器仪表及文化和办公用机械制造业等；除高科技行业以外的全部归类为传统行业。

续表

变量	Fraud1		Fraud2	
	（1）高科技行业	（2）传统行业	（3）高科技行业	（4）传统行业
Firm Size	0. 146 ***	-0. 021	0. 130 **	-0. 023
	(2. 763)	(-0. 390)	(2. 389)	(-0. 415)
Financial Leverage	1. 198 ***	0. 361	1. 292 ***	0. 401
	(4. 135)	(0. 962)	(4. 383)	(1. 051)
Return on Asset	-3. 247 ***	-3. 580 ***	-3. 038 ***	-3. 769 ***
	(-5. 038)	(-4. 483)	(-5. 004)	(-4. 844)
Account Receivables	-0. 154	0. 393	-0. 192	0. 228
	(-0. 329)	(0. 682)	(-0. 404)	(0. 389)
Sales Growth	-0. 026	-0. 062	-0. 022	-0. 063
	(-0. 528)	(-1. 412)	(-0. 471)	(-1. 409)
Performance Pressure	0. 459 ***	0. 308 **	0. 510 ***	0. 312 **
	(3. 558)	(2. 144)	(3. 991)	(2. 202)
State owned Property	0. 899 ***	0. 959 ***	0. 942 ***	0. 992 ***
	(5. 926)	(6. 071)	(6. 112)	(6. 155)
Firm age	0. 378 ***	0. 402 ***	0. 410 ***	0. 404 ***
	(4. 907)	(4. 266)	(5. 063)	(4. 201)
Board Size	-0. 457 *	-0. 354	-0. 455 *	-0. 396
	(-1. 814)	(-1. 103)	(-1. 812)	(-1. 206)
Topholding	-0. 012 ***	-0. 010 **	-0. 012 ***	-0. 009 *
	(-3. 216)	(-1. 988)	(-3. 073)	(-1. 887)
Duality	0. 067	-0. 171	0. 079	-0. 160
	(0. 677)	(-1. 292)	(0. 784)	(-1. 172)
Innerindex	-0. 004 ***	-0. 003 ***	-0. 003 ***	-0. 003 ***
	(-8. 226)	(-6. 990)	(-7. 667)	(-6. 480)
Extraindex	-0. 006	-0. 013	-0. 009	-0. 017
	(-0. 286)	(-0. 556)	(-0. 392)	(-0. 690)
ZGindex	-1. 062 *	-0. 847 **	-1. 421 *	-0. 444 **
	(-1. 934)	(-2. 113)	(-1. 736)	(-2. 423)
Constant	-3. 691 ***	0. 048	N/A	N/A
	(-3. 175)	(0. 034)	N/A	N/A

续表

变量	*Fraud*1		*Fraud*2	
	（1）高科技行业	（2）传统行业	（3）高科技行业	（4）传统行业
Firm-effected	YES	YES	YES	YES
Year-effected	YES	YES	YES	YES
N	12 101	8 461	12 136	8 464
$Pseudo\text{-}R^2$	0. 147	0. 136	0. 123	0. 118

注释：括号内的为 t 统计量检验结果，*、**、*** 分别表示 10%、5%、1% 置信水平显著性检验结果。

二、产权属性：民营资本控股和国有资本控股

民营资本控股企业和国有资本控股企业在治理结构、决策逻辑和财务舞弊动机等诸多方面存在明显差别，进而导致增值税留抵退税政策抑制财务舞弊的作用也有所差异。相比国有资本控股企业，民营资本控股企业的管理层通常拥有更大的决策权力，这就奠定了他们拥有更大空间进行财务舞弊决策，民营资本控股企业管理层的经济利益与企业的经营业绩间的关联更加紧密，这就使他们具有更强的动机为谋求私利而进行财务舞弊。此外，民营资本控股企业文化的私有化特征也塑造了它们有别于国有资本控股企业的价值评价标准，使民营资本控股企业的管理层更擅长采取合理化借口粉饰财务舞弊的事实。反观国有资本控股企业的管理层则更可能循规蹈矩、按章办事，且相对宽松的利益绑定使国有资本控股企业的管理层进行财务舞弊谋求私利的动机相对较弱，此外国有资本控股企业的管理层长期受国资委和政府等部门监管，使其更不愿采用合理化借口粉饰财务舞弊的行为。基于以上分析，国有资本控股和民营资本控股这 2 类不同的产权属性造成了企业管理层对财务舞弊的天然差异，从而影响增值税留抵退税政策的实施效果，即在民营资本控股企业内，增值税留抵退税政策发挥降低管理层财务舞弊压力的作用更加明显，约束管理层财务舞弊空间的力度明显更大，破除管理层利用合理化措施粉饰舞弊的借口效果更佳，进而使增值税留抵退税政策在民营资本控股企业内发挥抑制企业财务舞弊概率和财务舞弊程度的效果更加明显，而增值税留抵退税政策的财务舞弊抑制作用在国有资本控股企业内相对不明显。

为了验证这一结论，我们根据企业的产权属性对 2 组样本进行分组并检验。若企业的国有资本控股股权占比超过 50%，则认为该企业是由国有资本控股的，反之，则认为是由民营资本所控股的。文章采用的数据由国泰安上市公

司研究库所提供。由表6-9展示的回归结果发现，列（1）和列（3）报告的是民营资本控股企业样本的解释变量回归系数，分别为-0.233和-0.144，通过1%水平的显著性检验，而列（2）和列（4）报告的是国有资本控股企业样本的解释变量回归系数，分别为-0.111和-0.128，未通过显著性检验，上述结果直观上支持了增值税留抵退税政策的财务舞弊抑制作用在民营资本控制企业内更加明显的结论。综合上述检验结果可以发现，增值税留抵退税抑制企业财务舞弊的作用仅存在于民营资本控股企业内，在国有资本控股企业内不明显。本章结论支持了产权属性影响增值税留抵退税政策能够发挥抑制企业财务舞弊作用的结论，具体检验结果如表6-9所示。

表6-9　　产权属性条件下增值税留抵退税政策与企业财务舞弊的回归结果

变量	*Fraud*1		*Fraud*2	
	（1）民营资本控股	（2）国有资本控股	（3）民营资本控股	（4）国有资本控股
Treat × *Post*	-0.263**	-0.111	-0.295***	-0.128
	(-2.347)	(-0.514)	(-2.633)	(-0.577)
Firm Size	0.123***	-0.038	0.111**	-0.046
	(2.761)	(-0.521)	(2.423)	(-0.622)
Financial Leverage	0.858***	0.530	0.958***	0.530
	(3.203)	(1.168)	(3.491)	(1.157)
Return on Asset	-3.273***	-5.895***	-3.194***	-5.851***
	(-6.025)	(-4.504)	(-6.168)	(-4.626)
Account Receivables	0.206	-0.048	0.116	-0.082
	(0.504)	(-0.059)	(0.278)	(-0.099)
Sales Growth	-0.078**	0.022	-0.074*	0.018
	(-1.967)	(0.387)	(-1.859)	(0.308)
Performance Pressure	0.384***	0.284	0.426***	0.298
	(3.479)	(1.376)	(3.905)	(1.462)
Firm age	0.467***	0.040	0.482***	0.049
	(6.993)	(0.294)	(6.950)	(0.352)
Board Size	-0.646***	0.303	-0.668***	0.341
	(-3.055)	(0.588)	(-3.165)	(0.637)
Topholding	-0.008**	-0.018**	-0.008**	-0.017**
	(-2.438)	(-2.485)	(-2.317)	(-2.459)

续表

变量	Fraud1		Fraud2	
	(1) 民营资本控股	(2) 国有资本控股	(3) 民营资本控股	(4) 国有资本控股
Duality	-0.021 (-0.246)	-0.094 (-0.486)	-0.006 (-0.064)	-0.101 (-0.530)
Innerindex	-0.004*** (-8.954)	-0.003*** (-6.056)	-0.003*** (-8.253)	-0.003*** (-5.822)
Extraindex	0.004 (0.239)	-0.047 (-1.392)	-0.003 (-0.141)	-0.041 (-1.189)
ZGindex	-0.203 (-1.233)	-0.324 (-0.843)	-0.321 (-0.472)	-1.203 (-0.970)
Constant	-1.996* (-1.896)	0.576 (0.292)	N/A N/A	N/A N/A
Firm-effected	YES	YES	YES	YES
Year-effected	YES	YES	YES	YES
N	14 033	6 440	14 036	6 564
Pseudo-R^2	0.139	0.124	0.116	0.111

注释：括号内的为 t 统计量检验结果，*、**、*** 分别表示 10%、5%、1% 置信水平显著性检验结果。

第七节　本章小结

增值税留抵退税政策作为国家推行减税降费政策的重要内容，不仅能够发挥改善企业经营绩效的积极作用，同时也有益于完善企业的公司治理机制，提高企业的公司治理水平。本章对 2015—2021 年的中国上市公司样本展开分析，以财税〔2018〕70 号文件作为增值税留抵退税政策的外生事件，采用双重差分法检验增值税留抵退税政策对企业财务舞弊的影响。本章得到结论如下：增值税留抵退税政策能够发挥抑制企业财务舞弊的积极作用，且这一作用是通过缓解企业管理层的财务舞弊压力、约束企业管理层的财务舞弊空间和削弱企业管理层的财务舞弊合理化粉饰借口来实现的。拓展检验发现，增值税留抵退税的财务舞弊抑制作用在高科技企业和民营资本控股的企业内更加显著。

本章结论有以下启示：第一，政府可以持续推进增值税改革，继续深化落实增值税留抵退税政策，以此契合国家推行减税降费政策引导企业高质量发展的宏观目标。企业的高质量发展不仅包括经营绩效的持续改善，同时也包括内部治理等软性制度因素的优化演进，因此，政府下阶段的增值税改革目标也应同时兼顾2个方面：经营绩效和治理因素。第二，政府的增值税留抵退税改革要重点关注民营资本控股企业和高科技企业的具体诉求。民营资本控股企业和高科技企业是国家实现经济结构转型升级重要推手，增值税留抵退税政策能够更大程度地对这2类企业的经营活动和经营绩效产生积极影响，因此，政府下阶段的增值税改革方向要以有利于民营资本控制企业和高科技企业发展为指导。第三，政府的增值税留抵退税改革要密切配合税收征管措施。有效的税收征管不仅是增值税留抵退税政策发挥作用的重要保障，同时也是完善企业公司治理制度，优化公司治理水平的重要措施。因此，政府下阶段要持续完善税务机关的税收征管制度，通过规范税收征管制度引导企业朝着合法合规的方向发展，最终实现以增值税制度改革推动中国企业公司治理持续优化的长远目标。

第七章 增值税留抵退税政策对企业风险承担的影响

第一节 提出问题

风险承担，是指企业为了获得额外的收益而自愿在经营过程中承担各种不确定性的后果。风险承担能力不仅决定了企业能否承接高风险项目而获得超额的收益，还反映了企业公司治理的有效程度。新古典经济增长理论表明，企业的风险承担能力是其获得超额收益的增函数（Solow，1956；John 等，2008），企业承担的风险越高就能够获得相应越高的收益，额外的风险就伴随着相应的收益。因此，企业要获得高收益就难以避免承担高风险。例如，开展诸如研发投资和并购投资等极具风险的经营活动，而这些活动与企业的风险承担能力又息息相关。在宏观层面，企业的风险承担能力是技术创新和产业结构升级的必要条件，它奠定了宏观经济能否实现高质量发展的基础。在微观层面，企业的风险承担能力是实现企业资源有效配置和高效率投融资活动的重要前提，它提供了微观企业能否实现长期持续发展的保障。因此，企业的风险承担能力是学术界和实业界共同探讨的重要话题。

从已有的文献看，有关企业风险承担能力影响因素的探索集中在财务状况（Acharya 等，2011；李唯滨和李菲，2023）、治理水平（Jin，2002；刘孟飞，2020）和股权激励（李小荣和张瑞君，2014；张瑞君等，2013）等领域。研究发现，财务状况越好、管理水平越高以及行业内市场地位越强势的企业具有更强大的风险承担能力，这就说明良好的经营绩效和完善的治理机制是企业风险承担水平的重要保障。还有学者从产业政策（关黎丽，2023）和法律法规（许江波，2009）等企业外部视角展开探索，发现适度的行业竞争和健全的法律制度能够强化企业应对风险的能力，进而提高企业的风险承担水平。从以上研究发现，企业的内外部因素共同构建起影响企业风险承担能力的因素框架。财务状况较好的企业通常具有充沛的现金流，它们能够有效抵御企业资金匮乏导致的风险，进而降低企业陷入流动性破产的概率。治理水平较高的企业通常能够更加充分地利用资源实现企业的保值增值，这奠定了企业获得丰硕经营成果的基础，降低了企业出现资不抵债的破产风险概率。企业的市场地位不仅决定其能否实现正常利润，还会影响其能否获得超额利润和供应链优势，进而影响企业获得现金流的能力，最终体现在应对风险的能力和获得长期发展的潜力上。行业内剧烈的竞争会加大企业的外部挑战，一方面可能会推动企业创新，增强企业经营绩效而提高应对风险的能力；另一方面也可能冲击企业现有的经营活动，削弱企业的生存能力从而降低其风险承担水平。法律法规是企业实现正常经营活动的基础保障，没有健全的法制基础就没有企业的稳定发展，更不要说企业具有较强的应对各种风险的能力。综合以上的研究发现，影响企业风险承担能力的因素多种多样，但大多数是通过影响企业内部现金流和经营成果来发挥作用的。因此，本章从现金流和经营成果两个维度挖掘提高企业风险承担水平的措施。

从中央“十四五”规划纲要提出的巩固拓展减税降费实施效果、降低企业生产经营成本，到党的十九届六中全会提出的防范化解重大风险、激发市场主体活力，再到2021年中央经济工作会议提出实施新一轮的减税降费政策，接着2022年国务院发布的《政府工作报告》提出实施新的组合式税费支持政策帮助企业减负纾困，最后到党的二十大报告提出经济高质量发展要求以优化税制结构和加大税收等为调节方法，确保实现经济结构转型升级的目标。上述文件表明，最近几年国家一直致力于推行减税降费组合政策，以此提高企业应对各类经营风险的能力，实现企业高质量持续发展的目标。增值税是我国最大的税种，自设立以来就发挥着影响我国企业经营活动的作用，并且增值税制度的每一次改革都会影响企业的税务处理方式和税赋承担程度，进而对企业的经营决策产生深远的影响。增值税留抵退税是近10年来增值税改革的重要内容，它通过向企业直接退还预缴的增值税进项税额来发挥减轻企业税费负担的作用，进而对企业的经营活动产生积极影响。谢雁翔等（2022）的研究发现，增值税留抵退税政策会影响企业的投资策略，即增值税留抵退税政策通过向企业直接退还预缴的留抵税额而推动企业的投资活动，最终以实现改善企业经营绩效为目的。朱颖等（2023）利用中国A股上市公司数据展开研究，发现增值税留抵退税政策会通过及时返还企业预缴的增值税进项税额而推动企业的数字化转型，最终引导企业优化管理制度、提高经营管理水平，实现经营绩效的持续改善。

增值税留抵退税政策直接将企业预缴的增值税留抵税额予以直接退还的处

理方式，这对企业而言可以直接获得一笔货币资金，有助于充盈企业的货币资金存量，强化企业应对各类风险的能力。一方面，增值税留抵税额的直接退还会增加企业掌握的现金资源，这有利于提高企业应对流动性风险的能力；另一方面，增值税留抵税额的直接退还会降低企业对资金的诉求，通过降低财务费用而提高企业应对资不抵债的能力。因此，增值税留抵退税政策对企业的作用不仅是改善经营绩效和充盈内现金流，还可以在提升企业风险承担方面发挥作用。本章对 2015—2021 年中国沪深 A 股上市公司展开研究，以财税〔2018〕70 号文件作为国家进行增值税留抵税额改革的标志性事件，通过系统的理论分析和严谨的实证检验探索增值税留抵退税政策对企业风险承担的影响问题，并进一步探明增值税留抵退税政策发挥作用的机理以及边际条件，为深入解释增值税留抵退税政策为何会作用于企业的风险承担以及这些作用是否在特殊环境下存在差异化影响作出解释。

第二节　增值税留抵退税政策与企业风险承担

增值税留抵退税政策通过直接向企业退还预缴的增值税留抵税额来实现改善企业内部现金流、降低企业融资成本和避免企业陷入税收违规的风险，进而影响企业的风险承担。具体表现在以下 3 个方面。

第一，增值税留抵退税政策要求税务机关直接向企业退还预缴的增值税留抵税额，进而发挥改善企业内部现金流的作用，最终实现降低企业陷入流动性破产，进而提高企业的风险承担能力。增值税留抵退税政策规定企业可以申请退还在购买进口原材料或购买固定资产时预缴的增值税进项税额，这会直接增加企业可用的内部现金资源，降低企业因现金流枯竭陷入流动性破产的概率，提升企业应对各类经营风险的能力，并且增值税留抵退税政策允许企业将已经回收的增值税留抵税额用于生产经营，而不再被税务机关无偿占用，这直接增强了企业开展经营活动的能力，进而帮助企业获得经营成果，这显然也有助于提升企业应对风险的能力，此外增值税留抵退税政策解决企业购买原材料和机器设备而产生增值税留抵的后顾之忧，鼓励企业进行诸如采购原材料、研发新产品和市场推广等经营活动，提高企业的经营活力以及强化其应对风险的能力。最后，增值税留抵退税政策通过及时退还企业预缴的增值税进项留抵税额增强企业应对外部冲击、市场波动和经济衰退等突发情况的能力，进而提高企业的风险承担能力。

第二，增值税留抵退税政策会直接向企业退还预缴的增值税留抵税额，通过减少财务费用而降低企业出现资不抵债的概率，进而提高企业应对风险的能力。增值税留抵退税政策会将预缴的留抵税额直接退还给企业，这会提高企业可直接使用的现金资产规模，减少企业因负债融资所要承担的财务费用，降低企业由于过高财务成本而导致破产的风险，进而强化企业应对风险的能力，并且增值税留抵退税政策可以减少企业在原材料采购和投资方面预付的增值税进项税额，减少企业为经营活动募集的资金总额，进而通过降低营运资本财务费用来改善企业经营绩效，实现提高企业应对风险的能力。另外，增值税留抵退税政策能够提高企业利用留抵退税资金的使用效率，即通过合理规划和利用退税资金，减少资金的闲置和占用，这有助于企业降低资金压力、缓解企业的流动性风险。最后，增值税留抵退税政策能够强化企业的项目投资能力，即企业利用收到的增值税留抵税额进行新产品研发、技术升级、市场拓展等投资活动，最终提高企业的竞争力和增长潜力，进而降低市场风险和技术风险，提高企业的风险承担水平。

第三，增值税留抵退税政策强调对企业的纳税情况进行监督，这有助于强化企业的纳税合规程度，降低企业的舞弊概率，进而提高企业的风险承担水平。增值税留抵退税政策要求企业在享受政策前必须遵守相关的税法和规定，对于不遵守税法相关规定的企业采取剥夺享受增值税留抵退还优惠政策权利的方法，这显然会提高企业遵纪守法诚信经营以降低违约风险的概率，并且企业在申请增值税留抵退税时会尽量保证其合规申报，避免税务机关额外的税务稽查和审计，降低企业因稽查而受到巨额罚款、资产冻结等惩罚性措施，降低企业陷入潜在经营风险的机率，并由此提升企业的风险应对能力。

基于以上分析，本章认为，增值税留抵退税政策能够发挥提升企业风险承担水平的作用。

第三节　研究方案

一、数据来源与样本选择

我们搜集 2015—2021 年中国 A 股上市公司数据展开增值税留抵退税政策

与企业风险承担间的关系研究。为了确保研究数据能够直接使用，本章对 CSMAR 数据库提供的原始数据进行如下步骤处理：第一，剔除银行、证券和保险公司等金融类上市公司样本；第二，剔除被标记 ST、*ST 和 PT 的上市公司样本；第三，剔除变量数据缺失或数据异常的上市公司样本（例如，总资产回报率大于 1 的样本，资产负债率不在 0—1 区间内的样本）；第四，剔除受到 2016 年及以前增值税留抵退税政策试点影响的行业的上市公司样本（例如，集成电路、大型客机和新支线飞机等行业）；第五，剔除季度资产收益率观测值少于 3 个的上市公司当年样本（无法计算出风险承担指标的数据）。为了控制极端值对实证结果的影响，本章对所有的连续变量进行 1% 和 99% 水平的缩尾处理。最终，经过上述步骤处理，获得 2 785 个公司合计 15 424 条的观测值。本章的数据处理软件为 STATA 14.0 和 EXCEL。

二、模型设计和变量说明

为了验证增值税留抵退税政策对企业风险承担能力的影响，本章参考已有的研究方法构建实证如下模型展开研究：

$$Risktaking_{it} = \beta_0 + \beta_1\ Treat_i \times Post_t + \Sigma Control_{it} + \varepsilon_{it} \qquad (7-1)$$

Risktaking 是模型（7 - 1）的被解释变量，用来衡量企业的风险承担能力。本章借鉴 Ljungqvist 等（2017）、何瑛等（2019）的做法，以经过行业调整和季度调整第 t 年的第 1 季度—第 4 季度的总资产收益率的标准差来衡量企业的风险承担水平。*Risktaking* 变量的具体计算方法见模型（7 - 2）—模型（7 - 4）。首先，本章将企业当年每个季度的资产收益率（ROA）减去该企业所属行业的季度资产收益率的均值，得到经过行业调整的资产收益率，即模型（7 - 2）。然后，取上述经过行业调整的季度资产收益率与企业前一年相同季度经过行业调整的资产收益率的差值，由此得到企业经过季度调整和行业调整的资产收益率，即模型（7 - 3）。最后，本章以当年该企业经过季度调整和行业调整的季度资产收益率的标准差来衡量当年的风险承担水平，即模型（7 - 4）。若总资产收益率的标准差越大，则说明企业能够承受更大的收益率波动幅度，这样就能够反映出企业具有更高的风险承担水平。

$$Adj\_Ind\_ROA_{i,q,t} = \frac{Ni_{i,q,t}}{Asset_{i,q,t}} - \frac{\sum Ni_{i,q,t}}{X \times Asset_{i,1,t}} \qquad (7-2)$$

$$Adj\_Ind\_S\_ROA_{i,q,t} = Adj\_Ind\_ROA_{i,q,t} - Adj\_Ind\_ROA_{i,q,t-1} \qquad (7-3)$$

$$Risktaking_{i,t} = \sqrt{\frac{\sum \frac{Adj\_Ind\_S\_ROA_{i,q,t-1}}{Q \times \sum Adj\_Ind\_S\_ROA_{i,q,t}}}{Q-1}} \quad (7-4)$$

本章采用季度 ROA 来计算企业风险承担水平的优势在于 2 个方面。第一，季度数据相对于年度数据而言出现的频率更高，本章通过其波动性更有效地反映企业的总体财务风险；第二，与股票收益率的波动性相比，企业总资产收益率的波动性能够更加直接地反映企业经营层面的风险承担程度，并且该指标能够较少被投资者情绪以及其他公开信息的因素所干扰。此外，参考何瑛等（2019）对于量纲的处理方法，本章将模型（7－4）中构建的指标乘以 100 后得到后续分析中所使用的 *Risktaking* 数据，这种处理方式可以增加实证结果的直观性，但对回归结果的统计显著性和经济显著性没有任何影响，即所有被解释变量放大 100 倍的影响会在模型（7－1）回归中被消除，故这样处理并不对研究结果造成影响。

$Treat_i \times Post_t$是模型（7－1）的解释变量，用来测度增值税留抵退税政策对企业风险承担水平的影响效果。由于该变量的构建方法以及涵义等均在本书第五章进行了详细介绍，故在此不再重复介绍。

$\sum Control$ 是模型（7－1）中的所有控制变量，本章参考 Langenmaryr 和 Lester（2018）的方法，选择企业规模（*Firmsize*）、资产负债率（*Leverage*）、总资产收益率（*ROA*）、销售收入增长率（*Salesgrowth*）、产权属性（*SOE*）、董事会规模（*Boardsize*）、第一大股东持股比例（*TOP*1）和董事长兼任总经理（*Dual*）等作为模型（7－1）的控制变量。下标 i 代表企业，下标 t 代表年度，ε 是模型（7－1）的随机扰动项。为了克服回归中可能存在的内生性问题，本章对所有的控制变量进行滞后一期处理。此外，考虑到企业风险承担水平在时间序列上可能存在的差异，本章研究特地控制了年度固定效应，并同时在模型（7－1）加入企业个体层面的固定效应变量，以此控制企业个体层面的不变因素对企业风险承担水平的影响。表 7－1 列示的是模型（7－1）中所有变量的类型、符号和定义。

表 7－1　　变量类型、变量符号和变量定义

变量类型	变量符号	变量定义
被解释变量	*Risjtaking*	风险承担水平。经过季度和行业调整的第 t 年的第 1 季度—第 4 季度资产收益率（ROA）的标准差，由模型（7－2）—模型（7－4）逐步计算得到。

续表

变量类型	变量符号	变量定义
解释变量	*Treat* × *Post*	交互项，增值税留抵退税政策对企业风险承担水平的影响。
控制变量	*Firmsize*	企业规模，期末资产总计的自然对数。
	Leverage	资产负债率，期末负债合计与期末资产总计的比值。
	ROA	总资产收益率，期末息税前利润与期末资本总计的比值。
	Salesgrowth	销售收入增长率，当年销售收入增加额与上年度销售收入的比值。
	SOE	产权属性，控股股东为非国有资本赋值 SOE 为 1，否则赋值 0。
	Boardsize	董事会规模，董事会内（非）执行董事人数的自然对数。
	BIG	第一大股东持股比，第一大股东持股数与公司流通股总数的比值。
	Dual	两职合一，董事长兼任总经理则赋值 Dual 为 1，否则赋值 0。

第四节　实证检验结果

一、数据描述性统计结果

表 7 - 2 报告了研究数据的描述性统计结果。在 15 424 个公司年度样本观测值中，企业风险承担水平变量（*Risktaking*）的均值为 0. 028，标准差为 0. 032，说明每个企业承担着不同程度的风险。Treat 变量的均值为 0. 495，说明有接近 1/2 的研究样本是在财税〔2018〕70 号文件列示的行业内，具体有 7 635 个研究样本；Post 变量的均值为 0. 582，说明有超过 1/2 的研究样本是在 2018 年以后。Treat × Post 变量的均值为 0. 292，说明有 4 503 个样本受到增值税留抵退税政策的影响，接近研究样本总数的 1/3。本章研究的控制变量统计结果如下：公司规模变量（*Firmsize*）的均值 22. 569，最大值与最小值分别为 26. 405 和 19. 819，说明研究样本间的规模差距比较明显。资产负债率变量（*Leverage*）的均值为 0. 446，最大值与最小值分别为 0. 998 和 0. 014，说明研究样本的总资产中有接近 1/2 来源于负债融资，并且负债率最高的企业已经接近 100% 负债，这部分研究样本由于过高的负债而存在较大的财务风险。总资产收益率变量（ROA）的均值为 0. 037，说明研究样本的总资产收益率普遍不高，每 100 元的总资产投入仅仅能够为企业带来 3. 7 元的息税前利润回报。销售收入增长率变量（*Salesgrowth*）的均值为 0. 393，最小值和最大值分别为 - 0. 791 和 8. 483，说明研究样本的销售收入年度平均增长率约为 40%，且成长性较高

企业与成长性较低企业的差异十分明显。通常而言，成长性较好的企业承担风险能力的能力越强。产权属性变量（SOE）的均值0.596，说明研究样本中非国有控股企业略多于国有控股企业。董事会规模变量（*Boardsize*）的均值为2.129，说明研究样本企业的平均董事会成员为9名，与常识基本相符。第一大股东持股比例变量（*BIG*）的均值34.618，说明研究样本中第一大股东持股比例超过1/3，他们在企业的重大事项决策中有一票否决的权力；董事长兼任总经理变量（*Dual*）的均值为0.247，说明有接近1/4研究样本的总经理是由董事长兼任的，这符合中国企业存在经营管理权力高度集中的事实。表7－2报告了本研究所有变量的描述性统计结果。

表7－2　　研究数据统计结果

变量	均值	标准差	最小值	中位数	最大值	样本数
Risktaking	0.028	0.032	0.001	0.018	0.185	15 424
Treat	0.495	0.500	0	0	1	15 424
Post	0.582	0.493	0	1	1	15 424
Treat × *Post*	0.292	0.454	0	0	1	15 424
Firmsize	22.569	1.315	19.819	22.408	26.405	15 424
Leverage	0.446	0.198	0.014	0.441	0.998	15 424
ROA	0.037	0.064	−0.240	0.035	0.214	15 424
Salesgrowth	0.393	1.111	−0.791	0.138	8.483	15 424
SOE	0.596	0.491	0	1	1	15 424
Boardsize	2.129	0.197	1.609	2.197	2.708	15 424
BIG	34.618	15.048	0.290	32.320	89.990	15 424
Dual	0.247	0.431	0	0	1	15 424

二、增值税留抵退税政策与企业风险承担的回归结果

本章的核心问题是探讨增值税留抵退税政策与企业风险承担之间的内在关系，根据理论分析，实证模型（7－1）检验后要得到交互项回归系数β_1显著为正的结果，由此可以证实增值税留抵退税政策能够发挥提升企业风险承担水平的结论。在具体检验过程中，首先，本研究利用单变量均值检验方法验证实验组样本和控制组样本在财税〔2018〕70号文件出台前后企业风险承担均值的差异。表7－3的列（1）—列（4）分别给出了实验组样本和控制组样本在增值税留抵退税政策实施后的风险承担均值，通过对2组样本的风险承担变量均值

相减发现，财税〔2018〕70 号文件出台后，列（5）和列（6）的实验组样本和对照组样本的风险承担变量均值分别提高了 0.007 和 0.004，且都在 1% 显著性水平上通过检验，说明增值税留抵退税政策确实提高了企业的风险承担水平。列（7）是实验组样本和对照组样本的风险承担增量的差值，它反映的是增值税留抵退税政策对实验组样本和对照组样本风险承担的差异化作用。我们发现，企业风险承担变量的均值在经过双重差分后能够在 1% 水平上显著为正，这就说明相对于对照组样本而言，增值税留抵退税政策提高企业风险承担水平的效果在实验组内更加显著，由此初步验证研究假设。

表 7－3　增值税留抵退税政策与企业风险承担的单变量结果

变量	实验组		对照组		Difference		DID
	列（1）	列（2）	列（3）	列（4）	列（5）	列（6）	列（7）
Risktaking	0.026	0.033	0.024	0.028	0.007***	0.004***	0.003***
N	3 145	4 497	3 297	4 485			

注释：列（5）是列（2）和列（1）的差值，列（6）是列（4）和列（3）的差值，列 7 是列（5）和列（6）的差值。

在完成核心单变量均值检验后，本章接着对研究样本进行多元回归检验，表 7－4 列示了检验结果。列（1）是增值税留抵退税政策变量对风险承担水平变量的直接回归，*Treat* × *Post* 的回归系数为 0.010，通过 1% 水平的显著性检验，说明增值税留抵退税政策能够发挥提升企业风险承担水平的作用。列（2）是控制了部分影响企业风险承担水平因素后的检验结果，*Treat* × *Post* 的回归系数为 0.002，同样通过 1% 水平的显著性检验，说明在控制了部分影响企业风险承担水平的因素后，回归系数的数值和显著性虽都有下降，但仍然支持研究结论，即增值税留抵退税政策确实能够发挥提升企业风险承担水平的作用。从实证结果报告的控制变量来看，资产负债率变量（*Leverage*）的回归系数显著为负，说明负债比率越高企业的风险承担能力明显越低，因为这类企业需要履行还本付息的义务。国有产权属性变量（*SOE*）的回归系数显著为负，说明民营资本控股企业的风险承担能力明显要低于国有资本控股企业，这主要体现在国有资本控股企业能够更加便捷地从外界获得融资以及它们更可能获得政府垄断资源和项目的支持。第一大股东持股变量（*BIG*）和董事长兼任总经理变量（*Dual*）的回归系数显著为负，说明内部缺乏制约的公司治理机制是削弱企业风险承担能力的重要因素。公司规模变量（*Firmsize*）的回归系数显著为正，说明规模越大的企业具有更强的风险承担能力，因为规模大的企业不仅更容易获得外部融资，而且也可以通过变卖资产等方式来应对临时风险。资产收益率变量（*ROA*）的回归系数显著为正，销售收入增长率变量（*Salesgrowth*）的回归系数显著为0.001，通过1%的显著性水平，说明投资收益率更好、成长速度更快的企业具有更强的风险承担能力，因为它们能够利用经营活动获得利润补偿以应对经营风险。董事会规模变量（*Boardsize*）的回归系数不显著，说明在本研究中，董事会规模对于企业承担风险的水平并不造成影响。本章通过分析回归控制变量得到与前人基本一致的结论，这加强了研究结论的准确性。总结以上分析得出结论，增值税留抵退税政策确实能够发挥提升企业风险承担水平的作用。具体检验结果如表7-4所示。

表7-4　增值税留抵退税政策与企业风险承担的回归结果

变量	*Risktaking*1	*Risktaking*2
	(1)	(2)
Treat × Post	0.010*** (16.958)	0.002*** (3.109)
Firmsize		0.013*** (17.395)
Leverage		-0.022*** (-7.956)
ROA		0.168*** (36.356)
Salesgrowth		0.001*** (2.839)
SOE		-0.005*** (-3.039)
Boardsize		-0.001 (-0.230)
BIG		-0.000*** (-4.193)
Dual		-0.002*** (-2.755)
Constant	0.025*** (94.443)	0.289*** (15.046)

续表

变量	*Risktaking*1	*Risktaking*2
	(1)	(2)
Firm-effected	未控制	控制
Year-effected	未控制	控制
观测值	15 424	15 424
调整 R^2	-0.193	0.028

注释：括号内的为 t 统计量检验结果，*** 表示 1% 置信水平显著性检验结果。

三、稳健性检验

1. 平行趋势检验

表 7-4 报告的双重差分回归结果说明财政部与国家税务总局联合发布的财税〔2018〕70 号文件能够发挥提升企业风险承担水平的作用，但是双重差分模型实证结果的稳健性需要以实验组样本和对照组样本的数据平行趋势为前提，否则双重差分模型的交互项系数就难以有效解释增值税留抵退税政策提升企业风险承担水平的平均处理作用，即实验组样本与对照组样本的数据不满足平行趋势假设，就不能推断出财税〔2018〕70 号文件与企业风险承担水平之间的联系，由此削弱了本章结论的稳健性。为此，本章需要重点讨论实验组样本和对照组样本的数据平行趋势问题。参考 Fang 等（2014）的做法，本章使用事件分析法来检验实验组样本和对照组样本在财税〔2018〕70 号文件发布前后风险承担水平的动态变化情况。如果表 7-3 的结论是真实存在的，那么增值税留抵退税政策对企业风险承担水平的提升作用只会发生在财税〔2018〕70 号文件发布之后，而在财税〔2018〕70 号文件发布前对照组样本和实验组样本的风险承担水平差值变化不应该有明显差异。为提高研究结论的真实性，本章做了如下的处理。首先，我们统计了每一个年度内实验组样本和对照组样本的风险承担水平均值，然后通过相减得到一个均值差值，接着考察这个均值差值的变化是否保持平衡。若财税〔2018〕70 号文件发布前 2 组样本的风险承担均值差值变化较大，则说明实验组样本和对照组样本即使没有受到财税〔2018〕70 号文件的影响也会自发地产生差异，由此削弱了增值税留抵退税政策对实验组样本风险承担均值的处理效应。若财税〔2018〕70 号文件发布后 2 组样本的风险承担水平均值差值变化较小，那么就难以验证增值税留抵退税政策对企业风险承担水平具有明显的提升作用。图 7-1 展示了本章利用事件研

究法对财税〔2018〕70号文件作用的动态估计效应，横轴代表标准化年份（本研究以2018年为第0期，前3年分别为2015年、2016年和2017年，后3年分别为2019年、2020年和2021年），纵轴表示实验组和对照组样本的风险承担水平均值检验的t值，若t值的绝对值大于1.650，就可以说明2组样本的风险承担均值出现较大的差异，而t值的绝对值小于1.650，则说明2组样本的风险承担均值变化并没有明显的区别。从图7－1可以清晰看出，财税〔2018〕70号文件发布前3期2组样本的风险承担水平变动相对较小，t值基本位于均值为0的区间，但文件出台后3期2组样本的风险承担水平均值变化就相对较大，这说明了财税〔2018〕70号文件确实对企业风险承担水平产生巨大的影响，由此强化了增值税留抵退税政策提升企业风险承担水平的结论。最终，本部分检验验证了研究数据的平行趋势前提，增强了研究结论的稳健性，具体如图7－1所示。

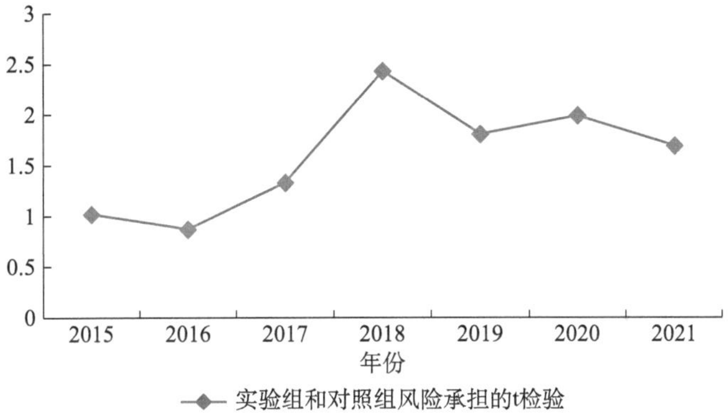

图7－1　平行趋势检验图

2. 安慰剂检验

本章的解释变量是一个交互项，故安慰剂检验可以围绕着两个单独变量各自展开。参考陆菁等（2021）的做法，本章以随机赋值的方法虚拟构建一个实验组。Treat是一个虚拟变量，反映的是企业是否受到财税〔2018〕70号文件的影响，即增值税留抵退税政策能否影响企业的风险承担水平。本章的具体检验过程如下：首先，我们统计Treat被赋值为1的样本数，然后对Treat变量随机赋值与刚才统计得到的相同个数的“1”值，并重新构建交互项替换模型（7－1）中原有的交互项并进行回归，获得的交互项回归系数β_1即为Treat变量在随机赋值情况下增值税留抵退税政策对企业风险承担水平的检验结果。若实证检验得到的回归系数β_1不显著或者正显著，说明随机赋值的研究样本在双重差分模型检验下不能支持增值税留抵退税政策提升企业风险承担的结论。反之，若回归系数 β_1 显著为负，那么说明增值税留抵退税政策在随机赋值情况下仍然能够发挥提高企业风险承担水平的作用，由此削弱了财政部与国家税务总局联合发布的财税〔2018〕70 号文件对企业风险承担水平的提升作用。最后，本章对上述过程重复 1 000 次模拟，并通过统计这 1 000 次模拟结果中的回归系数 β_1 显著的检验结果次数，若次数少于 100 次，则说明随机赋值情境下增值税留抵退税政策基本不对企业的风险承担水平产生影响，由此证实本章的检验结果基本满足检验要求，即增值税留抵退税政策提高企业风险承担水平的结论是在既定条件下存在的。图 7 - 2 描绘了 1 000 次模拟的统计结果。横轴是 t 统计量数值大小，纵轴是解释变量 t 值的频数。我们可以发现，1 000 次模拟的 t 统计量基本服从以 0 为均值的正态分布，图片两端 t 值超过绝对值 1. 650 的样本之和少于 100（分别为 36 次和 47 次），由此说明 Treat 变量随机赋值的安慰剂检验结果在 90% 的置信水平上支持结论，这增强了本章检验结果的稳健性，具体如图 7 - 2 所示。

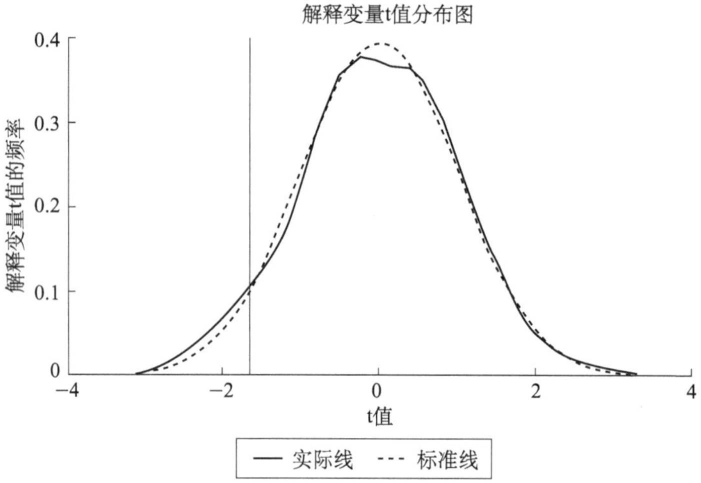

图 7 - 2　Treat 变量随机赋值的安慰剂检验图

然后，本章对 Post 变量进行安慰剂检验。参考许红梅和李春涛（2020）的研究方法，本章分别假设增值税留抵退税政策发布于 2017 年和 2019 年，即在 2018 年的前后各一年，那么，Post 变量赋值为 1 会向前或者向后 1 年。若 Post 在 2017 年赋值为 1，说明增值税留抵退税政策是 2017 年颁布的，若此时研究数据在模型（7 - 1）回归后交互项系数依旧显著为正，则说明即便 2018 年没有发布财税〔2018〕70 号文件，增值税留抵退税政策对实验组和对照组的风险承担水平的处理效应依旧十分明显，进而证实本章讨论的财税〔2018〕70号文件并非是真正促进企业风险承担水平的因素。同理，2019年Post赋值为1时的检验原理也类似。由表7－5列（1）和列（2）报告的检验结果发现，2017年赋值Post为1的交互项（$Treat \times Post_{-1}$）与2019年赋值Post为1的交互项（$Treat \times Post_{+1}$）的回归系数均不显著，由此排除国家在2017年和2019年发布类似增值税留抵退税相关政策对企业风险承担的影响，进而提高财政部与国家税务总局联合发布的财税〔2018〕70号文件发挥提高企业风险承担作用的可信度，最终强化了研究结论的可信性。

3. 考虑增值税改革的影响

为了进一步提高研究结论的稳健性，本章还考虑了增值税税制改革对研究结果的影响，即考虑营业税改增值税事件是否会影响财税〔2018〕70号文件对企业风险承担的提升作用。虽然营业税改增值税并不会影响企业的实际税负承担，但是却会影响企业的经营绩效和实际现金资产规模，并且税收政策变更期间税务部门会加强针对企业的税收监督力度，进而对企业发挥外部约束的作用，这些显然都会对企业的风险承担水平产生影响。本章对营业税改增值税期间的研究样本（2016—2019年）进行回归，若模型（7－1）的交互项回归系数依旧显著为正，那么本章的研究结论就会被削弱，即此时增值税留抵退税政策提升企业风险承担水平的结论就难以得到有效支持。表7－5列（3）报告了检验结果，我们发现，在考虑了营业税改增值税对结果的影响后，增值税留抵退税政策提升企业风险承担水平的作用依然存在，即本章结论依然成立。

4. 考虑增值税留抵退税改革时点选取

此外，本章选择的政策时点也会对研究结论产生影响。例如，财政部与国家税务总局联合发布的财税〔2018〕70号文件是2018年6月发布的，但本章却将2018年全年作为增值税留抵退税政策的实施年份，这样处理就将2018年上半年纳入到政策实施后，事实上这部分数据应该反映的是政策实施前，进而造成研究结论稳健性存在质疑。为排除政策发布月份的影响，本章将2018年一整年数据进行删除处理，以2019年作为增值税留抵退税政策实施的第1年，以2017年作为增值税留抵退税政策实施的前一年。表7－5的列（4）报告了检验结果，我们发现，交互项回归系数 β_1 依然显著为正，即在考虑财税〔2018〕70号文件发布时点对结果的影响后，增值税留抵退税政策提升企业风险承担水平的作用依然存在，本研究的结论依然成立。具体检验结果如表7－5所示。

表 7-5　增值税留抵退税政策与企业风险承担的稳健性检验结果

变量	*Risktaking*	*Risktaking*	*Risktaking*	*Risktaking*
	(1)	(2)	(3)	(4)
Treat × Post	0.002**	0.003***	0.002*	0.004***
	(2.216)	(4.254)	(1.814)	(4.179)
Firmsize	-0.013***	-0.013***	-0.023***	-0.012***
	(-17.332)	(-17.327)	(-18.785)	(-14.729)
Leverage	0.022***	0.021***	0.038***	0.017***
	(7.967)	(7.845)	(8.966)	(5.862)
ROA	-0.172***	-0.172***	-0.185***	-0.156***
	(-37.064)	(-37.155)	(-29.266)	(-29.104)
Salesgrowth	0.001**	0.001***	0.000	0.000*
	(2.568)	(2.627)	(1.336)	(1.883)
SOE	-0.005***	-0.005***	-0.006**	-0.006***
	(-3.073)	(-3.012)	(-2.164)	(-3.238)
Boardsize	-0.000	-0.000	-0.000	0.001
	(-0.215)	(-0.175)	(-0.107)	(0.504)
BIG	-0.000***	-0.000***	-0.000	-0.000***
	(-4.090)	(-4.075)	(-0.932)	(-3.633)
Dual	0.002**	0.002***	0.002**	0.002**
	(2.559)	(2.579)	(2.296)	(2.328)
Constant	0.311***	0.311***	0.543***	0.284***
	(19.353)	(19.340)	(19.925)	(16.484)
Firm-effected	控制	控制	控制	控制
Year-effected	控制	控制	控制	控制
观测值	15 424	15 424	9 476	12 889
调整 R^2	0.018	0.019	-0.039	-0.062

注释：括号内的为 t 统计量检验结果，*、**、*** 分别表示 10%、5%、1% 置信水平显著性检验结果。

第五节　增值税留抵退税政策的作用拓展研究

在分析增值税留抵退税政策对企业风险承担能力的提升作用，并验证结论的稳健性后，本章进一步从产权属性、行业特征和经营压力 3 个方面考察增值税留抵退税政策提升企业风险承担水平的差异化作用，由此探究增值税留抵退税政策发挥企业风险承担提升作用的边际条件，进而更深层次地理解增值税留抵退税政策的作用机理。2020 年，增值税留抵退税被国家正式纳入减税降费组合政策的重要内容，而减税降费政策扶持的对象以中小微型企业为主，且这些企业主要是由民营资本控股，进而使得增值税留抵退税政策实质上发挥鼓励民营企业的作用，这是本章选择从产权属性进行探索的原因。2011 年，国家为了鼓励先进制造和高科技行业而在选定的某几个行业内试行增值税留抵退税政策，而选定的行业多为高科技行业，进而使增值税留抵退税政策的扶持对象被天然地贴上高科技的标签，这是本章考虑行业特征作为探索的理由。此外，增值税留抵退税改革的其中一个目标是为了减轻企业的税费负担，进而强化企业的发展动能，这使从企业经营压力的视角探索增值税留抵退税政策的实施效果显得极具意义，本章选择的第三个场景为企业经营压力。

一、产权属性：国有企业与非国有企业

国有企业与非国有企业，因其差异化的控制权归属和经营目标使增值税留抵退税政策在提升企业风险承担水平的作用上存在明显差异。相比非国有企业，国有企业由国家各级国资委控股，其经营决策和风险承担能力天然地受国家各级国资委控股这一特点的影响。一方面，各级国资委是当地政府下属负责管理国有资产的机构，它们的首要经营目标是实现国有资产的保值，其次目标才是增值，故由国资委控股的国有企业的经营策略通常相对保守，它们相比民营企业面临的经营风险也相对较低。另一方面，各级国资委因其政府背景能够为下属的国有企业融资提供便利，这可以降低国有企业因现金枯竭导致流动性破产的概率，进而提高国有企业应对财务风险的能力，并且国有企业的业务需要配合政府的社会管理职能，因此其业务也会更多地受到政府的保护，这样就降低了国有企业经营活动的外部不确定性，也提高了国有企业的风险承担能力。此外，国有企业管理层因职位升迁和薪酬合同制等因素影响，相比自负盈亏的非国有企业管理层更倾向于选择稳健的经营决策。例如，国有企业管理层的创新意愿明显更弱，对于未知领域的探索热情也远低于非国有企业管理层，这就使国有企业的经营活动面临不确定性的可能相对更低，其经营活动受到财务风险程度也相对较低。而非国有企业由于受所有制歧视使其较难从银行等金融机构获得负债融资，即便能够获得融资也需要付出更高的成本，并且非国有

企业在诸多经营领域受非政府产业禁入等限制而只能进入竞争更加激烈的行业，这就要求非国有企业需要进行创新研发以获得竞争优势，这一做法增加了非国有企业的经营风险。基于以上分析，本章认为，国有企业与非国有企业对于风险承担的天然差异会使增值税留抵退税政策在发挥提升企业风险承担作用时有所差异。在非国有企业内，增值税留抵退税政策因其面临较大的经营风险而具有更大的作用发挥空间，即增值税留抵退税政策能够发挥更大的作用以提升非国有企业的风险承担水平；而在国有企业内，增值税留抵退税政策由于发挥作用的空间相对较小，故其对企业风险承担水平的提升作用也相对较小。

为了验证上述结论，本章以国泰安数据库提供的企业产权属性为依据，将研究样本区分为国有控股企业和非国有控股企业，然后利用模型（7－1）对2组样本分别进行检验。结果由表7－6列（1）和列（2）所列示：交互项（Treat × Post）回归系数在非国有企业样本的检验里显著，在国有企业样本里检验不显著，由此说明增值税留抵退税政策对企业风险承担水平的提升作用仅存在于非国有企业内，而在国有企业内不明显。以上结果验证了产权属性会影响增值税留抵退税政策提升企业风险承担的结论，进而证实了财政部与国家税务总局联合发布的财税〔2018〕70号文件对于非国有企业的影响明显大于国有企业的结论，这为下阶段持续优化政策内容提供证据。

二、行业特征：高科技企业与传统企业

高科技企业与传统企业，因其行业特性不同使增值税留抵退税政策在提升企业风险承担水平的作用上存在明显差异。高科技企业通常具有研发投入高、回收周期长以及收益不确定等特点，这就使高科技企业的经营活动存在较高的风险，并且高科技企业管理层在选择经营策略时通常面临更高程度的不确定性，从而使两类企业的管理层面对经营决策和经营风险时表现出差异化的态度。传统企业由于处在相对成熟的行业，其商业模式、产品类型和供应链状况都相对成熟，故传统企业只要按部就班就能够获得预期的收益，其面临的经营风险相对较小。因此，相比传统行业而言，高科技企业需要更加通畅的融资渠道才能应付经营过程中的高风险问题，也需要得到更低成本的资金以支持高风险的创新活动，这就造成高科技企业对增值税留抵退税政策支持的依赖度更大，进而使增值税留抵退税政策直接归还企业预缴的增值税进项税费的作用更加明显。因此，增值税留抵退税政策对两类企业不同影响程度势必造成其对企业风险承担水平的差别化影响。具体来说，在高科技企业内，增值税留抵退税

政策提升企业风险承担水平的效果更加明显；而在传统企业内，增值税留抵退税政策提升企业风险承担的效果则相对不明显。

为了验证上述结论，本章参照国务院颁布的《关于加快培育和发展战略性新兴产业的决定》规定，将研究样本分为高科技企业组和传统企业组，然后利用模型（7－1）对2组样本进行分别回归。结果由表7－6列（3）和列（4）所列示：交互项（Treat×Post）的回归系数在高科技行业样本里显著，在传统行业企业样本里不显著，这验证了增值税留抵退税政策仅能够对高科技企业的风险承担水平产生影响，而对传统企业的风险承担水平不产生影响的结论。以上结果验证了行业特征会影响增值税留抵退税政策提升企业风险承担的结论，进而证实了财政部与国家税务总局联合发布的财税〔2018〕70号文件对于高科技企业的影响明显大于传统行业的结论，这为下阶段持续优化政策内容提供证据。

三、经营压力：经营压力大的企业与经营压力小的企业

企业在经营过程中遇到的经营压力会影响增值税留抵退税政策对企业风险承担的提升作用，进而使增值税留抵退税政策提高企业风险承担的作用因企业是否面临经营压力而有所差异。相比面临经营压力较小的企业，面临经营压力较大企业的经营活动存在更高的经营风险，它们不仅需要面对资不抵债造成的破产风险，还需要应对现金资产枯竭导致的流动性破产。因此，相比经营压力较小的企业，增值税留抵退税政策通过直接退还企业预缴的增值税留抵税额的作用在经营压力较大的企业内更加明显，即增值税留抵退税政策会直接补充企业的现金资产，进而提高企业抵御资不抵债风险和流动性破产风险的能力，并且在企业面临经营压力时，管理层会因感受到经营压力而倾向于选择更加稳健的经营策略。例如，降低新产品的研发投入，减少并购支出，削减企业经营成本和市场拓展花费等。而企业的经营压力通常表现为现金资产流失和存货、预售账款等大量堆积，这不仅直接降低了企业资产的流动性，增加了企业发生流动性破产的概率，还会让利益相关方因对企业失去信心而加速企业经营绩效的恶化。故在企业面临经营压力时，它们通常具有较弱的风险承担能力。此时，若企业能够因增值税留抵退税政策获得预缴的增值税留抵退税额，那么势必会改善企业的资产流动性，进而增强企业应对风险的能力。反之，对于没有经营压力的企业而言，增值税留抵退税政策对企业风险承担水平的提升作用就会相对小很多。

为了验证上述结论，本章将企业上年度出现的亏损定义为企业存在经营压

力，并以此为标准将研究样本分为有业绩压力组和未有业绩压力组，然后利用模型（7－1）对2组样本进行分别回归。文章还将上年度企业的净资产收益率为负定义为企业具有经营压力，因为净资产收益率为负说明企业存在亏损，且《中华人民共和国证券法》规定企业连续2年出现亏损就会被“特别关注”处理，这会影响企业在资本市场的融资等交易活动。反观上年度净资产收益率为正的企业，说明它们能够通过正常的经营活动获得资产保值和增值，这些企业处于正常经营的状态。研究结果由表7－6列（5）和列（6）列示：交互项（Treat×Post）回归系数分别为0.003和0.002，分别通过5%和10%水平的显著性检验，说明增值税留抵退税政策提升企业风险承担的作用在两类企业内都存在。进一步对2组样本的交互项系数进行组间差异检验发现，系数组建差异检验的t值为2.193，说明增值税留抵退税政策提升企业风险承担水平的作用在2组样本间存在明显的差异，即在面临经营压力大的企业内，增值税留抵退税政策提升企业风险承担的作用更加明显，而在企业经营压力小的企业内，增值税留抵退税政策对企业风险承担的作用相对较小。以上结果验证了经营压力的大小会影响增值税留抵退税政策提升企业风险承担的结论，进而证实了财政部与国家税务总局联合发布的财税〔2018〕70号文件对于经营压力大的企业的影响明显高于对经营压力小的企业的影响的结论，这为下阶段持续优化政策内容提供证据。具体检验结果如表7－6所示。

表7－6　增值税留抵退税政策的拓展检验结果

变量	非国有企业	国有企业	高科技企业	传统企业	经营压力大的企业	经营压力小的企业
	(1)	(2)	(3)	(4)	(5)	(6)
Treat×Post	0.002**	0.002	0.002*	0.001	0.003**	0.002*
	(2.038)	(1.539)	(1.873)	(0.929)	(2.503)	(1.753)
Firmsize	−0.007***	−0.018***	−0.010***	−0.018***	−0.010***	−0.009***
	(−6.824)	(−17.297)	(−9.281)	(−15.437)	(−13.364)	(−2.915)
Leverage	0.014***	0.023***	0.012***	0.031***	0.022***	0.011
	(3.293)	(6.440)	(3.266)	(7.512)	(7.731)	(1.163)
ROA	−0.102***	−0.183***	−0.160***	−0.172***	0.095***	−0.402***
	(−13.198)	(−31.132)	(−24.139)	(−26.584)	(13.278)	(−22.655)
Salesgrowth	−0.000	0.001***	0.001**	0.001	0.001***	−0.000
	(−0.302)	(3.429)	(2.376)	(1.372)	(2.726)	(−0.380)

续表

变量	非国有企业	国有企业	高科技企业	传统企业	经营压力大的企业	经营压力小的企业
	(1)	(2)	(3)	(4)	(5)	(6)
SOE	N/A N/A	N/A N/A	-0.008*** (-3.461)	-0.004 (-1.484)	-0.007*** (-3.928)	0.001 (0.200)
Boardsize	-0.006** (-2.045)	0.003 (0.787)	-0.002 (-0.681)	-0.001 (-0.305)	-0.005** (-2.373)	0.014 (1.577)
BIG	-0.000 (-0.844)	-0.000*** (-3.911)	-0.000 (-0.678)	-0.000*** (-4.287)	-0.000*** (-5.020)	0.000 (1.416)
Dual	0.003** (2.235)	0.002* (1.822)	0.003** (2.510)	0.002 (1.454)	0.001* (1.844)	0.007** (2.288)
Constant	0.117*** (3.593)	0.396*** (15.567)	0.225*** (8.868)	0.434*** (16.807)	0.252*** (12.609)	0.163** (2.039)
Firm-effected	控制	控制	控制	控制	控制	控制
Year-effected	控制	控制	控制	控制	控制	控制
系数组间检验	N/A		N/A		2.193**	
观测值	9 185	6 239	7 439	7 985	1 757	13 667
调整 R^2	0.127	0.091	0.007	0.043	0.183	0.118

注释：括号内的为 t 统计量检验结果，*、**、*** 分别表示 10%、5%、1% 置信水平显著性检验结果。

第六节 本章小结

本章选择 2015—2021 年沪深 A 股上市公司作为研究对象，以财政部与国家税务总局联合发布的财税〔2018〕70 号文件作为国家实施增值税留抵退税政策的外生事件，理论分析和实证检验了增值税留抵退税政策对企业风险承担水平的影响。研究发现，增值税留抵退税政策确实能够显著地提升企业的风险承担水平，究其原因在于增值税留抵退税政策能够通过改善企业内部现金流、降低企业融资成本和帮助企业规避税收违规风险而发挥积极作用。进一步研究发现，增值税留抵退税政策提升企业风险承担水平的效果在非国有资本控股、高科技企业和面临经营业绩压力大的企业内更加显著。

本章的研究结论具有如下启示：第一，增值税留抵退税政策能够有效地提升企业的风险承担水平，进而有助于推动企业的健康可持续发展。增值税留抵退税政策是国家推行增值税改革的重要内容，不仅有助于企业的持续健康发展，还有利于国民经济的高质量发展。因此，国家下阶段还需要持续推进增值税留抵税额改革，继续深化落实增值税留抵退税政策内容、扩大增值税留抵退税政策的覆盖面，降低增值税留抵税额的申请条件，以此配合国家减税降费组合政策推动企业实现高质量发展的宏观目标，并随之优化企业的内部治理机制。第二，增值税留抵退税政策通过改善企业内部现金流、降低企业融资成本和帮助企业规避税收违规风险而发挥提升企业风险承担水平的作用，说明政府可以通过制定改善公司治理的相关政策来保障企业拥有健康的现金流，并通过降低企业融资成本的具体措施和优化企业的监督机制等方式来实现提升企业承担财务风险的能力，进而保障企业的健康可持续发展。第三，增值税留抵退税政策的实施效果在非国有企业、高科技企业和经营压力大的企业内更加明显。非国有企业和高科技企业是国家实现经济结构改革重要推手，经营压力大的企业是政府需要重点扶持的重要目标，增值税留抵退税政策能够较大程度地对这三类企业的经营决策产生影响，因此，政府下阶段的增值税改革要以有利于非国有企业、高科技企业发展和经营压力大的企业为目标，精准政策实施内容以提高企业的风险承担水平。此外，国家在进行增值税留抵退税政策实施和改革的过程中还可以适当考虑经营遇到困难的企业，做到利用财税政策帮助企业纾困解困，以此为那些暂时处于经营困境的企业提供有力支持。总而言之，国家下阶段对增值税留抵退税政策的优化要始终致力于提升企业风险承担水平的方向，进而确保增值税改革能够服务于企业成长，并最终以实现经济高质量发展为目标。

第八章 增值税留抵退税政策对企业财务风险的影响

第一节 提出问题

近年来，随着国内外经济形势的日益严峻和新冠疫情的反复扰动，越来越多的企业陷入财务困境。根据《中国上市公司破产重整2021年度报告》显示，由于财务困境导致破产的企业在审案件高达2 430例，其中，在审的清算企业案件2029例，重整企业案件308例，企业因财务困境导致的清算重整案例明显增加。为帮助企业解决财务困境问题，中央与地方各级政府密集发布了一系列覆盖面广、针对性强、含金量高的涉及税费减免、社保缓缴、财政补贴和金融支持的助企纾困政策。就政策执行效果看，政府已经发布的政策能够在一定程度上发挥提振企业信心、稳定市场预期和化解财务困境的作用，但在全球经济尚未实现复苏的整体压力下，我国企业陷入财务困境的现象依然普遍。为此，学术界和实务界都在积极探索解决企业财务困境的方法，致力于挖掘有利于化解企业财务困境的具体措施，进而为保障企业的高质量发展提供支持。

当前有关企业财务困境话题的探索，从金融资产配置（黄贤环等，2018）、研发投入（孟庆斌等，2019）、管理者过度自信（姜付秀等，2009）和董事会特征（Bernile等，2018）等企业内部因素和劳动保护法实施（许红梅和李春涛，2020）、居民财务杠杆（何德旭和张斌彬，2021）等企业外部治理两个方面进行探索，现有研究发现上述因素会通过影响企业的经营绩效和公司治理水平而发挥解决财务困境的作用。因为经营绩效不佳会导致大量货币资金流失，使企业陷入财务困境，导致治理机制缺位，引发管理层私利行为，进而提高企业的经营成本或迫使企业失去高质量的投资机会，最终陷入财务困境。因此，学术界在探索化解企业财务困境的方法时多沿着改善经营绩效和提高治理水平的角度展开。

增值税留抵退税政策是国家针对现存的增值税留抵税额过高的问题推动的改革措施，具体指税务机关对企业预缴的增值税进项留抵额进行及时退还的举措，相比传统以抵扣返还增值税留抵税额的方式，它对企业经营活动的影响更加直接。一方面，由于增值税留抵退税政策直接退还预缴的进项税会降低企业的纳税负担，进而可能通过改善企业经营绩效而化解财务困境。另一方面，由于增值税留抵退税政策设置严格的税收稽查会抑制管理层的谋取私利的行为，进而可能通过改善治理水平而化解财务困境。然而增值税留抵退税政策究竟能否发挥化解企业财务困境的作用，目前尚未有研究进行阐述。为探索增值税留抵退税政策对企业化解财务困境的影响，本章以沪深 A 股上司公司为研究对象，选择财政部与国家税务总局发布的财税〔2018〕70 号文件作为增值税留抵退税政策外生事件展开研究。

第二节　增值税留抵退税政策与企业财务困境

增值税留抵退税政策对企业财务困境的影响是多个方面的。从内容上看，增值税留抵退税政策通过直接退还企业预缴的进项税额发挥成本效应；从制度上看，增值税留抵退税政策通过实施严格的税收稽查发挥治理效应，最终一同发挥提升企业化解财务困境能力的作用，具体可从以下 2 个方面分析。

第一，投资活动是企业实现价值保值增值的重要途径，但企业的投资决策除了受项目质量影响外，还受融资约束的制约。已有研究发现，企业时常因现金资产不足而放弃部分收益为正的投资项目，进而使企业错失高额收益的投资机会，最终为陷入财务困境埋下伏笔。因此，企业若能够及时获得外部资金就可以降低错失高额收益投资项目的机会，进而降低企业陷入财务困境的概率。增值税留抵退税政策能够直接退还企业预缴的增值税进项税，充盈现金资产，进而强化企业抓住高收益投资机会的能力，最终通过提高企业的投资绩效而化解财务困境。除了投资活动外，合理的筹资决策也是企业实现价值增值的重要途径。一方面，筹资活动为投资项目募集资金，这一举措直接决定企业是否有能力进行项目投资。若企业无法从合理的筹资渠道获得外部融资，势必会以放弃部分 NPV 为正的项目为代价，最终对企业的经营绩效产生负面影响；另一方面，筹资活动会产生财务成本，并且财务成本会在企业面临严重融资约束时会对企业产生更大的影响。增值税留抵退税政策通过直接退还企业预缴的进项留抵税额，进而降低企业的外部融资约束程度，再通过降低财务成本来改善经营绩效，最终达到在一定程度上化解企业的财务风险。

第二，公司治理也是影响企业价值增值的重要因素，有效的公司治理会约束管理层的私利行为，减少企业正常经营活动以外的资源浪费，进而通过改善经营绩效来化解企业的财务困境。反之，较差的治理水平则为管理层攫取企业利益留有空间，增加了企业因管理层私利造成经营摩擦的概率，这为企业陷入财务困境埋下伏笔。增值税留抵退税政策要求对每个申请增值税留抵退税的企业进行资格审核，稽查这些企业是否存在纳税违规等问题，这一举措有助于增加企业内部信息的透明度，发挥着约束管理层代理行为的积极作用，最终提升企业化解财务困境的能力。因为在治理不完善的企业内，管理层更有空间操控财务数据来逃避承担纳税义务，这不仅会导致企业被处罚，还会造成企业声誉受损，最终使企业陷入财务困境。增值税留抵退税政策对企业的合规纳税提出明确规定，要求企业只有在完善税务规范基础上才有资格申请增值税留抵退税，这显然会约束企业管理层的非法逃税行为，降低企业陷入财务困境的机率。

基于以上分析，本章提出如下研究假设：

假设 8 - 1：增值税留抵退税政策能够发挥提升企业化解财务困境的能力。

第三节　研究方案

一、数据来源与样本选择

本章利用 2015—2021 年中国 A 股上市公司数据展开增值税留抵退税政策提升企业化解财务困境能力的研究。本章的数据主要由 CSMAR 提供，并针对研究目的做以下步骤处理：第一，剔除银行、证券和保险等金融类的上市公司样本；第二，剔除被证监会标记为 ST、*ST 和 PT 的上市公司样本；第三，剔除变量缺失或者数据异常的上市公司样本（例如，总资产回报率大于 1 的样本，资产负债率不在 0—1 区间内的上市公司样本）；第四，剔除受 2016 年及以前年份发布增值税留抵退税试点政策影响的上市公司样本（例如，集成电路、大型客机和新支线飞机等行业的上市公司样本）。为了控制极端值的干扰，本章在 1% 和 99% 水平上对所有连续变量进行缩尾处理。最终，本章共获得 4 542 个公司合计 23 101[①] 条研究数据。本章的数据处理软件为 STATA 14.0 和 Excel。

① 由于使用 O 值 & 风险系数法得到被解释变量的样本数只有 19 855 个观测值，故使用该变量进行回归时的样本数为 19 855。

二、模型设计和变量说明

参考刘星和陈西婵（2018）的研究方法，本章构建如下模型展开实证检验：

$$
\begin{aligned}
Risksolve_t = & \beta_0 + \beta_1 Treat_i \times Post_t + \beta_2 Firmsize_{it} + \beta_3 ROA_{it} + \beta_4 Salesgrowth_{it} \\
& + \beta_5 Leverage_t + \beta_6 KZ_{it} + \beta_7 Cashholding_{it} + \beta_8 SOE_{it} + \beta_9 Firmage_{it} \\
& + \beta_{10} Boardsize_{it} + \beta_{11} TOP1_{it} + \beta_{12} Dual + \beta_{13} Year + \beta_{14} Firm + \varepsilon_{it}
\end{aligned}
\tag{8-1}
$$

在模型（8－1）中，*Riskslove* 是被解释变量，用来衡量企业的财务困境。本章采用 Z 评分法和 O 值 & 风险系数法构建研究指标。

Z 评分法由 5 个维度的指标构成，它们分别是：①营运资金/资产总额；②留存收益/资产总额；③息税前利润/资产总额；④普通股优先股市场价值总额/负债总额；⑤销售收入/资产总额。利用 Z 评分法的计算公式为：0.012① + 0.014② + 0.033③ + 0.006④ + 0.999⑤。以 2.67 和 1.81 作为临界值对企业的财务困境情况进行分析，若 Z 值大于 2.67，那么企业当年发生破产的可能性较小，此时财务状况较好；若 Z 值小于 1.81，那么企业当年潜伏着较高的财务破产危机，此时财务状况较差；若 Z 值介于 1.81—2.67，说明企业的财务状况不稳定，有较大的可能发生财务破产。因此，从本质上说，研究样本的 Z 值越大，那么就意味着企业财务状况越好。

O 值 & 风险系数法有 9 个维度的指标构成，它们分别是：①总资产的自然对数；②总负债/总资产；③营运资本/总资产；④流动负债/总资产；⑤虚拟变量（当企业的总负债高于总资产时赋值为 1，否则赋值为 0）；⑥净利润/总资产；⑦营业收入/总资产；⑧虚拟变量（当企业亏损时赋值为 1）；⑨净利润增长/前一期净利润。利用 O 值 & 风险系数法的计算公式为：－1.32－0.407① + 6.03②－1.43③ + 0.076④－1.72⑤－2.37⑥－1.83⑦ + 0.285⑧－0.521⑨。当风险系数 >0.5 时，说明企业具有较高的财务破产风险；而当风险系数 <0.5 时，说明企业的财务破产风险相对较低。因此，风险系数是一个负向指标，该指标越大，说明企业面临的财务困境就越严重。最终，本章分别用 *Riskslove*1 和 *Riskslove*2 标记 2 种构建指标。

$Treat_i \times Post_t$ 是模型（8－1）的解释变量，用来测度增值税留抵退税政策提升企业化解财务困境的作用。该变量的构建方法以及涵义等均在本书第五章进行了详细介绍，故在此不再重复介绍。

参考黄贤环和杨钰洁（2022）的方法，本章对企业规模（*Firmsize*）、资产负债率（*Leverage*）、总资产收益率（*ROA*）、成长性（*Salesgrowth*）、融资约束程度（*KZ*）、现金资产规模（*Cashholding*）、产权属性（*SOE*）、公司年龄（*Firmage*）、董事会规模（*Boardsize*）、第一大股东持股比例（*TOP*1）和董事长兼任总经理（*Dual*）等因素进行控制，以此排除上述因素对实证结果的影响。*Year* 和 *Firm* 分别是研究年度和企业个体固定效应的虚拟变量，用来排除样本在时间序列维度和企业个体特征维度受到的外部干扰。下标 i 代表企业，下标 t 代表年度，ε 是模型（8－1）随机扰动项。表 8－1 列示的是模型（8－1）中所有变量的类型、符号和定义。

表 8－1　　　　变量类型、变量符号和变量定义

变量类型	变量符号	变量定义
被解释变量	*Riskslove*1	使用 Z 评分法构建，该指标越大，则企业的财务困境越不严重。
	*Riskslove*2	O 值 & 风险系数法，该指标越大，则企业的财务困境越严重。
解释变量	*Treat* × *Post*	交互项，增值税留抵退税政策提升企业化解财务困境的作用。
控制变量	*Firmsize*	企业规模，期末资产总计的自然对数。
	Leverage	资产负债率，期末负债合计与期末资产总计的比值。
	ROA	总资产收益率，期末税后利润与期末资本总计的比值。
	Salesgrowth	销售收入增长率，当年销售收入增加额与上年度销售收入的比值。
	KZ	融资约束指数，KZ 指数由国泰安数据库提供。
	Cashholding	现金资产规模，企业货币资金规模与期初资产规模的比值。
	SOE	产权属性，控股股东为国有资本赋值 SOE 为 1，否则赋值为 0。
	Firmage	上市年份，研究当年和上市当年差值加 1 的自然对数。
	Boardsize	董事会规模，董事会内（非）执行董事人数的自然对数。
	BIG	第一大股东持股比，第一大股东持股数与公司流通股总数的比值。
	Dual	两职合一，董事长兼任总经理则赋值 *Dual* 为 1，否则为 0。

第四节　实证检验结果

一、研究数据描述性统计结果

表 8－2 列示了本章使用到研究数据的描述性统计结果，清晰地呈现了各个变量的均值、标准差、最小值、中位数和最大值。我们可以发现，财务困境

变量 *Riskslove*1 和 *Riskslove*2 的均值分别是 5. 130 和 0. 131，中位数为 3. 255 和 0. 021。*Treat* 变量的均值为 0. 557，说明样本中有接近 1/2 的研究样本是在财税〔2018〕70 号文件列示的行业内，具体有 12 867 个研究样本；*Post* 变量的均值为 0. 640，说明有接近 1/2 的样本出现在 2018 年以后，具体有 14 785 个研究样本。*Treat* × *Post* 变量的均值为 0. 361，说明有 8 339 个样本受财税〔2018〕70 号文件的影响，接近研究样本总数的 1/3。

控制变量的描述性统计结果如下：公司规模变量（*Firmsize*）的均值 22. 255，最大值与最小值分别为 26 157 和 19. 742，说明不同研究样本的企业规模差距比较明显。资产负债率变量（*Leverage*）的均值为 0. 412，最大值与最小值分别为 0. 998 和 0. 014，说明研究样本的平均总资产中有接近 1/2 来自负债融资，且负债率最高的企业已经接近 100% 负债，按常理说这部分企业由于负债过高而更加容易陷入财务困境。总资产收益率变量（*ROA*）的均值为 0. 036，说明研究样本的总资产平均收益率普遍不高，每 100 元的总资产投入仅能够为企业带来 3. 6 元的投资回报。销售收入增长率变量（*Salesgrowth*）的均值为 0. 379，最大值和最小值分别为 7. 204 和 –0. 725，说明样本企业的销售收入年度平均增长率约为 40%，且销售收入增长较快的企业与销售收入增长较慢企业的差异明显。融资约束变量（*KZ*）的均值为 0. 962，标准差为 2. 295，说明不同企业间的外部融资约束有着明显的差别。现金资产持有变量（*Cashholding*）的均值为 0. 179，最大值和最小值分别为 0. 933 和 0. 002，说明现金资产整体占比不到 20%。产权属性变量（*SOE*）的均值 0. 463，说明研究样本中非国有企业略多于国有企业。企业年龄的均值为 2. 045。董事会规模变量（*Boardsize*）的均值为 8. 379，说明研究样本董事会平均由 8—9 位董事组成。第一大股东持股比例变量（*Big*）的均值 33. 496，说明中国上市公司具有一股独大的特点。董事长和总经理两职合一变量（*Dual*）的比例为 0. 311%，说明有接近 1/3 的研究样本存在董事长兼任总经理的现象，这类企业的决策权力相对集中，具体检验结果如表 8 –2 所示。

表 8 –2　数据统计与变量检验结果

变量	均值	标准差	最小值	中位数	最大值	样本数
*Riskslove*1	5. 130	5. 894	–0. 121	3. 255	35. 578	23 101
*Riskslove*2	0. 131	0. 461	0. 000	0. 021	3. 677	19 855
Treat	0. 557	0. 497	0	1	1	23 101
Post	0. 640	0. 480	0	1	1	23 101

续表

变量	均值	标准差	最小值	中位数	最大值	样本数
Treat × Post	0. 361	0. 480	0	0	1	23 101
Firmsize	22. 255	1. 296	19. 742	22. 072	26. 157	23 101
Leverage	0. 412	0. 202	0. 014	0. 402	0. 998	23 101
ROA	0. 036	0. 068	-0. 266	0. 039	0. 197	23 101
Salesgrowth	0. 379	0. 970	-0. 725	0. 144	7. 204	23 101
KZ	0. 962	2. 295	-7. 026	1. 262	6. 392	23 101
Cashholding	0. 179	0. 126	0. 002	0. 145	0. 933	23 101
SOE	0. 463	0. 460	0	0	1	23 101
Firmage	2. 045	0. 965	0	2. 197	3. 466	23 101
Boardsize	8. 379	1. 635	5	9	15	23 101
BIG	33. 496	14. 580	8. 600	31. 160	74. 450	23 101
Dual	0. 311	0. 463	0	0	1	23 101

二、多元回归检验

表 8－3 报告了模型（8－1）的实证检验结果。解释变量（*Treat × Post*）的回归系数用来解释增值税留抵退税政策对企业财务困境的作用情况。其中，列（1）和列（2）报告的是以 *Riskslove*1 为被解释变量的回归结果，列（3）和列（4）报告的是以 *Riskslove*2 为被解释变量的回归结果，而列（1）和列（3）仅控制年度和行业的影响，列（2）和列（4）则进一步控制公司规模等影响企业财务困境的因素。我们发现，列（1）和列（3）解释变量（*Treat × Post*）的回归系数 β_1 分别为 0. 204 和 -0. 004，均实现在 1% 的显著性水平上通过检验，说明在未加入控制变量时，增值税留抵退税政策能够化解企业财务困境的结论成立；列（2）和列（4）解释变量（*Treat × Post*）的回归系数 β_1 同样显著，说明在加入了控制变量后，增值税留抵退税政策能够化解企业财务困境的结论依然成立。

表 8－3　　增值税留抵退税政策与企业财务风险的关系检验

变量	*Riskslove*1		*Riskslove*2	
	(1)	(2)	(3)	(4)
Treat × Post	0. 204***	0. 112**	-0. 004***	-0. 018**
	(3. 311)	(1. 974)	(-2. 638)	(-1. 974)

续表

变量	*Riskslove*1		*Riskslove*2	
	(1)	(2)	(3)	(4)
Firmsize		-0.356*** (-6.128)		-0.066*** (-12.070)
Leverage		-19.800*** (-33.687)		0.590*** (11.453)
ROA		17.182*** (17.645)		-3.700*** (-26.122)
Salesgrowth		-0.125** (-2.541)		-0.004 (-0.841)
KZ		0.855*** (17.589)		-0.017*** (-4.490)
Cashholding		9.350*** (14.866)		0.071* (1.734)
SOE		-0.245* (-1.834)		-0.048*** (-5.463)
Firmage		0.691*** (10.326)		0.036*** (5.741)
Boardsize		-0.063** (-2.112)		-0.000 (-0.195)
BIG		-0.000 (-0.077)		0.001** (2.299)
Dual		0.110 (1.018)		-0.004 (-0.468)
Constant	6.990*** (7.957)	19.931*** (14.492)	0.271*** (4.598)	1.405*** (13.004)
Firm-effected	控制	控制	控制	控制
Year-effected	控制	控制	控制	控制
调整 R^2	0.081	0.470	0.016	0.414
观测值	23 101	23 101	19 855	19 855

注释：*、**、***分别表示10%、5%、1%置信水平显著性检验结果。

三、稳健性检验

本章使用平行趋势讨论、安慰剂检验、倾向得分匹配模型等方法对表 8 - 3 列示的结论进行稳健性检验。其中，平行趋势检验为了强化模型（8 - 1）的解释力度，安慰剂检验为了强化财政部与国家税务总局联合发布的财税〔2018〕70 号文件衡量增值税留抵退税政策的力度，倾向得分匹配模型为了去除企业行业、财务绩效等个体特征造成的天然差异。

1. 平行趋势分析

参考 Fang（2014）的做法，本章对实验组样本和对照组样本的财务困境情况进行平行趋势检验，因为双重差分模型以 2 组样本的平行趋势为前提。即在增值税留抵退税政策实施前，2 组样本的财务困境差是否维持在一个较小的范围内，若是就可以说明 2 组样本是基本满足平行趋势的。反之，2 组样本的财务困境在增值税留抵退税政策发布前就已经存在了明显差异，那么就削弱增值税留抵退税政策能够化解企业财务困境的作用。而在增值税留抵退税政策实施后，2 组样本的财务困境如果出现明显差异，就可以说明增值税留抵退税政策能够发挥化解企业财务困境的作用。本章分别统计 2015—2021 年每个年度内实验组和对照组的财务困境变量差值的统计结果，通过勾勒 2 组样本财务困境差值在增值税留抵退税政策实施前后的变化来直观检验研究样本的平行趋势和增值税留抵退税政策的实施效果。图 8 - 1 列示了上述结果，其中，横轴代表标准化年份（本研究以 2018 年为第 0 期，前 3 年分别为 2015 年、2016 年和 2017 年，后 3 年分别是 2019 年、2020 年和 2021 年），纵轴代表 2 组样本财务困境差值的均值检验结果。我们可以看到，政策出台以后的前 3 年 2 组样本的财务困境差异的均值检验不显著，但在 2018 年以后，实验组与对照组的财务困境差异均值检验明显，且在 2018 年 2 组样本的财务困境差值达到最大，这就验证增值税留抵退税政策确实发挥化解企业财务困境的作用。此外，图 8 - 1 不仅直观地列示了本章样本的平行趋势假设（2015 年、2016 年和 2017 年的数据），同时也验证了本章的研究假设（2018 年及以后的数据）。

2. 安慰剂检验

在检验了研究样本的平行性趋势后，本章接着对表 8 - 3 的实证结果进行安慰剂检验。参考陆菁等（2021）的检验方法，本章以随机赋值的方法构建一个虚拟的实验组对 Treat 变量展开安慰剂检验。首先，我们通过统计 Treat 赋值

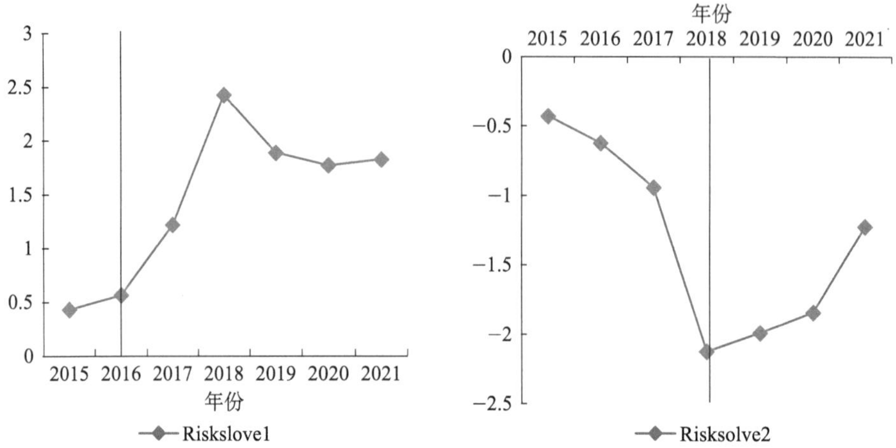

图 8－1　研究样本平行趋势检验图

为 1 的个数，然后对 Treat 变量随机赋值相同个数的“1”值（剩下的赋值为 0），并重新构建交互项替换模型（8－1）中的原有交互项进行回归，获得的回归系数 β_1，即为 Treat 变量随机赋值情况下增值税留抵退税政策化解企业财务困境的处理效应。若此时 β_1 不显著，说明随机赋值的研究样本不能支持增值税留抵退税政策化解企业财务困境的结论，进而一定程度上支持增值税留抵退税政策是在特定情况下发挥化解企业财务困境作用的结论。反之，若 β_1 显著，则说明增值税留抵退税政策在 Treat 变量随机赋值情况下仍然能够发挥化解财务困境的作用，由此就削弱了 2018 年发布的财税〔2018〕70 号文件作为增值税留抵退税政策的作用。最后，本章对上述检验过程重复 1 000 次模拟，并通过统计结果排除小概率事件对结论的干扰。图 8－2 列示了有关 1 000 次重复模拟的统计结果。横轴是 β_1 的统计量数值，纵轴是统计量的出现频数。我们对 1 000 次重复模拟的 t 值落在正负 1.65 区间内的样本数进行统计，若该数值超过 100 个，则说明有超过 10% 的检验是在随机模拟下支持增值税留抵退税政策化解企业财务困境的，这就说明，本章使用的财税〔2018〕70 号文件并非是造成表 8－3 结论的关键因素，则不能有效支持本章的研究假设。我们从图 8－2 发现，本章的 1 000 次模拟的 t 统计量基本服从均值为 0 的正态分布，落在正负 1.65 区间内的样本数少于 10%（分别为 59 次和 67 次），由此说明 Treat 变量随机赋值的安慰剂检验结果支持本章结论的检验超过 90%，进而得到表 8－3 检验结果具有稳健特性。

接着，我们对交互项中的 Post 变量进行安慰剂检验。本章分别假设增值税留抵退税政策发布于 2017 年和 2019 年，即在 2018 年的前后 1 年，那么，Post

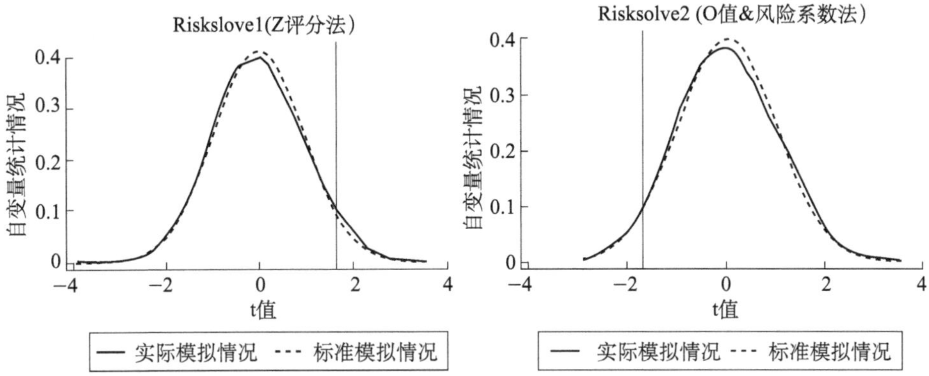

图 8－2　Treat 变量随机赋值的安慰剂检验图

变量赋值为 1 就需要向前或者向后 1 年。Post 在 2017 年及以后年份赋值为 1，说明增值税留抵退税政策是在 2017 年发布的；Post 变量在 2019 年及以后年份赋值为 1，说明增值税留抵退税政策是 2019 年发布的。若在上述 2 种情况下，交互项（$Treat \times Post_{-1}$ 和 $Treat \times Post_{+1}$）估计系数依旧显著为正，则说明即便 2018 年国家没有发布财税〔2018〕70 号文件，而是 2017 年或者 2019 年虚拟的有关增值税留抵退税政策依然能够发挥化解企业财务困境的作用，从而说明本章讨论的财税〔2018〕70 号文件并非是真正化解企业财务困境的因素，削弱了表 8－3 对研究假设的实证结果支持。表 8－4 报告了检验结果。我们发现，交互项 $Treat \times Post_{-1}$ 和 $Treat \times Post_{+1}$ 的回归系数均不显著，由此说明，2017 年和 2019 年虚拟的增值税留抵退税政策并不能发挥化解财务困境的作用，进而增强了财税〔2018〕70 号文件对表 8－3 实证结果的支持作用，即本章选定的财税〔2018〕70 号文件确实能够发挥退还增值税留抵的作用。

表 8－4　　稳健性检验结果（一）

变量	*Riskslove1*	*Riskslove2*	*Riskslove1*	*Riskslove2*
	（1）	（2）	（3）	（4）
$Treat \times Post_1$	0.176 （1.527）	0.017 （0.980）		
$Treat \times Post_{+1}$			－0.049 （－0.406）	－0.019 （－1.096）
Firmsize	－0.357*** （－6.149）	－0.066*** （－12.075）	－0.354*** （－6.095）	－0.066*** （－12.073）

续表

变量	*Riskslove1*	*Riskslove2*	*Riskslove1*	*Riskslove2*
	(1)	(2)	(3)	(4)
Leverage	-19.802***	0.590***	-19.801***	0.590***
	(-33.695)	(11.450)	(-33.677)	(11.455)
ROA	17.187***	-3.700***	17.172***	-3.699***
	(17.650)	(-26.124)	(17.635)	(-26.117)
Salesgrowth	-0.125**	-0.004	-0.126**	-0.004
	(-2.531)	(-0.836)	(-2.556)	(-0.848)
KZ	0.856***	-0.017***	0.855***	-0.017***
	(17.590)	(-4.483)	(17.585)	(-4.499)
Cashholding	9.363***	0.072*	9.326***	0.071*
	(14.877)	(1.741)	(14.834)	(1.733)
SOE	-0.242*	-0.048***	-0.250*	-0.048***
	(-1.812)	(-5.460)	(-1.868)	(-5.469)
Firmage	0.690***	0.036***	0.693***	0.036***
	(10.312)	(5.739)	(10.348)	(5.746)
Boardsize	-0.063**	-0.000	-0.062**	-0.000
	(-2.128)	(-0.202)	(-2.089)	(-0.195)
BIG	-0.000	0.001**	-0.000	0.001**
	(-0.103)	(2.288)	(-0.034)	(2.303)
Dual	0.111	-0.004	0.109	-0.004
	(1.025)	(-0.466)	(1.005)	(-0.467)
Constant	19.926***	1.404***	19.934***	1.406***
	(14.486)	(13.000)	(14.495)	(13.004)
Firm-effected	控制	控制	控制	控制
Year-effected	控制	控制	控制	控制
调整 R^2	0.470	0.414	0.469	0.414
观测值	23 101	19 855	23 101	19 855

注释：*、**、***分别表示10%、5%、1%置信水平显著性检验结果。

3. 倾向得分匹配法

接着，我们检验财税〔2018〕70号文件对研究样本的自我选择情况。

2018 年发布的财税〔2018〕70 号文件仅规定 18 个行业能够享受增值税留抵退税优惠条件，而规定的这 18 个试点行业多是国家重点鼓励的先进制造行业或者现代服务行业，这就是说财税〔2018〕70 号文件是带着特殊的任务的，进而削弱了财税〔2018〕70 号文件的准自然实验特性，即财税〔2018〕70 号文件对行业是具有倾向性选择的。因为国家会基于发展经济、调整产业结构和扶持高新产业等目的，优先向这些行业企业提供增值税留抵优惠，这就造成本章用于检验的实验组样本天然与对照组样本存在行业差异而在申请增值税留抵退税时有所区别，进而削弱了增值税留抵退税政策对 2 组样本财务困境的平均处理效应。本章尝试采用倾向得分匹配模型解决这个问题，因为倾向得分匹配模型可以为实验组选定一组特征相似的组，即实验组所在行业、规模等相似的对照组，以此削弱财税〔2018〕70 号文件的自选择效应。本章具体选择了如下 3 个特征：行业、资产负债率和总资产收益率，并以此为标准构建新的研究样本。考虑到研究样本中实验组和对照组样本的比例问题，我们在使用 PSM 方法时采用 1∶1 放回匹配最小临近设定，为实验组样本选取一组特征相似的对照组样本，并重新使用模型（8－1）进行回归检验。由表 8－5 中的列（1）和列（2）报告的结果可知，本章在使用倾向得分匹配模型检验后，增值税留抵退税政策能够发挥化解财务困境的结论依然成立。

4. 更换被解释变量

本章用于实证检验的财务困境指标是根据企业的特征数据估计得到的，因此构建方法的差异会对研究结果产生影响。为此，本章以企业是否获得财务收益为视角构建指标，如果企业当年获得经营利润，那么它就可以拿这部分利润应对财务困境，同样企业若实现经营活动现金流为正，同样可以利用获得的经营现金降低企业陷入流动性破产的概率。为此，我们构建对应的变量 *Riskslove*3 和 *Riskslove*4，若企业当年的经营利润为正且高于上一年度赋值 *Riskslove*3 为 1，否则赋值为 0；若企业当年的经营活动现金流为正且高于上一年度赋值 *Riskslove*4 为 1，否则赋值为 0。接着，本章以 *Riskslove*3 和 *Riskslove*4 为被解释变量采用模型（8－1）来对研究样本进行检验。由表 8－5 中的列（3）和列（4）报告的检验结果发现，交互项（*Treat* × *Post*）回归系数依旧显著为正，说明在重新设计企业财务困境变量后，增值税留抵退税政策化解企业财务困境的结论依然成立，即表 8－3 的检验结果是稳健的。

表 8-5　　稳健性检验结果（二）

变量	*Riskslove1*	*Riskslove2*	*Riskslove3*	*Riskslove4*
	(1)	(2)	(3)	(4)
Treat × Post	0.146 **	-0.013 *	0.026 ***	0.010 **
	(2.055)	(-1.827)	(3.205)	(2.466)
Firmsize	-0.379 ***	-0.072 ***	-0.006 *	-0.011 ***
	(-5.320)	(-10.353)	(-1.958)	(-4.051)
Leverage	-19.261 ***	0.619 ***	0.387 ***	0.358 ***
	(-27.825)	(9.435)	(16.623)	(17.697)
ROA	17.619 ***	-3.871 ***	2.930 ***	-0.315 ***
	(13.026)	(-19.996)	(53.85W7)	(-5.709)
Salesgrowth	-0.112 *	-0.003	0.014 ***	0.009 ***
	(-1.657)	(-0.374)	(4.653)	(2.883)
KZ	0.873 ***	-0.020 ***	-0.024 ***	-0.057 ***
	(15.706)	(-4.077)	(-11.569)	(-26.133)
Cashholding	10.042 ***	0.069	-0.105 ***	-0.053 **
	(13.212)	(1.218)	(-3.632)	(-2.021)
SOE	-0.261 *	-0.058 ***	0.039 ***	0.018 ***
	(-1.695)	(-5.179)	(4.808)	(2.927)
Firmage	0.739 ***	0.042 ***	-0.029 ***	-0.030 ***
	(8.661)	(5.221)	(-7.381)	(-8.980)
Boardsize	-0.081 **	0.002	-0.001	-0.003 **
	(-2.243)	(0.583)	(-0.605)	(-2.187)
BIG	0.001	0.001 **	-0.001 ***	-0.001 ***
	(0.241)	(2.043)	(-6.666)	(-5.123)
Dual	0.151	-0.005	-0.006	-0.013 **
	(1.139)	(-0.468)	(-0.843)	(-2.166)
Constant	19.644 ***	1.469 ***	0.603 ***	0.912 ***
	(11.996)	(10.920)	(8.746)	(15.662)
Firm-effected	控制	控制	控制	控制
Year-effected	控制	控制	控制	控制
调整 R^2	0.463	0.429	0.196	0.048
观测值	11 974	10 365	23 101	23 101

注释：*、**、*** 分别表示 10%、5%、1% 置信水平显著性检验结果。

第五节　增值税留抵退税政策的作用机理分析

在验证了增值税留抵退税政策提升企业化解财务困境的作用后，本章进一步验证了增值税留抵退税政策发挥作用的机理。有研究发现，现金匮乏是造成企业财务困境的重要原因，故企业因增值税留抵退税政策而及时得到留抵税额退还时，能够通过改善经营绩效而提升企业化解财务困境的能力。此外，公司治理机制缺失也是造成企业财务困境的原因，而增值税留抵退税能够改善企业内外部信息的透明度，进而通过抑制管理层的代理问题而提高企业化解财务困境的能力。基于以上逻辑，本章从现金效应和治理效应的角度来探索增值税留抵退税政策的作用机理。

一、增值税留抵退税政策的现金效应检验结果

现金资产是影响企业投资活动最为直接的要素。现金资产充足的企业可以直接开展固定资产投资和创新活动以实现产品生产的升级换代，且现金资产充足的企业更易把握 NPV 为正的投资机会，进而保障企业的经营活动收益，这有助于提高企业化解财务困境的能力。而现金资产匮乏的企业由于受资源约束，而有更高的概率错失优质的投资项目，进而不利于改善企业的财务绩效。此外，现金资产也是影响企业筹资决策的因素。现金资产充足的企业可以减少对外部融资渠道的依赖，并在融资过程中拥有更多的筹码用以讨价还价，故这些企业更可能获得较低成本的融资，这有助于直接改善企业的财务绩效，进而强化企业化解财务困境的能力。反观那些现金资产匮乏的企业，它们亟须通过外部融资改善内部现金困境，这会造成它们在融资过程中处于相对弱势的地位，不利于企业获得较低成本的融资，最终加剧企业的财务困境，削弱企业化解财务困境的能力。增值税留抵退税政策及时退还企业预缴的增值税进项税额，有助于充实企业的现金资产，强化企业的投资能力并降低融资成本，最终有助于提高企业财务绩效而化解企业的财务困境。若上述结论得到证实，那么本章就能够证实现金效应是增值税留抵退税政策化解企业财务困境的作用机理。

为验证上述结论，本章构建现金资产和融资约束两个场景进行检验。现金资产是指商业银行随时可以用来应付现金需要的资产，是企业资产业务中最具流动性的部分，现金资产规模越大，说明企业的经营决策受现金规模的影响越小，该指标以企业货币资金规模与期初资产规模的比值得到。融资约束是指企

业的经营决策受外部融资渠道的约束程度，融资约束指标越大，说明企业经营决策受外部融资约束的影响越大，本章以 KZ 指数作为企业融资约束的代理指标。分别用现金资产变量和融资约束 KZ 指数变量与解释变量构建交互项（*Cashholding* × *Treat* × *Post*，*KZ* × *Treat* × *Post*）并加入模型（8－1）进行回归。表 8－6 报告了回归结果，其中，列（1）和列（2）是以企业的现金资产为调节变量的回归结果，我们发现，交互项 *Cashholding* × *Treat* × *Post* 的回归系数显著且与解释变量相反，说明在现金资产充足的企业内，增值税留抵退税政策提升企业化解财务困境的效果相对较弱。列（3）和列（4）是以企业的融资约束为调节变量的回归结果，我们发现，交互项 *Cashholding* × *Treat* × *Post* 的回归系数同样显著且与解释变量相反，说明在受融资约束影响较大的企业内，增值税留抵退税政策能够提升企业化解财务困境的效果更加明显。结合上述检验结果，本章认为，增值税留抵退税政策确实通过向企业释放现金而发挥提升企业化解财务困境的作用。

表 8－6　增值税留抵退税政策的现金效应检验结果

变量	*Riskslove1*	*Riskslove2*	*Riskslove1*	*Riskslove2*
	(1)	(2)	(3)	(4)
Treat × *Post*	0.040	−0.030**	−0.004	−0.001
	(0.241)	(−2.100)	(−0.031)	(−0.135)
Treat × *Post* × *Cashholding*	−0.832**	0.076**		
	(−1.985)	(2.289)		
Treat × *Post* × *KZ*			0.136***	−0.013**
			(3.295)	(−2.468)
Firmsize	−0.354***	−0.066***	−0.357***	−0.065***
	(−6.086)	(−12.087)	(−6.162)	(−12.108)
Leverage	−19.811***	0.591***	−19.802***	0.591***
	(−33.675)	(11.468)	(−33.757)	(11.492)
ROA	17.199***	−3.703***	17.110***	−3.714***
	(17.650)	(−26.152)	(17.560)	(−26.267)
Salesgrowth	−0.126**	−0.004	−0.126**	−0.004
	(−2.558)	(−0.825)	(−2.568)	(−0.828)
KZ	0.858***	−0.017***	0.908***	−0.013***
	(17.549)	(−4.545)	(17.993)	(−2.808)

续表

变量	*Riskslove1*	*Riskslove2*	*Riskslove1*	*Riskslove2*
	(1)	(2)	(3)	(4)
Cashholding	9.714 ***	0.040	9.340 ***	0.073 *
	(12.570)	(0.845)	(14.880)	(1.768)
SOE	-0.242 *	-0.049 ***	-0.255 *	-0.049 ***
	(-1.802)	(-5.506)	(-1.905)	(-5.561)
Firmage	0.687 ***	0.036 ***	0.697 ***	0.036 ***
	(10.253)	(5.770)	(10.449)	(5.800)
Boardsize	-0.063 **	-0.000	-0.063 **	-0.000
	(-2.111)	(-0.196)	(-2.121)	(-0.231)
BIG	-0.000	0.001 **	-0.000	0.001 **
	(-0.070)	(2.289)	(-0.081)	(2.271)
Dual	0.111	-0.004	0.107	-0.004
	(1.022)	(-0.477)	(0.990)	(-0.535)
Constant	19.838 ***	1.412 ***	19.889 ***	1.395 ***
	(14.373)	(13.043)	(14.506)	(13.057)
Firm-effected	控制	控制	控制	控制
Year-effected	控制	控制	控制	控制
调整 R^2	0.470	0.414	0.470	0.414
观测值	23 101	19 855	23 101	19 855

注释：*、**、*** 分别表示 10%、5%、1% 置信水平显著性检验结果。

二、增值税留抵退税政策的治理效应检验结果

公司治理是影响企业代理问题的重要因素。在公司治理机制完善的企业内，管理层的经营决策受治理机制的约束，他们通常难以攫取企业利益，这有助于提升企业化解财务困境的作用。相反，在公司治理机制不完善的企业内，管理层有更大的空间攫取企业利益，进而加剧企业陷入财务困境的机率。增值税留抵退税政策规定照章征税是企业申请增值税留抵退税的前提条件，并设计出合理的留抵退税申请稽查程序对企业的退税申报进行监督，由此强化了企业信息披露的质量，也有效抑制了管理层攫取利益的行为，这有利于提高企业化解财务困境的能力。因此，在公司治理不完善的企业内，增值税留抵退税政策

提升企业化解财务困境的作用会更加明显，这就是说增值税留抵退税政策能够通过改善企业的公司治理水平而发挥化解财务困境的积极作用。若上述结论得到证实，那么本章就能够证实治理效应是增值税留抵退税政策化解企业财务困境的作用机理。

为验证上述结论，本章选择管理费用率和应计盈余管理两个场景进行实证检验。管理费用率是企业管理费用与主营业务收入的比值，它能够反映企业管理层使用多少资源才能实现企业管理类经营活动，该指标越大，就说明管理层攫取企业利益的程度越高，此时企业的治理水平越低，则代理问题就越发严重。应计盈余管理是企业管理层在遵循会计准则基础上，通过对企业的对外报告会计收益信息进行控制或调整，它能够反映企业的信息披露质量，即应计盈余管理程度越高，企业的信息透明度越差，企业的治理水平也越低下。接着本章分别使用管理费用率和应计盈余管理与解释变量构建交互项（*Agencycost* × *Treat* × *Post*，*DisAccounting* × *Treat* × *Post*）并加入模型（8－1）进行回归。表8－7报告了回归结果，其中列（1）和列（2）是以管理费用率为调节变量的回归结果，我们发现，交互项 *Agencycost* × *Treat* × *Post* 的回归系数显著且与解释变量保持一致，说明在代理问题较严重的企业内，增值税留抵退税政策化解企业财务困境的效果相对较强。列（3）和列（4）是以融资约束为调节变量的回归结果，我们发现，交互项 *DisAccounting* × *Treat* × *Post* 的回归系数显著且与解释变量保持一致，说明在信息环境透明度较低的企业内，增值税留抵退税政策提升企业化解财务困境的效果相对较强。综合上述检验结果，本章认为，增值税留抵退税政策确实是通过改善企业治理水平而发挥化解企业财务困境作用的。

表8－7　　　　增值税留抵退税政策的治理效应检验结果

变量	*Riskslove1*	*Riskslove2*	*Riskslove1*	*Riskslove2*
	(1)	(2)	(3)	(4)
Treat × *Post*	0.120 (0.967)	−0.022 (−1.419)	0.094 (0.823)	−0.018** (−1.996)
Treat × *Post* × *Agencycost*	0.140** (2.179)	−0.309*** (−3.576)		
Treat × *Post* × *DisAccounting*			5.098*** (5.659)	−0.183** (−2.099)
Agencycost	0.012 (0.998)	0.250 (0.769)		

续表

变量	*Riskslove1*	*Riskslove2*	*Riskslove1*	*Riskslove2*
	(1)	(2)	(3)	(4)
DisAccounting			-2.335	0.061
			(-1.425)	(1.233)
Firmsize	-0.356***	-0.060***	-0.281***	-0.066***
	(-6.107)	(-11.370)	(-4.869)	(-11.863)
Leverage	-19.794***	0.622***	-20.882***	0.589***
	(-33.758)	(12.289)	(-33.872)	(10.852)
ROA	17.231***	-3.567***	23.342***	-3.676***
	(17.491)	(-24.822)	(19.160)	(-24.911)
Salesgrowth	-0.126**	-0.006	-0.105**	-0.004
	(-2.546)	(-1.392)	(-2.153)	(-0.846)
KZ	0.855***	-0.019***	1.047***	-0.017***
	(17.611)	(-5.168)	(18.432)	(-3.847)
Cashholding	9.340***	0.053	9.986***	0.071*
	(14.864)	(1.355)	(15.774)	(1.720)
SOE	-0.245*	-0.044***	-0.222*	-0.048***
	(-1.832)	(-5.072)	(-1.684)	(-5.446)
Firmage	0.691***	0.031***	0.615***	0.036***
	(10.333)	(5.081)	(9.281)	(5.674)
Boardsize	-0.063**	-0.001	-0.059**	-0.000
	(-2.118)	(-0.254)	(-2.009)	(-0.152)
BIG	-0.000	0.001**	-0.000	0.001**
	(-0.088)	(2.327)	(-0.061)	(2.331)
Dual	0.110	-0.003	0.113	-0.004
	(1.017)	(-0.340)	(1.064)	(-0.476)
Constant	19.922***	1.263***	18.455***	1.410***
	(14.439)	(11.720)	(13.591)	(12.876)
Firm-effected	控制	控制	控制	控制
Year-effected	控制	控制	控制	控制
调整 R^2	0.469	0.425	0.480	0.414
观测值	23 101	19 855	23 101	19 855

注释：*、**、*** 分别表示 10%、5%、1% 置信水平显著性检验结果。

第六节　增值税留抵退税政策的作用拓展研究

在验证增值税留抵退税政策变量与企业财务困境变量的负向关系和验证增值税留抵退税政策提升企业化解财务困境的作用机理后，本章继续从企业经营地的数字普惠金融发展程度和企业内供应链融资能力两个方面进行拓展研究，并探讨税收稽查力度和行业竞争程度作为影响企业治理的两个外部因素，对增值税留抵退税政策化解企业财务困境的影响。

一、数字普惠金融发展程度

数字普惠金融是指利用数字技术并以机会平等和商业可持续发展为原则，以可负担的成本为有金融服务需求的社会提供适当、有效的金融服务。数字普惠金融发展的越好，企业就有更大的机会得到外部金融政策支持，进而有助于拓宽企业融资渠道，缓解融资约束对经营活动的负面影响。因此，相比数字普惠金融发展落后地区的企业，那些受数字普惠金融政策影响较多的企业更容易得到外部资金的支持，故它们的经营活动受到增值税留抵退税政策的现金效用会相对较弱，进而就造成增值税留抵退税政策对这些企业财务困境的化解作用相对较弱。因此，增值税留抵退税政策化解企业财务困境的作用可能会因企业受数字普惠金融政策影响的程度而有所差异，即数字普惠金融的发展程度能够影响增值税留抵退税政策化解财务困境的效果。

为了验证上述结论，本章以北京大学数字金融研究中心编制的“北京大学数字普惠金融指数”（第三期，2014—2020 年，其中 2021 年数据用 2020 年代替）地级市层面数据为数字普惠金融的测度指标，以年度中位数为标准将研究样本分成企业受数字普惠金融政策影响较大和企业受数字普惠金融影响较小的 2 组，然后利用模型（8 - 1）对两组样本分别进行回归。表 8 - 8 报告了检验结果，虽然列（1）—列（4）的交互项（$Treat \times Post$）回归系数均为显著为正，但通过检验 2 组样本的系数组间差异发现，增值税留抵退税政策化解企业财务困境的作用在数字普惠金融发展程度低的样本内更显著，这就是说数字普惠金融发展的越好，增值税留抵退税政策化解企业财务困境的作用就越不明显，由此证实了数字普惠金融作为增值税留抵退税政策的替代机制，能够一起发挥化解企业财务困境的积极作用。

表 8-8 数字普惠金融发展程度的调节作用检验结果

变量	*Riskslove*1	*Riskslove*1	*Riskslove*2	*Riskslove*2
	（1）低	（2）高	（3）低	（4）高
Treat × Post	0.283*** (2.656)	0.144* (1.945)	-0.083*** (-3.320)	-0.025* (-1.775)
Firmsize	-0.367*** (-5.543)	-0.349*** (-5.264)	-0.061*** (-10.095)	-0.074*** (-9.573)
Leverage	-20.627*** (-32.393)	-18.539*** (-25.413)	0.594*** (10.421)	0.593*** (7.841)
ROA	17.263*** (15.117)	17.096*** (13.990)	-3.433*** (-19.834)	-4.044*** (-18.527)
Salesgrowth	-0.127** (-2.146)	-0.137* (-1.899)	-0.002 (-0.389)	-0.008 (-1.082)
KZ	0.859*** (16.249)	0.853*** (12.589)	-0.016*** (-3.838)	-0.018*** (-2.953)
Cashholding	9.393*** (13.658)	9.252*** (10.966)	0.068 (1.497)	0.081 (1.306)
SOE	-0.243 (-1.630)	-0.256 (-1.641)	-0.041*** (-4.237)	-0.057*** (-4.540)
Firmage	0.719*** (10.016)	0.656*** (7.934)	0.032*** (4.793)	0.043*** (4.474)
Boardsize	-0.048 (-1.414)	-0.086** (-2.388)	-0.002 (-0.975)	0.002 (0.591)
BIG	-0.002 (-0.559)	0.003 (0.642)	0.000 (1.307)	0.001*** (2.677)
Dual	0.107 (0.922)	0.126 (0.877)	-0.001 (-0.061)	-0.008 (-0.665)
Constant	20.923*** (12.648)	18.282*** (12.867)	1.319*** (11.342)	1.551*** (9.644)
Firm-effected	控制	控制	控制	控制
Year-effected	控制	控制	控制	控制
组间差异	1.982**		2.142**	
调整 R^2	0.469	0.472	0.397	0.441
观测值	13 993	9 108	11 957	7 898

注释：*、**、*** 分别表示 10%、5%、1% 置信水平显著性检验结果。

二、供应链融资能力

供应链融资是指企业把供应链上的核心企业及其上下游配套企业作为一个整体，根据供应链中企业的交易关系和行业特点制定基于货权及现金流控制整体金融解决方案的一种融资模式。供应链融资可以帮助企业从上下游相关企业处获得资金，有助于缓解融资约束对企业经营活动产生的负面影响，进而改善经营绩效，最终化解企业的财务困境。因此，相比供应链融资能力较弱的企业，供应链融资能力较强的企业更可能从上下游相关企业获得外部资金支持，有助于缓解这些企业在经营活动中的外部融资约束，减轻企业对外部融资的依赖程度，故增值税留抵退税政策的现金效用对这部分企业经营活动的影响相对较弱，进而导致了增值税留抵退税政策提升企业化解财务困境的作用也相对较小。因此，增值税留抵退税政策能够提升企业化解财务困境的作用可能因其供应链融资能力而有所差异，即企业的供应链融资能力能够发挥影响增值税留抵退税政策化解财务困境的作用。

为了验证上述结论，本章参考吴世农等（2022）的相关研究方法，根据企业供应链内的现金支付情况定义供应链融资能力（*Sup-finance*）。企业的供应链融资能力等于将应付账款、预收款项和应付商业汇票三者之和，再减去预付款项、应收商业汇票与应收账款。考虑到本章仅需要区分企业是从上下游相关企业获得现金还是被上下游相关企业占有现金，故并未将 *Sup-finance* 除以销售收入。若 *Sup-finance* 大于0，说明企业能够从上下游供应链的企业获得融资，此时定义该企业具有较强的供应链融资能力；反之，若 *Sup-finance* 小于0，则定义企业的供应链融资能力较弱。然后根据企业供应链融资能力强弱将研究样本分成2组，并利用模型（8－1）分别对2组样本进行回归。表8－9报告了检验结果，虽然列（1）—列（4）的交互项（*Treat*×*Post*）回归系数均显著为正，但通过系数组间差异检验发现，增值税留抵退税政策提升企业财务困境的化解作用在供应链融资能力较弱的样本内更加显著，这就是说企业从上下游企业获得现金的能力越强，增值税留抵退税政策提升企业化解财务困境的作用就越不明显，由此证实了供应链融资能力作为增值税留抵退税政策的替代机制，能够一起发挥化解企业财务困境的作用。

表8－9　供应链融资能力的调节作用检验结果

变量	*Riskslove*1	*Riskslove*1	*Riskslove*2	*Riskslove*2
	（1）弱	（2）强	（3）弱	（4）强
Treat×*Post*	0.355***	0.076*	－0.030**	－0.015*
	（2.872）	（1.861）	（－2.307）	（－1.803）

续表

变量	*Riskslove1*	*Riskslove1*	*Riskslove2*	*Riskslove2*
	（1）弱	（2）强	（3）弱	（4）强
Firmsize	-0.810***	-0.230***	-0.062***	-0.070***
	(-6.772)	(-4.171)	(-6.699)	(-11.252)
Leverage	-24.018***	-16.464***	0.437***	0.718***
	(-25.399)	(-25.161)	(5.579)	(10.707)
ROA	18.024***	16.352***	-3.735***	-3.664***
	(12.561)	(14.083)	(-18.550)	(-19.778)
Salesgrowth	-0.400***	0.009	-0.006	-0.003
	(-4.327)	(0.162)	(-0.650)	(-0.600)
KZ	1.128***	0.662***	-0.013**	-0.020***
	(13.483)	(12.091)	(-2.498)	(-3.734)
Cashholding	11.388***	8.121***	0.089	0.066
	(10.978)	(11.094)	(1.378)	(1.238)
SOE	-0.123	-0.265**	-0.052***	-0.041***
	(-0.455)	(-2.081)	(-3.467)	(-3.834)
Firmage	1.111***	0.491***	0.051***	0.023***
	(8.744)	(7.341)	(4.744)	(3.227)
Boardsize	-0.052	-0.060*	0.004	-0.003
	(-1.045)	(-1.836)	(1.326)	(-1.231)
BIG	0.008	-0.006	0.001**	0.000
	(1.343)	(-1.524)	(2.225)	(1.539)
Dual	-0.030	0.238**	0.010	-0.016
	(-0.175)	(1.974)	(0.915)	(-1.614)
Constant	30.430***	15.806***	1.190***	1.549***
	(10.397)	(12.960)	(6.006)	(12.675)
Firm-effected	控制	控制	控制	控制
Year-effected	控制	控制	控制	控制
组间差异	1.990**		1.782*	
调整 R^2	0.499	0.453	0.393	0.440
观测值	9 525	13 576	8 685	11 170

注释：*、**、*** 分别表示10%、5%、1%置信水平显著性检验结果。

三、税收征管强度

税收征管是税务机关对纳税人纳税情况依法进行税务监督和管理的总称。税务机关的税收征管能够发挥监督企业纳税人依法纳税的作用，并通过外部稽查以提高企业内外部信息透明度，这有助于缓解企业代理问题而化解企业的财务困境。因此，相比受税收征管强度较弱的企业，那些受税务机关税收征管强度大的企业的外部监管力度更大，它们更可能因税务机关的外部稽查而缓解企业内外部的信息不对称，减轻企业内部代理冲突，从而实现化解财务困境的目的。故税收征管强度大的企业对增值税留抵退税政策的治理效用的依赖相对较低，这就造成增值税留抵退税政策对企业财务困境的化解作用相对较弱。增值税留抵退税政策化解企业财务困境的作用可能因企业受税收征管的强度而有所差异，也就是说税务机关的税收征管强度能够发挥影响增值税留抵退税政策化解财务困境的作用。

为了验证上述结论，本章借鉴陈德球等（2016）、曾亚敏和张俊生（2009）的研究成果，用政府税收努力程度①来衡量税收征管强度。政府税收努力程度越高，则企业受税务机关的税收征管强度就越大。接着，本章以年度税收征管强度中位数为依据将研究样本分成税收征管强度高和税收征管强度低 2 组，并利用模型（8－1）分别对两组样本进行回归。表 8－10 报告了检验结果，列（1）和列（3）的交互项（*Treat* × *Post*）回归系数显著，列（2）和列（4）的交互项（*Treat* × *Post*）回归系数不显著，由此说明，增值税留抵退税政策化解企业财务困境的作用在税收征管强度小的企业内更加明显，这就是说企业受外部税务监管力度越大，增值税留抵退税政策化解企业财务困境的作用就越不明显，由此证实了税收征管强度作为增值税留抵退税政策的替代机制，能够一起发挥化解企业财务困境的作用。

表 8－10　　税收征管强度的调节作用检验结果

变量	*Riskslove*1	*Riskslove*1	*Riskslove*2	*Riskslove*2
	（1）弱	（2）强	（3）弱	（4）强
Treat × *Post*	0.165***	0.028	－0.024**	－0.008
	(3.349)	(0.195)	(－2.345)	(－0.626)

① 该指标由模型 $T_{it}/Y_{it} = \alpha + \beta_1 GDP_{it} + \beta_2 IND\_\ 1_{it} + \beta_3 IND\_\ 2_{it} + \varepsilon_{it}$ 估计得到。其中，T_{it} 和 Y_{it} 分别表示某地级市 i 在时期 t 的税收收入和国内生产总值，GDP 表示某地级市对数化人均国内生产总值，IND_ 1 和 IND_ 2 分别表示某地级市第一产业产值和第二产业产值占国内生产总值的比重。本书用实际税收负担比率减去理论税收负担比率来衡量税收征管力度，数值越大说明税收征管力度越强。

续表

变量	*Riskslove1*	*Riskslove1*	*Riskslove2*	*Riskslove2*
	（1）弱	（2）强	（3）弱	（4）强
Firmsize	-0.428***	-0.216***	-0.070***	-0.059***
	(-6.849)	(-3.061)	(-10.861)	(-8.116)
Leverage	-19.398***	-20.711***	0.575***	0.639***
	(-31.509)	(-25.034)	(9.628)	(8.760)
ROA	16.847***	17.869***	-3.734***	-3.590***
	(15.301)	(12.723)	(-22.169)	(-15.115)
Salesgrowth	-0.118**	-0.152**	-0.000	-0.014**
	(-2.240)	(-2.151)	(-0.083)	(-2.515)
KZ	0.845***	0.872***	-0.016***	-0.020***
	(15.472)	(13.124)	(-3.736)	(-3.471)
Cashholding	9.248***	9.408***	0.048	0.111*
	(13.129)	(11.696)	(1.025)	(1.903)
SOE	-0.255*	-0.220	-0.048***	-0.046***
	(-1.748)	(-1.317)	(-4.797)	(-3.671)
Firmage	0.701***	0.658***	0.041***	0.026***
	(9.457)	(8.175)	(5.637)	(3.103)
Boardsize	-0.055*	-0.077*	-0.001	0.001
	(-1.756)	(-1.841)	(-0.425)	(0.396)
BIG	0.004	-0.011**	0.001***	-0.000
	(1.059)	(-2.333)	(2.810)	(-0.296)
Dual	0.115	0.071	-0.007	0.005
	(1.003)	(0.458)	(-0.728)	(0.477)
Constant	20.809***	18.725***	1.485***	1.277***
	(14.305)	(10.962)	(11.724)	(9.054)
Firm-effected	控制	控制	控制	控制
Year-effected	控制	控制	控制	控制
调整 R^2	0.475	0.460	0.417	0.410
观测值	15 976	7 125	13 922	5 933

注释：*、**、*** 分别表示 10%、5%、1% 置信水平显著性检验结果。

四、行业竞争程度

行业内竞争程度指的是一个行业内企业之间的竞争激烈程度。一般来说，行业内竞争越激烈，行业内企业就更有可能开展价格战等措施导致利润下降，进而增加其陷入财务困境的概率。因此，相比竞争不激烈的企业，那些处于竞争激烈行业中的企业更需要为了生存与发展而完善公司治理机制，通过缓和内部代理冲突而降低企业非经营性的各项损失，进而实现经营绩效的持续提高以提升企业化解财务困境的能力。故处于竞争程度高的企业对增值税留抵退税政策的治理效用的依赖相对较低，这就造成增值税留抵退税政策对企业财务困境的化解作用相对较弱。增值税留抵退税政策提升企业化解财务困境的作用可能因企业所处行业的竞争程度而有所差异，也就是说企业的行业竞争程度能够发挥影响增值税留抵退税政策提升企业化解财务困境能力的作用。为了验证上述结论，本章借鉴邢立全和陈汉文（2013）的相关研究，利用赫芬达尔指数来衡量行业竞争强度展开相应研究。赫芬达尔指数越大，说明企业所处行业的竞争程度越激烈①，反之说明企业所处行业的竞争程度不激烈。然后，本章取年度赫芬达尔指数中位数为标准将研究样本分成行业竞争激烈样本组和行业竞争程度不激烈样本组，并利用模型（8－1）分别对2组样本进行回归。表8－11报告了检验结果，虽然列（1）—列（4）的交互项（*Treat* × *Post*）回归系数均为显著，但通过系数组间差异检验发现，增值税留抵退税政策化解企业财务困境的作用在行业竞争相对不激烈的样本内更显著，也就是说企业所处行业的竞争程度越大，增值税留抵退税政策提升企业化解财务困境能力的作用就越不明显，由此证实了行业竞争程度作为增值税留抵退税政策的替代机制，能够一起发挥化解企业财务困境的作用。

表8－11　　行业竞争程度的调节作用检验结果

变量	*Riskslove*1	*Riskslove*1	*Riskslove*2	*Riskslove*2
	（1）低	（2）高	（3）低	（4）高
Treat × *Post*	－0.230***	－0.071*	0.101**	0.011*
	(－3.167)	(－1.821)	(2.052)	(1.925)

① 该指标由模型 $T_{it}/Y_{it} = \alpha + \beta_1 GDP_{it} + \beta_2 IND\_\ 1_{it} + \beta_3 IND\_\ 2_{it} + \varepsilon_{it}$ 估计得到。其中，T_{it} 和 Y_{it} 分别表示某地级市 i 在时期 t 的税收收入和国内生产总值，GDP表示某地级市对数化人均国内生产总值，IND_ 1和IND_ 2分别表示某地级市第一产业产值和第二产业产值占国内生产总值的比重。本书用实际税收负担比率减去理论税收负担比率来衡量税收征管力度，数值越大说明税收征管力度越强。

续表

变量	*Riskslove1*	*Riskslove1*	*Riskslove2*	*Riskslove2*
	（1）低	（2）高	（3）低	（4）高
Firmsize	-0.323***	-0.412***	-0.074***	-0.063***
	(-4.196)	(-5.363)	(-8.574)	(-9.588)
Leverage	-17.382***	-21.125***	0.773***	0.490***
	(-19.075)	(-29.251)	(9.103)	(8.108)
ROA	14.082***	19.387***	-3.997***	-3.499***
	(11.254)	(14.637)	(-17.687)	(-19.655)
Salesgrowth	0.053	-0.214***	-0.011	0.000
	(0.503)	(-3.837)	(-1.415)	(0.026)
KZ	0.830***	0.865***	-0.029***	-0.010**
	(9.890)	(14.753)	(-3.968)	(-2.473)
Cashholding	8.986***	9.374***	-0.014	0.119**
	(9.378)	(11.761)	(-0.224)	(2.355)
SOE	-0.328*	-0.105	-0.052***	-0.044***
	(-1.719)	(-0.601)	(-3.514)	(-4.171)
Firmage	0.643***	0.747***	0.046***	0.030***
	(6.583)	(8.829)	(4.447)	(4.074)
Boardsize	-0.119***	-0.028	-0.005	0.002
	(-2.724)	(-0.728)	(-1.576)	(0.914)
BIG	0.008	-0.004	0.000	0.001**
	(1.631)	(-0.760)	(1.043)	(2.171)
Dual	-0.260	0.290**	-0.005	-0.004
	(-1.635)	(2.130)	(-0.318)	(-0.479)
Constant	18.414***	20.903***	1.576***	1.206***
	(10.326)	(11.776)	(9.561)	(8.573)
Firm-effected	控制	控制	控制	控制
Year-effected	控制	控制	控制	控制
组间差异	2.108**		1.978**	
观测值	8 236	14 865	7 233	12 622
调整 R^2	0.465	0.479	0.452	0.391

注释：*、**、*** 分别表示10%、5%、1%置信水平显著性检验结果。

第七节　本章小结

本章探讨了增值税留抵退税政策能否发挥提升企业化解财务困境能力这一问题，选择2015—2021年中国沪深A股上市公司为研究对象展开实证研究，最终得到结论如下。第一，增值税留抵退税政策能够发挥化解企业财务困境的作用，该结论经过数据平行趋势检验、倾向得分匹配法、安慰剂检验和重构被解释变量等稳健性测试后依然成立。第二，增值税留抵退税政策通过现金效应和治理效应发挥化解企业财务困境的作用，即对于现金资产越少、融资约束越大的企业，增值税留抵退税政策化解企业财务困境的作用越大，而在管理费用率低、盈余管理程度低的企业内化解财务困境的作用较小。第三，当企业所在地的数字普惠金融发展较好、企业通过供应链得到融资的能力较强时，增值税留抵退税政策提升企业化解财务困境的能力就被削弱，而对于受政府税收稽查力度较小、所处行业竞争程度较弱的企业而言，增值税留抵退税政策提升企业化解财务困境的能力却更加明显。

本章结论提供如下建议。第一，由增值税留抵退税政策提升企业化解财务困境的结论可知，国家若要持续支持企业的持续发展，下阶段可以沿着深化增值税留抵退税改革的路径，从提高退税效率和优化退税申请流程等角度进行优化，进而提高增值税留抵退税政策的实施效果。第二，由增值税留抵退税政策可通过现金效应和治理效应化解企业财务困境的结论可知，企业的健康发展需要稳定的外部融资渠道和规范的内外部治理机制，政府在调控经济鼓励企业发展时要重视完善的融资市场建设，保障企业通过合理的途径获得经营活动需要的资金，也要重视健全的企业治理机制建设，进而缓解企业内部代理冲突以减少非经营性损失。第三，由增值税留抵退税政策在企业不同情境下的差异化作用可知，推动企业持续发展需要一整套完善的方案，不仅需要继续推动数字普惠金融制度建设，也要倡导企业构建健康完善的供应链融资方案，并坚持发挥税务机关监管企业依法纳税得的作用，引导企业参与合理的行业内竞争。最终政府要整合多渠道方案，一同发力引导企业踏上可持续发展的道路。

第九章　总结、建议和展望

第一节　全书总结

本书通过科学的理论演绎、严谨的逻辑推导和详实的实证检验探讨了增值税留抵退税政策的公司治理作用，并从盈余管理、财务舞弊、风险承担和财务困境四个方面展开系统深入探索，最后得出以下 5 个明确的结论。

第一，增值税留抵退税政策影响企业公司治理的数理演绎结论。本书通过构建严谨的数理模型进行博弈分析后发现：增值税留抵退税政策确实会影响企业的公司治理水平，具体表现在政府和企业在多种情况下进行博弈得出结论，即当政府提供的增值税留抵退税政策对企业带来的收益大于企业管理层谋取私利时，企业管理层会做出改善公司治理的经营决策。例如，增值税留抵退税政策会对企业的合规纳税提出明确要求，并且税务机关也会按增值税留抵退税政策的规定对企业的增值税留抵退税申请情况进行核查，这些措施会影响企业管理层的盈余管理、财务舞弊、风险承担和财务困境等决策，进而使企业表现出更低程度的盈余管理、更小概率的财务舞弊和更高水准的风险承担特征。博弈分析结果显示，税收稽查力度会影响管理层的经营决策，因此增值税留抵退税政策对企业税务稽查的特殊制度安排会使得增值税留抵退税政策发挥提高企业公司治理的作用。虽然财政部和国家税务总局出台增值税留抵退税政策是为了通过减轻企业经营负担而赋能企业的经营绩效，但通过享受资格的设定，可以发挥增值税留抵退税政策对企业公司治理的外部机制作用，改善企业的公司治理。因此，若政府实施的增值税留抵退税政策涉及企业合规纳税等内容，那么它就能够影响企业的公司治理水平。

第二，增值税留抵退税政策影响企业盈余管理的实证检验结论。本书利用 2015—2021 年中国上市公司数据，以财政部与国家税务总局联合发布的财税〔2018〕70 号文件表明政府实施增值税留抵退税政策，构建双重差分模型实证检验增值税留抵退税政策对企业盈余管理的影响，进而归纳出增值税留抵退税政策的公司治理作用。本章得到结论如下：增值税留抵退税政策确实能够发挥抑制企业盈余管理的作用，这一结论在多个稳健性检验后依然成立。机制检验发现，增值税留抵退税政策通过降低企业管理层的盈余操控意愿和压缩盈余操控空间而发挥作用。拓展检验发现，在民营控股企业、高科技企业和税收征管力度较轻的企业内，增值税留抵退税政策抑制企业盈余管理的作用更加明显。

第三，增值税留抵退税政策影响企业财务舞弊的实证检验结论。本书利用2015—2021年中国上市公司数据，以财政部与国家税务总局联合发布的财税〔2018〕70号文件表明政府实施增值税留抵退税政策，构建双重差分模型验证增值税留抵退税政策对企业财务舞弊的影响，进而归纳出增值税留抵退税政策的公司治理作用。本章得到结论如下：增值税留抵退税政策确实能够发挥抑制企业财务舞弊的作用，这一结论在多个稳健性检验后依然成立。机制检验发现，增值税留抵退税政策通过缓解企业管理层的经营业绩压力、约束企业管理层进行财务舞弊的空间和消除企业管理层对财务舞弊合理化粉饰而发挥作用。拓展检验发现，在民营控股企业、高科技企业和经营困难的企业内，增值税留抵退税政策抑制企业财务舞弊的作用更加明显。

第四，增值税留抵退税政策影响企业风险承担的实证检验结论。本书利用2015—2021年中国上市公司数据，以财政部与国家税务总局联合发布的财税〔2018〕70号文件表明政府实施增值税留抵退税政策，构建双重差分模型验证增值税留抵退税政策对企业风险承担的影响，进而归纳增值税留抵退税政策的公司治理作用。本章得到结论如下：增值税留抵退税政策确实能够发挥提高企业风险承担水平的作用，进而验证了增值税留抵退税政策的公司治理作用。机制检验发现，增值税留抵退税政策通过充盈企业内部现金流量、降低企业的财务费用和完善企业的内部治理机制而发挥提升企业风险承担水平的作用。拓展检验发现，增值税留抵退税政策对企业风险承担水平的提升作用在非国有控股企业、高科技企业和存在业绩压力的企业内更加明显。

第五，增值税留抵退税政策影响企业财务风险的实证检验结论。本书利用2015—2021年中国上市公司数据，以财政部与国家税务总局联合发布的财税〔2018〕70号文件表明政府实施增值税留抵退税政策，构建双重差分模型验证增值税留抵退税政策对企业财务风险的影响，进而归纳增值税留抵退税政策的公司治理作用。本章得到结论如下：增值税留抵退税政策确实能够发挥提升企业化解财务困境的作用，进而验证了增值税留抵退税政策的公司治理作用。机制检验发现，一方面，增值税留抵退税政策是通过“现金效应”发挥化解企业财务困境的作用，即对于现金资产越少、融资约束越大的企业，增值税留抵退税政策化解企业财务困境的作用越大，而在管理费用率低、盈余管理程度低的企业内化解财务困境的作用较小；另一方面，增值税留抵退税政策通过“治理效应”发挥作用，即当企业所在地的数字普惠金融发展较好、企业通过供应链得到融资的能力较强时，增值税留抵退税政策提升企业化解财务困境的能力就被削弱，而对于受到政府税收稽查力度较小、处于行业竞争程度较弱的企业而言，增值税留抵退税政策提升企业化解财务困境的能力却更加明显。

第二节　全书建议

综合全书的研究结论，本书提出如下建议：

增值税留抵退税将在一段时期内成为我国“减税降费”政策的重要内容，也将是增值税制度改革的重要方向。增值税留抵退税政策通过及时退还企业预缴的增值税进项税额以实现充盈企业内部货币资金的目的，进而帮助企业改善经营绩效。因此，关于增值税留抵退税政策的有效性评价可以从增值税留抵退税政策的实施范围和实施条件两个方面展开。关于增值税留抵退税政策的实施范围，目前的政策虽然就增值税增量留抵税和存量留抵税的退还对象有所扩容，但是政策的优惠范围尚未覆盖所有行业，这样容易造成不同企业间税收优惠政策享受不均衡而削弱增值税的公平性原则。因此下阶段的政策改革还要继续深化增值税留抵退税政策，争取早日实现增值税留抵退税政策的全行业覆盖。关于增值税留抵退税政策的实施条件，当前的政策只将企业的偷税漏税行为列为能否享受增值税留抵退税的前提要求，尚未关注公司其他类型的舞弊行为。因此，下阶段的政策可以考虑提高增值税留抵退税政策享受门槛，把企业的财务舞弊等列入考核企业能否享受优惠政策的条件内，以此强化增值税留抵退税政策的公司治理效应，更大程度发挥增值税留抵退税政策推动经济发展的巨大作用。此外，增值税留抵退税政策的实施过程也要考虑企业的产权属性差异、行业差异以及企业实际经营情况等具体因素，针对企业的不同特征制定差异化的措施，进而使增值税留抵退税政策更加贴近现实，并能够更加有效地服务于实体企业的持续增长。增值税留抵退税政策的实施过程也要考虑企业的现实经营状况，政府可以加快增值税留抵退税政策实施过程来推动企业经营绩效的改善，并尽最大努力疏通影响企业经营绩效的障碍。最后，增值税留抵退税政策还需契合国家扶持中小微型企业发展的时代契机，以扶持民营企业和中小微型企业为重点任务，在政策享受范围内，增值税留抵退税政策的扶持力度尽可能向民营企业和中小微型企业倾斜，尤其是那些关乎科技进步和产业结构升级的高科技中小微型企业。当然，政府在推行增值税留抵退税政策时也要考虑财政承受能力，避免因集中进行增值税留抵退税而出现财政支付挤兑，最终影响政府日常管理工作。总之，增值税留抵退税政策的实施需要考虑各个方面的影响因素，既要考虑政策执行范围、执行力度，也要考虑政府推行政策面临的压力，此外还要立足经济发展和社会稳定的大局，利用增值税留抵退税改革的契机，实现税制服务企业推动国家产业结构升级和经济持续高质量发展的目标。

第三节　研究展望

本书通过梳理增值税留抵退税政策的实施进行，阐述增值税留抵退税的内涵和作用逻辑，再从盈余管理、财务舞弊、风险承担和财务困境四个方面验证了增值税留抵退税政策的公司治理作用。随着增值税改革实践的逐步深入，政府的税费政策与企业决策之间的互动关系越发紧密，税费政策对企业经营活动的影响亦与日剧增。本书认为，增值税留抵退税政策对企业公司治理的影响，未来还能从以下几个方面展开进一步地探索。

一、增值税留抵退税政策与企业财务决策

增值税留抵退税政策与企业的财务决策密切相关，具体来说，增值税留抵退税政策可能影响企业的投资决策、筹资决策、营运资本管理决策和税收决策。

第一，投资决策。增值税留抵退税政策可能会影响企业的投资决策，它通过及时退还预缴的增值税进项税而减轻增值税负担，引导企业将更多的资金用于投资项目。例如，企业可以将退还的留抵税额投入到扩大生产、引进新技术或开展新产品线研发等中，最终使增值税留抵退税政策发挥促进企业投资的作用。第二，筹资决策。增值税留抵退税政策可能会影响企业的筹资决策，它通过及时退还预缴的增值税进项税额来缓解融资约束，强化企业在负债融资和权益融资中做出合理选择的能力，进而增强企业的资本结构调整能力。例如，企业因获得增值税留抵税额而确保充足的现金流，进而使其能够更从容地选择筹资方案。企业会根据融资成本来选择债务融资或权益融资，以及多大比例的融资，进而使增值税留抵退税政策与资本结构间存在关联。第三，营运资本管理

决策。增值税留抵退税政策可能会影响企业的营运资本管理决策，它通过及时回收预缴的增值税进项税额来增强企业灵活处理与供应商、消费者和内部员工间关系的能力。例如，企业依靠及时获得的增值税留抵退税额拥有了更加充分的现金以实施销售政策，或更及时地支付员工薪资以提高员工工作的积极性，最终使增值税留抵退税政策与企业营运资本决策间存在关联。第四，税务筹划决策。增值税留抵退税政策可能会影响企业的税务筹划决策，它通过严格的外部税务稽查来约束企业进行税务筹划。例如，严格的外部税务稽查会增加企业避税被发现的概率，且稽查结果和处罚间紧密关联，最终对企业的避税行为产生影响。因此，增值税留抵退税政策与企业的避税行为间存在关联。

二、增值税留抵退税政策与企业战略决策

增值税留抵退税政策与企业的战略决策密切相关。具体来说，增值税留抵退税政策会影响企业的产品定价与市场定位、产业升级与技术转型、资源配置与风险管理以及市场拓展与国际竞争。

第一，产品定价和市场定位。增值税留抵退税政策会影响企业的产品定价和市场定位，它通过直接向企业退还预缴的增值税进项税费来降低产品成本，进而增强产品竞争力的空间。同时，企业也可以利用增值税留抵退税政策提供的退还资金产品进行升级、保障美化等，确保产品在市场上树立高品质、高附加值的形象，实现差异化竞争，最终实现扩大市场份额的战略目标。第二，产业升级和技术转型。增值税留抵退税政策通过及时退还企业预缴的增值税进项税费来帮助企业进行产业升级和技术转型，引导企业实现技术创新、设备更新、人才培养，最终提升企业的核心竞争能力和市场地位。第三，资源配置和风险管理。增值税留抵退税政策通过引导企业进行合理的资金配置和资源整合、优化生产和运营流程，达到了降低企业经营风险和财务风险的目的，最终实现企业资源的有效配置和风险的强化管理。此外，增值税留抵退税政策还能帮助企业建立风险储备、扩大市场份额或进行并购等，以应对市场波动和未来挑战。第四，市场拓展和国际竞争。增值税留抵退税政策通过向企业直接退还预缴的进项税费来降低财务成本，并由此提高企业拓展市场和参与竞争的能力。一方面，企业可以利用退税政策获得资金优势，在市场拓展和国际竞争中占据有利地位；另一方面，企业可以将退税资金用于研发创新、品牌推广、产品升级或市场扩张，增强企业的战略能力，最终在激烈的国际竞争中取得成绩。

三、增值税留抵退税政策与企业社会责任

增值税留抵退税政策与企业承担的社会责任密切相关，具体来说，增值税留抵退税政策会影响企业的资源优化和环境保护、社会投入和公益事业、企业治理和道德经营。

第一，资源优化和环境保护。增值税留抵退税政策可以为企业环境保护和可持续发展提供资金和资源。企业可以将增值税留抵退税资金用于环境友好型设备的购置、节能减排措施的实施以及环境管理体系的建设，实现企业履行保护环境的社会责任、减少对环境的负面影响的目标。第二，社会投入和公益事业。增值税留抵退税政策可以为企业的社会投入和公益事业提供资金支持。企业可以利用增值税留抵退税资金开展慈善捐赠、教育支持、扶贫帮困等社会责任项目，实现企业能够回馈社会、改善社区福祉、增强社会形象和声誉的目标。第三，企业治理和道德经营。增值税留抵退税政策可以发挥提高企业诚信经营的作用。因为企业在享受退税政策的同时，需要遵守相关的法律法规，做到诚信经营和合规纳税，这就使增值税留抵退税政策发挥了改善企业内部管理制度的积极作用。第四，创新和人才培养。增值税留抵退税政策可以为企业在创新研发和人才培养方面提供资金支持。企业可以利用退税资金开展科技创新、产品研发以及员工培训和发展等活动，最终实现促进经济发展、提高竞争力、为社会创造更多就业机会和经济效益的目标。

参考文献

1. Adams R, Lena D, Malcolm P. Critical Practice in Social Work [J]. Bloomsbury Publishing, 2009.

2. Altman E I. Financial Ratios, Discriminant Analysis and the Prediction of Corporate Bankruptcy [J]. The journal of finance, 1968, 23 (4): 589 -609.

3. Altman E I. Corporate Financial Distress: A Complete Guide to Predicting, Avoiding, and Dealing with Bankruptcy [M]. New York: John Wiley and Sons, 1983.

4. Asare S K, Wright A M. Investors', Auditors', and Lenders' Understanding of the Message Conveyed by the Standard Audit Report on the Financial Statements [J]. Accounting Horizons, 2012, 26 (2): 193 -217.

5. Agrawal A, Sahiba C. Corporate Governance and Accounting Scandals [J]. The Journal of Law and Economics, 2005, 48 (2): 371 -406.

6. Alexander C R, Cohen M A. Why do Corporations Become Criminals? Ownership, Hidden Actions, and Crime as an Agency Cost [J]. Journal of Corporate Finance, 1999, 5 (1): 1 -34.

7. Acharya V V, Amihud Y, Litov L. Creditor Rights and Corporate Risk-Taking [J]. Journal of financial Economics, 2011, 102 (1): 150 -166.

8. Brakman S, et al. Firm heterogeneity and Exports in the Netherlands: Identifying Export Potential beyond Firm Productivity [J]. The Journal of International Trade & Economic Development, 2020, 29 (1): 36 -68.

9. Bebchuk L, Cohen A, Ferrell A. What Matters in Corporate Governance? [J]. The Review of financial studies, 2009, 22 (2): 783 -827.

10. Bartram S M, Brown G, Stulz R M. Why are US Stocks More Volatile? [J]. The Journal of Finance, 2012, 67 (4): 1329 -1370.

11. Bova F, Kolev K, Thomas J K, et al. Non-executive Employee Ownership and Corporate Risk [J]. The Accounting Review, 2015, 90 (1): 115 -145.

12. Bebchuk L A, Weisbach M S. The State of Corporate Governance Research [J]. The Review of Financial Studies, 2010, 23 (3): 939 –961.

13. Beaver W H. Financial Ratios as Predictors of Failure [J]. Journal of Accounting Research, 1966, 71 –111.

14. Bernile G, Bhagwat V, Yonker S. Board Diversity, Firm Risk, and Corporate Policies [J]. Journal of Financial Economics, 2018, 127 (3): 588 –612.

15. Benlemlih M, Ben Mbarek M. Executive Overcompensation and Financial Reporting Quality: Evidence from the US and Europe [J]. The International Journal of Accounting, 2019, 54 (2): 142 –174.

16. Bhagat S, Bolton B. Do Independent Directors Curb Internal Corporate Misconduct? [J]. Journal of Corporate Finance, 2019 (57): 142 –159.

17. Bromiley P. Testing a Causal Model of Corporate Risk Taking and Performance [J]. Academy of Management journal, 1991, 34 (1): 37 –59.

18. Carcello J, Neal T L. Audit Committee Composition and Auditor Reporting [J]. The Accounting Review, 2000, 75 (5): 453 –468.

19. Cohen D A, Dey A, Lys T Z. Real and Accrual-based Earnings Management in the pre- and post-Sarbanes-Oxley Periods [J]. The Accounting Review, 2008, 83 (3): 757 –787.

20. Cecchini M, Aytug H, Koehler G J, et al. Detecting Management Fraud in Public Companies [J]. Management Science, 2010, 56 (7): 1 146 –1160.

21. Cheng S. Board Size and the Variability of Corporate Performance [J]. Journal of financial economics, 2008, 87 (1): 157 –176.

22. Carcello J V, Nagy A L. Client Size, Auditor Specialization and Fraudulent Financial Reporting [J]. Managerial Auditing Journal, 2004, 19 (5): 651 –668.

23. Daily C M, Dalton D R, Cannellajr A A. Corporate Governance: Decades of Dialogue and Data [J]. Academy of Management Review, 2003, 28 (3): 371 –382.

24. Donelson D C, Ege M S, McInnis J M. Internal Control Weaknesses and Financial Reporting Fraud [J]. Auditing: A Journal of Practice & Theory, 2017, 36 (3): 45 –69.

25. Dess G G, Lumpkin G T. The Role of Entrepreneurial Orientation in Stimulating Effective Corporate Entrepreneurship [J]. Academy of Management Perspec-

tives, 2005, 19 (1): 147 -156.

26. Dey A, Engel E, Liu X. The Effect of Changes in Regulatory Enforcement Priorities on Corporate Misconduct and Penalties [J]. Journal of Financial Economics, 2020, 137 (1): 271 -293.

27. Dechow P M, SloanL R G, Sweeney A P. Detecting Earnings Management [J]. Accounting Review, 1995, 193 -225.

28. Echow P M, Skinner D J. Earnings Management: Reconciling the Views of Accounting Academics, Practitioners, and Regulators [J]. Accounting Horizons, 2000, 14 (2): 235 -250.

29. Echow P M, Dichev I D. The Quality of Accruals and Earnings: The Role of Accrual Estimation Errors [J]. The Accounting Review, 2002, 77 (s -1): 35 -59.

30. Edwards A S, Shevlin T. Financial constraints and Cash Tax Savings [J]. The Accounting Review, 2016, 91 (3): 859 -881.

31. Faccio M, Marchica M T, Mura R. Large Shareholder Diversification and Corporate Risk-taking [J]. The Review of Financial Studies, 2011, 24 (11): 3601 -3641.

32. Faccio M, Marchica M T, Mura R. CEO Gender, Corporate Risk-taking, and the Efficiency of Capital Allocation [J]. Journal of Corporate Finance, 2016, 39: 193 -209.

33. Fields M A, Keys P Y. The Emergence of Corporate Governance from Wall St. to Main St.: Outside Directors, Board Diversity, Earnings Management, and Managerial Incentives to Bear Risk [J]. Financial Review, 2003, 38 (1): 1 -24.

34. Fan J P, Wong T J. Corporate Ownership Structure and the Informativeness of Accounting Earnings in East Asia [J]. Journal of Accounting and Economics, 2002, 33 (3): 401 -425.

35. Fang L H, Peress J, Zheng L. Does Media Coverage of Stocks Affect Mutual Funds' Trading and Performance? [J]. Review of Financial Studies, 2014, 27 (12): 341 -346.

36. Gendron Y, Bedard J, Dufour S. Creating a Climate of Trust: The Role of Internal Auditors in Financial Statement Fraud Prevention [J]. Accounting, Organizations and Society, 2019 (74): 1 -20.

37. Gill A, Kanodia C, Sapra H. Internal Control Deficiencies and the Cost of

Corporate debt [J]. Journal of Accounting Research, 2018, 56 (5): 1365 - 1402.

38. Gupta S, Lynch D P. The Effects of Changes in State Tax Enforcement on Corporate Income Tax Collections [J]. Journal of the American Taxation Association, 2016, 38 (1): 125 - 143.

39. Healy P M, Wahlen J M. A Review of the Earnings Management Literature and Its Implications for Standard Setting [J]. Accounting Horizons, 1999, 13 (4): 365 - 383.

40. Hambrick D C, Mason P A. Upper Echelons: The Organization as a Reflection of Its Top Managers [J]. Academy of Management Review, 1984, 9 (2): 193 - 206.

41. Hofer C W. Turnaround Strategies [J]. Journal of Business Strategy, 1980, 1 (1): 19 - 31.

42. Hillman A J, Keim G D. Shareholder Value, Stakeholder Management, and Social Issues: What's the Bottom Line? [J]. Strategic Management Journal, 2001, 22 (2): 125 - 139.

43. Harakeh M, El-Gammal W, Matar G. Female Directors, Earnings Management, and CEO Incentive Compensation: UK Evidence [J]. Research in International Business and Finance, 2019, 50: 153 - 170.

44. John K, Litov L, Yeung B. Corporate Governance and Risk-Taking [J]. The Journal of Finance, 2008, 63 (4): 1679 - 1728.

45. Jensen M C, Meckling W H. Can the Corporation Survive? [J]. Financial Analysts Journal, 1978, 34 (1): 31 - 37.

46. Jin L. CEO Compensation, Diversification, and Incentives [J]. Journal of Financial Economics, 2002, 66 (1): 29 - 63.

47. Kirkos E, Spathis C, Manolopoulos Y. Data Mining Techniques for the Detection of Fraudulent Financial Statements [J]. Expert Systems with Applications, 2007, 32 (4): 995 - 1003.

48. Kini O, Williams R. Tournament Incentives, Firm Risk, and Corporate Policies [J]. Journal of Financial Economics, 2012, 103 (2): 350 - 376.

49. Kim Y, Park M S, Wier B. Competition and Earnings Management: Evidence from the US Lodging Industry [J]. Journal of Business Ethics, 2019, 156 (2): 399 - 420.

50. Kusuma H, Rahyuda A K. The Impact of IT Governance on Corporate Performance: The Mediating role of Financial Performance and Fraud Prevention [J]. Journal of Accounting & Organizational Change, 2021, 17 (1): 71 -91.

51. Lennox C S, Wu X. Audit Firm Networks and Financial Reporting Quality [J]. Journal of Accounting & Economics, 2019, 67 (2 -3): 307 -332.

52. Li X, Venkateswaran A. Media Coverage and Corporate Misconduct: Evidence from China [J]. Journal of Accounting and Economics, 2020, 69 (2 -3): 101370.

53. Lefebvre M, Vieider F M, Villeval M C. Incentive Effects on Risk Attitude in Small Probability Prospects [J]. Economics Letters, 2010, 109 (2): 115 -120.

54. Liu H, Zhao Y T. Spillover effects of VAT Self-enforcement Properties: Evidence Based on the Replacement of Business Tax With VAT Reform [J]. China Journal of Accounting Research, 2023, 16 (1): 100282.

55. Mcnichols M F. Research Design Issues in Earnings Management Studies [J]. Journal of Accounting and Public Policy, 2000, 19 (4 -5): 313 -345.

56. Oychowdhury S. Earnings Management through Real Activities Manipulation [J]. Journal of Accounting and Economics, 2006, 42 (3): 335 -370.

57. Ohlson J A. Financial Ratios and the Probabilistic Prediction of Bankruptcy [J]. Journal of Accounting Research, 1980, 18 (1): 109 -131.

58. Raham J R, Harvey C R, Rajgopal S. The Economic Implications of Corporate Financial Reporting [J]. Journal of Accounting and Economics, 2005, 40 (1 -3): 3 -73.

59. Sirgy M J. Measuring Corporate Performance by Building on the Stakeholders Model of Business Ethics [J]. Journal of Business Ethics, 2002, 35: 143 -162.

60. Shayan-Nia, M, et al. How Efficient Ownership Structure Monitors Income Manipulation? [J]. Evidence of Real Earnings Management among Malaysian Firms. Research in International Business and Finance, 2017, 41: 54 -66.

61. Solow R M. A Contribution to the Theory of Economic Growth [J]. The Quarterly Journal of Economics, 1956, 70 (1): 65 -94.

62. Schendel D, Patton G R. An Empirical Study of Corporate Stagnation and Turnaround [J]. Academy of Management Proceedings. Briarcliff Manor, NY 10510: Academy of Management, 1975: 49 -51.

63. Sudarsanam S, Lai J. Corporate Financial Distress and Turnaround Strate-

gies: An empirical Analysis [J]. British Journal of Management, 2001, 12 (3): 183 – 199.

64. Vazquez-Brust, D. A, et al. Stakeholders Pressures and Strategic Prioritization: An Empirical Analysis of Environmental Responses in Argentinean Firms [J]. Journal of Business Ethics, 2010, 91: 171 – 192.

65. Wruck K H. Financial Distress, Reorganization, and Organizational Efficiency [J]. Journal of Financial Economics, 1990, 27 (2): 419 – 444.

66. Yu W, Zhu K Y, Huang H Q, Teklay Belaynesh. Does Confucianism Influence Corporate Earnings Management? [J]. Research in International Business and Finance, 2021, 56: 101 – 390.

67. 白云霞，陈华，黄志忠．法制环境、审计质量与 IPO 首日回报——来自国有 IPO 公司的证据［J］．审计研究，2009，3：67 – 73 + 90.

68. 薄仙慧，吴联生．国有控股与机构投资者的治理效应：盈余管理视角［J］．经济研究，2009，44（02）：81 – 91 + 160.

69. 蔡宁．风险投资“逐名”动机与上市公司盈余管理［J］．会计研究，2015，5：20 – 27 + 94.

70. 蔡伟贤，沈小源，李炳财，等．增值税留抵退税政策的创新激励效应［J］．财政研究，2022，5：31 – 48.

71. 陈德球，陈运森，董志勇．政策不确定性、税收征管强度与企业税收规避［J］．管理世界，2016，5：151 – 163.

72. 陈冬华，胡晓莉，梁上坤，等．宗教传统与公司治理［J］．经济研究，2013，48（09）：71 – 84.

73. 陈关亭．我国上市公司财务报告舞弊因素的实证分析［J］．审计研究，2007，5：91 – 96 + 90.

74. 陈佳声．上市公司、审计师与监管机构的财务舞弊博弈研究［J］．审计研究，2014，4：89 – 96.

75. 陈俊，张传明．操控性披露变更、信息环境与盈余管理［J］．管理世界，2010，8：181 – 183.

76. 陈克兢，邢宝心，万清清，等．国家治理体系完善能抑制企业盈余管理吗？——基于准自然实验的经验证据［J］．运筹与管理，2021，30（12）：226 – 231.

77. 陈庆杰，余春宏．财务报告舞弊的高管因素分析与人本治理［J］．财政研究，2006，1：61 –63.

78. 陈艺云. 基于信息披露文本的上市公司财务困境预测：以中文年报管理层讨论与分析为样本的研究［J］. 中国管理科学，2019，27（07）：23 –34.

79. 陈艳，张武洲. 国有企业党组织“把方向”能有效抑制财务舞弊吗？——基于“讨论前置”机制的准自然实验［J］. 中国软科学，2022，1：182 –192.

80. 陈运森，邓祎璐，李哲. 证券交易所一线监管的有效性研究：基于财务报告问询函的证据［J］. 管理世界，2019，35（03）：169 –185 +208.

81. 陈沉，李哲，王磊. 管理层控制权、企业生命周期与真实盈余管理［J］. 管理科学. 2016，29（04）：29 –44.

82. 陈雨萌，朱红. 高管激励、财务报告品质与企业财务舞弊［J］. 南开管理评论，2019，22（03）：64 –75.

83. 陈力，周洁. 增值税留抵退税政策、盈余管理与企业合理化借口［J］. 会计研究，2019，2：34 –43.

84. 陈帅，张新民，刘思义. 内部沟通成本与“拆借式”盈余管理——基于地理分散度视角［J］. 会计研究，2022，10：19 –30.

85. 陈修德，陈雅静，马文聪，等. 数字金融发展影响企业创新的风险承担机制［J］. 系统管理学报，2023，32（04）：746 –760.

86. 陈小辉，张红伟. 数字经济如何影响企业风险承担水平［J］. 经济管理，2021，43（05）：93 –108.

87. 陈冬，陆佳妮，周宇洁，等. 增值税改革与企业所得税避税的联动效应——来自增值税税率简并改革的证据［J］. 财经研究，2023.

88. 程富，孙世敏，张佳叶. 退市制度变更对上市公司盈余管理行为的影响［J］. 东北大学学报（自然科学版），2019，40（04）：602 –608.

89. 程书强. 机构投资者持股与上市公司会计盈余信息关系实证研究［J］. 管理世界，2006，9：129 –136.

90. 崔惠玉，田明睿，王倩. 增值税留抵税款抑制了企业研发投入吗？［J］. 财贸经济，2022，43（08）：59 –73.

91. 戴璐，宋迪. 高管股权激励合约业绩目标的强制设计对公司管理绩效的影响［J］. 中国工业经济，2018，4：117 –136.

92. 戴亦一，余威，宁博，等. 民营企业董事长的党员身份与公司财务违规［J］. 会计研究，2017，6：75 –81 +97.

93. 党宏欣. 控股股东股权质押、掏空与公司财务困境［J］. 财会通讯，

2022，3：61－64＋78.

94. 邓永勤．非流动资产减值研究及其对企业所得税的影响［J］．税务研究，2009，3：92－94.

95. 东生，许建国．增值税留抵退税的国际借鉴［J］．国际税收，2019，8：71－74.

96. 丁红燕．审计失败及其后果——基于证监会2006—2010年处罚公告的分析［J］．中国海洋大学学报（社会科学版），2013，1：62－67.

97. 董保国．我国上市公司财务困境恢复影响因素研究［D］．厦门：厦门大学，2009.

98. 董红星．财务报告舞弊的组织伦理学分析［J］．会计研究，2016，9：11－16.

99. 董莉．经济政策不确定性、管理者自信与企业投资效率［J］．统计与决策，2021，37（10）：165－169.

100. 董思文．增值税留抵退税政策对上市公司经营绩效的影响研究［D］．东北财经大学，2020.

101. 董维维，潘金晶．高管薪酬差距、产权性质与企业风险承担关系研究［J］．预测，2020，39（06）：25－31.

102. 董馨格，韩亮亮，董盈厚．“前车之覆乃是后车之鉴”吗：家族企业盈余管理路径依赖的实证研究［J］．上海财经大学学报，2022，24（06）：93－107.

103. 董南雁，张俊瑞．公司治理强度、审计力度与审计质量［J］．南开管理评论，2009，12（02）：81－89.

104. 杜瑞，李延喜．企业研发活动与盈余管理——微观企业对宏观产业政策的适应性行为［J］．科研管理，2018，39（03）：122－131.

105. 杜兴强，肖亮．茶文化与上市公司盈余管理——基于中国资本市场的经验证据［J］．厦门大学学报（哲学社会科学版），2022，72（05）：85－98.

106. 杜勇，胡海鸥．商业银行风险承担、融资约束与货币政策信贷渠道［J］．投资研究，2016，35（04）：111－122.

107. 樊纲，王小鲁，张立文，等．中国各地区市场化相对进程报告［J］．经济研究，2003，3：9－18＋89.

108. 樊勇，李昊楠．资本有机构成变动与马克思利润率下降理论的再检验——以“营改增”为背景的实证［J］．财政研究，2019，3：47－62.

109. 范经华，张雅曼，刘启亮. 内部控制、审计师行业专长、应计与真实盈余管理 [J]. 会计研究，2013，4：81－88＋96.

110. 方胜，田敏，冯山. 控股股东掏空、投融资决策与风险承担 [J]. 金融经济学研究，2023，38（06）：97－113.

111. 甘小武，曹国庆. 研发费用加计扣除政策对高新技术企业研发投入的影响分析 [J]. 税务研究，2020，10：100－106.

112. 高凤莲，王志强. 独立董事社会资本与高管薪酬——绩效敏感度 [J]. 经济管理，2016，38（08）：82－97.

113. 高洪星，熊建强. 审计机构多元化、审计质量与企业财务舞弊——基于中国上市公司的实证研究 [J]. 南开管理评论，2020，23（04）：91－103.

114. 高磊，赵雨笛. 多个异质大股东的混合所有制与企业创新——基于风险承担与融资约束的中介作用 [J]. 管理评论，2023，35（11）：126－141.

115. 耿纯，刘怡. 增值税收入归属、退税负担机制与消费地原则 [J]. 北京大学学报（哲学社会科版），2022，59（05）：119－127.

116. 耿照源，邬咪娜，高晓丽. 我国上市公司股权激励与盈余管理的实证研究 [J]. 统计与决策，2009，10：141－143.

117. 谷祺，刘淑莲. 财务危机企业投资行为分析与对策 [J]. 会计研究，1999，10：28－31.

118. 顾兆峰. 论盈余管理 [J]. 财经研究，2000，3：33－38.

119. 关黎丽. 产业政策、过度投资与企业财务困境 [J]. 财会通讯，2023，4：68－71.

120. 郭瑾，刘志远，彭涛. 银行贷款对企业风险承担的影响：推动还是抑制？[J]. 会计研究，2017，2：42－48＋96.

121. 郭蓉，文巧甜. 双重业绩反馈、内外部治理机制与战略风险承担 [J]. 经济管理，2019，41（08）：91－112.

122. 郭照蕊，黄俊. 国际“四大”与高质量审计的再检验——基于真实活动盈余管理的分析 [J]. 山西财经大学学报，2015，37（03）：115－124.

123. 郭照蕊，黄俊. 投资者能够提前感知公司舞弊吗？——基于会计信息价值相关性视角的研究 [J]. 中央财经大学学报，2017（12）：60－72.

124. 郭彩云，张鑫. 高管薪酬激励、财务报告准确性与财务舞弊——基于中国上市公司的实证研究 [J]. 会计研究，2018，9：57－64.

125. 韩忠雪，张玲. 创始人管理、控制权与企业风险承担 [J]. 哈尔滨商业大学学报（社会科学版），2022，6：43－60.

126. 何德旭，张斌彬．居民杠杆与企业债务风险［J］．中国工业经济，2021，2：155－173.

127. 何威风．高管团队垂直对特征与企业盈余管理行为研究［J］．南开管理评论，2015，18（01）：141－151.

128. 何威风，刘巍，黄凯莉．管理者能力与企业风险承担［J］．中国软科学，2016，5：107－118.

129. 何瑛，郭家荣，陈文晖．混改情境中非控股股东参与治理如何影响企业风险承担？［J］．上海财经大学学报（哲学社会科学版），2022，24（02）：78－93.

130. 何杨，邓粞元，朱云轩．增值税留抵退税政策对企业价值的影响研究——基于我国上市公司的实证分析［J］．财政研究，2019，5：104－117.

131. 洪荭，胡华夏，郭春飞．基于GONE理论的上市公司财务报告舞弊识别研究［J］．会计研究，2012，8：84－90＋97.

132. 洪荭，胡华夏，王晶．盈余管理与财务舞弊关系的演变与动态拓展［J］．会计与经济研究，2017，31（03）：32－55.

133. 侯立新，曲京山．监管距离对公司盈余管理的影响［J］．统计与决策，2022，38（19）：174－179.

134. 胡洪曙，李捷．财政竞争对企业税负不平等的影响［J］．中南财经政法大学学报，2023，2：52－64.

135. 胡世亮，徐高彦，董文昊，等．产业政策、分析师关注与企业盈余管理［J］．经济经纬，2022，39（04）：118－127.

136. 胡世亮，徐高彦，董文昊，等．产业政策、分析师关注与企业盈余管理［J］．经济经纬，2022，39（04）：118－127.

137. 胡育蓉，朱恩涛，龚金泉．货币政策立场如何影响企业风险承担——传导机制与实证检验［J］．经济科学，2014，1：39－55.

138. 胡宁，靳庆鲁．社会性负担与公司财务困境动态——基于ST制度的考察［J］．会计研究．201 8，11：28－35.

139. 洪金明，刘晗，王宁．非国有股东治理与企业风险承担水平——来自国有企业混合所有制改革的经验证据［J］．审计与经济研究，2023，38（02）：87－96.

140. 黄灿，李善民．股东关系网络、信息优势与企业绩效［J］．南开管理评论，2019，22（02）：75－88＋127.

141. 黄静，李凌秋．中小微企业增值税留抵税额退税探索［J］．财会通讯，2018，22：56－58.

142. 黄贤环，吴秋生，王瑶．金融资产配置与企业财务风险：“未雨绸缪”还是“舍本逐末”［J］．财经研究，2018，44（12）：100－112＋125.

143. 黄贤环，杨钰洁．增值税期末留抵退税能够抑制实体企业金融化吗？［J］．上海财经大学学报，2022，24（03）：31－44.

144. 黄伟，姚卫国．董事会特征与企业财务舞弊——基于中国上市公司的实证研究［J］．南开管理评论，2018，21（02）：118－128.

145. 姜付秀，张敏，陆正飞，等．管理者过度自信、企业扩张与财务困境［J］．经济研究，2009，44（01）：131－143.

146. 姜付秀，石贝贝，李行天．“诚信”的企业诚信吗？——基于盈余管理的经验证据［J］．会计研究，2015，8：24－31＋96.

147. 蒋大富，熊剑．非经常性损益、会计准则变更与 ST 公司盈余管理［J］．南开管理评论，2012，15（04）：151－160.

148. 解洪涛，张建顺，王伟域．增值税进项留抵、现金流挤占与企业融资成本上升——基于 2015 税源调查数据的实证检验［J］．中央财经大学学报，2019，9：3－12.

149. 解维敏，唐清泉．公司治理与风险承担——来自中国上市公司的经验证据［J］．财经问题研究，2013，1：91－97.

150. 金智，徐慧，马永强．儒家文化与公司风险承担［J］．世界经济，2017，40（11）：170－192.

151. 金健．实体企业金融化、风险承担能力与企业价值［J］．经济经纬，2023，40（03）：128－138.

152. 金辉，张梦晓．风险投资失败容忍、阶段选择与企业技术创新［J］．经营与管理．2023，8：6－14.

153. 孔晨，于洪鉴，陈艳．过度自信、预期后悔情绪与国有企业高管职务舞弊行为的实验研究［J］．中国海洋大学学报（社会科学版），2015，6：46－53.

154. 孔晨．风险偏好、决策情绪与 CEO 财务报告舞弊行为［J］．经济与管理，2020，34（01）：86－92.

155. 李彬．盈余管理研究评述与展望：基于应计项目与实际活动盈余管理的双维视角［J］．管理现代化，2013，2：111－113.

156. 李秉成，肖翰，阮佩婷．企业风险承担研究的文献回顾与展望［J］．统计与决策，2017，13：171－175.

157. 李秉祥，林炳洪，张涛．管理者风险偏好对企业财务困境的影响：中介路径与治理机制［J］．系统管理学报，2023．网络首发.

158. 李冬昕，宋乐．媒体的治理效应、投资者保护与企业风险承担［J］．审计与经济研究，2016，31（03）：83－91.

159. 李光龙，肖继刚．税收征管、税收优惠与企业财务困境风险［J］．新疆财经，2022，5：47－56.

160. 李莉，张迪．内部控制、管理层能力与融资约束［J］．技术经济，2019，38（10）：10－16.

161. 李梅，蔡昌，倪筱楠．大股东减持、分析师关注与公司盈余管理［J］．山西财经大学学报，2021，43（09）：111－126.

162. 李明，董雪艳．我国关于盈余管理的实证研究成果——一个综述［J］．生产力研究，2009，21：246－248.

163. 李培功，沈艺峰．媒体的公司治理作用：中国的经验证据［J］．经济研究，2010，45（04）：14－27.

164. 李普亮，贾卫丽．中国企业增值税税负压力的形成机理及化解路径［J］．经济体制改革，2020，3：144－151.

165. 李倩，吴昊，郭梦婷，王嘉敏．媒体情绪与公司风险承担关系研究——基于媒体情绪的“掩饰”效应［J］．中央财经大学学报，2022，2：65－77.

166. 李万福，林斌，林东杰．内部控制能有效规避财务困境吗？［J］．财经研究，2012，38（01）：124－134.

167. 李文贵，余明桂．所有权性质、市场化进程与企业风险承担［J］．中国工业经济，2012，12：115－127.

168. 李小荣，张瑞君．股权激励影响风险承担：代理成本还是风险规避？［J］．会计研究，2014，1：57－63＋95.

169. 李雪，冯政．宽松货币政策下我国企业的风险承担［J］．财经科学，2015，9：25－34.

170. 李延喜，包世泽，高锐，等．薪酬激励、董事会监管与上市公司盈余管理［J］．南开管理评论，2007，6：55－61.

171. 李艳，杨婉昕，陈斌开．税收征管、税负水平与税负公平［J］．中国工业经济，2020，11：24－41.

172. 李梓，刘亚宁．新金融工具准则对企业应计盈余管理的影响研究——基于金融资产分类视角［J］．北京工商大学学报（社会科学版），2023，38（02）：40－51.

173. 李迎春．剩余薪酬、投资者偏好与公司风险承担［J］．山东社会科学，2012，7：148－150＋134.

174. 李增福，骆展聪，杜玲，等．“信息机制”还是“成本机制”——大数据税收征管何以提高了企业盈余质量［J］．会计研究，2021，7：56－68.

175. 李增福，曾晓清．高管离职、继任与企业的盈余操纵——基于应计项目操控和真实活动操控的研究［J］．经济科学，2014，3：97－113.

176. 李倩，刘军．增值税留抵退税政策对企业风险意识的影响——基于中国上市公司的实证研究［J］．现代财经，2021，1：80－85.

177. 李波，朱太辉．债务杠杆、财务脆弱性与家庭异质性消费行为［J］．金融研究，2022，3：20－40.

178. 李唯滨，李菲．企业金融化与风险承担水平——基于代理成本、融资约束的中介效应［J］．技术与创新管理．2023，44（05）：585－592.

179. 林朝颖，黄志刚，石德金．货币政策对企业风险管理的影响研究［J］．财经论丛，2014，6：38－45.

180. 林朝颖，黄志刚，杨广青．基于微观视角的货币政策风险传导效应研究［J］．国际金融研究，2014，9：25－33.

181. 林晚发，刘颖斐，杨琴．高管财务经历与企业信用评级：基于盈余管理的视角［J］．管理科学，2019，32（04）：3－16.

182. 刘斌，李延喜，迟健心．内部控制意愿、内部控制水平与盈余管理方式——基于文本分析与机器学习的计量方法［J］．科研管理，2021，42（09）：166－174.

183. 李田雨，李茫茫．行政审批制度改革与公司风险承担——基于行政审批中心成立的准自然实验［J］．江西财经大学学报，2023，5：37－50.

184. 刘博，干胜道．盈余管理的计量方法及计量模型述评［J］．统计与决策，2010，9：138－141.

185. 刘金科，邓明欢，肖翊阳．增值税留抵退税与企业投资——兼谈完善现代增值税制度［J］．税务研究，2020，9：111－118.

186. 刘宁，胡宇晴．信息系统内部控制不完善、审计质量与企业财务舞弊——来自中国上市公司的证据［J］．会计研究，2020，4：36－46.

187. 刘尚希，樊轶侠. 论高质量发展与税收制度的适应性改革［J］. 税务研究，2019，5：12－17.

188. 刘诗源，林志帆，冷志鹏. 税收激励提高企业创新水平了吗？——基于企业生命周期理论的检验［J］. 经济研究，2020，55（06）：105－121.

189. 刘世慧，翁怀达. 税收政策对上市公司盈余管理行为的影响——基于“营改增”微利上市公司的经验证据［J］. 商业会计，2022，13：73－76.

190. 刘星，陈西婵. 证监会处罚、分析师跟踪与公司银行债务融资——来自信息披露违规的经验证据［J］. 会计研究，2018，1：60－67.

191. 刘怡，耿纯. 增值税跨地区转移与留抵退税负担机制研究［J］. 税务研究，2020，10：34－40.

192. 刘云菁，伍彬，张敏. 上市公司财务舞弊识别模型设计及其应用研究——基于新兴机器学习算法［J］. 数量经济技术经济研究，2022，39（07）：152－175.

193. 刘长庚，谷阳，张磊，等. 增值税留抵退税政策的就业促进效应［J］. 财政研究，2022，9：44－57.

194. 刘朝阳，李傲洋，王硕，等. 留抵退税政策对制造业企业投资与就业的影响研究［J］. 中央财经大学学报，2023，3：31－42.

195. 刘行，叶康涛. 增值税税率对企业价值的影响：来自股票市场反应的证据［J］. 管理世界，2018，11：12－24.

196. 刘行，赵晓阳. 最低工资标准的上涨是否会加剧企业避税？［J］. 经济研究，2019，10：121－135.

197. 刘云菁，伍彬，张敏. 独立董事能识别公司财务舞弊风险吗？——基于机器学习预测财务舞弊的研究［J］. 会计研究，2023，9：21－34.

198. 刘建勇，袁仔兰，张宁. 标的企业业绩承诺与并购方商誉减值——盈余管理和审计质量的调节作用［J］. 投资研究，投资研究. 2023，42（08）：80－103.

199. 刘孟飞. 银行高管薪酬与风险承担［J］. 经济管理，2020，42（12）：132－150.

200. 陆菁，鄢云，王韬璇. 绿色信贷政策的微观效应研究——基于技术创新与资源再配置的视角［J］. 中国工业经济，2021，1：174－192.

201. 卢雄标，童锦治，苏国灿. 制造业增值税留抵税额的分布、影响及政策建议——基于A省制造业企业调查数据的分析［J］. 税务研究，2018，11：

53 – 59.

202. 陆建桥．中国亏损上市公司盈余管理实证研究［J］．会计研究，1999，9：25 –35.

203. 陆正飞，祝继高，孙便霞．盈余管理、会计信息与银行债务契约［J］．管理世界，2008，3：152 –158.

204. 逯东，付鹏，杨丹．媒体类型、媒体关注与上市公司内部控制质量［J］．会计研究，2015，4：78 –85 +96.

205. 李涛，罗晓梅．企业数字化转型对分类转移盈余管理的影响研究［J］．南京财经大学学报，2023，6：56 –66.

206. 罗栋梁，王基臣，史先让．客户集中度、股东网络与应计盈余管理［J］．经济与管理评论，2022，38（03）：116 –134.

207. 罗劲博．实际控制人居于“幕后”会提高盈余管理程度吗？——来自民营上市公司的证据［J］．当代财经，2023，1：146 –156.

208. 罗琦，李瀚祺，苏愉越，等．投资者情绪、公司研发投资迎合与财务信息质量［J］．科技进步与对策，2023，40（06）：101 –109.

209. 吕丽娟，张玲．从电网企业留抵进项税额看我国增值税退税制度的完善［J］．国际税收，2018，12：78 –80.

210. 吕文栋，刘巍，何威风．管理者异质性与企业风险承担［J］．中国软科学，2015，12：120 –133.

211. 吕长江，韩慧博．财务困境、财务困境间接成本与公司业绩［J］．南开管理评论，2004，3：80 –85.

212. 吕长江，徐丽莉，周琳．上市公司财务困境与财务破产的比较分析［J］．经济研究，2004，8：64 –73.

213. 马若微，魏琪瑛．公司治理因素对上市公司财务困境恢复的影响研究［J］．北京工商大学学报（社会科学版），2015，30（03）：75 –83.

214. 马燕楠．社会性负担、现金持有与企业未来财务困境［J］．财会通讯，2021，16：84 –87.

215. 马壮．政府干预、融资约束与企业盈余管理［J］．财会月刊，2018，4：27 –34.

216. 梅蓓蕾，郭雪寒，叶建芳．问询函的溢出效应——基于盈余管理视角［J］．会计研究，2021，6：30 –41.

217. 孟庆斌，张永冀，贾俊生．宏观经济不确定性与企业最优资产结构

[J]. 系统工程理论与实践，2019，39（02）：286－297.

218. 聂辉华，方明月，李涛．增值税转型对企业行为和绩效的影响——以东北地区为例［J］．管理世界，2009，5：17－24＋35.

219. 倪中新，张杨．基于 Cox 比例危险模型的制造业财务困境恢复研究［J］．统计与信息论坛，2012，27（01）：15－20.

220. 牛彪，于林希，尹琪，胡舒扬．数字化税收征管能降低财务舞弊风险吗？——基于金税三期工程的准自然实验［J］．现代管理科学，2023，5：62－69.

221. 潘红波，徐雅璐，杨海霞．国企董事长变更、前任去向与继任负向盈余管理——基于继任董事长对前任的揭示作用分析［J］．会计研究，2022，9：52－65.

222. 彭章，陆瑶，杨琛．融资融券与公司财务杠杆［J］．南开管理评论，2021，24（05）：139－149.

223. 钱先航，徐业坤．官员更替、政治身份与民营上市公司的风险承担［J］．经济学（季刊），2014，13（04）：1437－1460.

224. 秦荣生．财务会计新课题：盈余管理［J］．当代财经，2001，2：55－60＋80.

225. 秦兴俊，王柏杰．股权结构、公司治理与企业技术创新能力［J］．财经问题研究，2018，7：86－93.

226. 邱大勇，万雅文，赵露．企业增值税税收筹划浅析［J］．当代经济，2014，3：118－119.

227. 屈伸，陈朝龙，陈宁，等．董事高管责任保险与真实盈余管理——基于凸显效应［J］．管理工程学报，2023．网络首发.

228. 祁敬宇，杨小洋，蒋佳伶，等．宏观审慎政策对企业风险承担的影响研究［J］．金融论坛，2023，28（10）：48－58.

229. 全怡，周聪，鲍镕江，等．财务背景董秘能否减少监管问询？——基于交易所年报问询函的经验证据［J］．会计研究，2022，10：58－70.

230. 邵毅平，张健．上市公司盈余管理、市场反应与政府监管［J］．财经论丛，2011，1：77－83.

231. 孙宸，庄新田．企业股东网络对盈余管理行为影响的研究［J］．管理学报，2023，20（03）：358－366.

232. 沈红波，潘飞，高新梓．制度环境与管理层持股的激励效应［J］．中国工业经济，2012，8：96－108.

233. 沈维成．法律责任、内部控制与企业财务困境——基于会计师事务所转制视角［J］．湖北经济学院学报，2018，16（06）：56－70.

234. 史番，陶冶．国际风险冲击、税收政策工具与企业风险承担［J］．财经理论与实践，2023，44（03）：92－101.

235. 史金艳，秦基超，宋蕾．基金异质、风险偏好与创业板公司风险承担：行为金融视角［J］．现代财经（天津财经大学学报），2015，35（12）：29－40.

236. 苏冬蔚，林大庞．股权激励、盈余管理与公司治理［J］．经济研究，2010，45（11）：88－100.

237. 苏坤．管理层股权激励、风险承担与资本配置效率［J］．管理科学，2015，28（03）：14－25.

238. 孙宸，庄新田．企业股东网络对盈余管理行为影响的研究［J］．管理学报，2023，20（03）：358－366.

239. 孙光国，刘爽，赵健宇．大股东控制、机构投资者持股与盈余管理［J］．南开管理评论，2015，18（05）：75－84.

240. 孙洁，李能飞，赵梦茹．媒体负面报道与公司财务困境预警——基于文本分析和机器学习［J］．财经论丛，2023，9：80－90.

241. 孙蔓莉，肖芸，申世宏．业绩归因与盈余管理的“复合式”操纵研究——以厦华电子为例［J］．会计研究，2018，6：26－31.

242. 孙思，杜金岷．中国非上市公司盈余管理方式比较研究——以东莞为例［J］．现代管理科学，2011（06）：26－28＋67.

243. 孙雪娇，范润，翟淑萍．社保费征管体制改革如何影响企业避税——来自社保费征管部门转换的准自然实验证据［J］．上海财经大学学报，2021，23（02）：76－92.

244. 苏春，刘星．家族董事席位超额控制会影响企业风险承担吗？［J］．中国管理科学，2023.

245. 斯文．关于衍生品对银行风险承担影响的研究——基于中国上市银行的经验证据［J］．经济评论，2013，5：131－138.

246. 王春峰，梁超伟，姚守宇，等．民营企业党组织嵌入与盈余管理——基于 A 股市场的实证研究［J］．运筹与管理，2023，32（08）：200－206.

247. 申明浩，谭伟杰．数字经济发展与企业风险承担水平［J］．产经评论，2023，14（01）：64－80.

248. 王丙楠，郭景先，鲁营，等. 机构持股对企业财务困境的影响研究——企业数字化转型的调节作用［J］. 管理现代化，2022，42（06）：22－29.

249. 王彩，李晓慧. 同行自愿披露对企业盈余管理的影响——来自自愿性业绩预告的证据［J］. 经济管理，2022，44（06）：172－189.

250. 王化成，刘亭立，卢闯. 公司治理与盈余质量：基于中国上市公司的实证研究［J］. 中国软科学，2007，11：122－128.

251. 王菁华. 彩票文化能够影响企业财务违规行为吗？——来自地区彩票消费的证据［J］. 审计与经济研究，2021，36（06）：70－80.

252. 王珏玮，唐建新，孔墨奇. 公司并购、盈余管理与高管薪酬变动［J］. 会计研究，2016，5：56－62＋96.

253. 王克敏，姬美光，赵沫. 宏观经济环境、公司治理与财务困境研究［J］. 经济与管理研究，2006，9：18－25.

254. 王克敏，王志超. 高管控制权、报酬与盈余管理——基于中国上市公司的实证研究［J］. 管理世界，2007，7：111－119.

255. 王伦刚. 上市公司财务困境与财务破产的比较分析［J］. 财会学习，2020，5：39－41.

256. 王宁. 基于违约距离的财务困境化解问题研究［J］. 财经问题研究，2019，6：82－90.

257. 王乔，徐佳佳. 增值税改革对制造业税负的影响研究——基于投入产出法［J］. 税务研究，2020，12：5－13.

258. 王守海，李淑慧，徐晓彤. 资产证券化会计准则修订对银行风险承担的影响研究［J］. 会计研究，2022，11：38－52.

259. 王雪，潘爱玲，邱金龙. 业绩补偿承诺与分类转移盈余管理——基于借壳上市公司的经验证据［J］. 审计与经济研究，2022，37（05）：84－94.

260. 王永妍，牛煜皓. 审计师行业专长、会计信息质量与高管薪酬契约有效性［J］. 审计与经济研究，2023，38（01）：21－30.

261. 王昱，杨珊珊. 考虑多维效率的上市公司财务困境预警研究［J］. 中国管理科学，2021，29（02）：32－41.

262. 王跃堂，王亮亮，贡彩萍. 所得税改革、盈余管理及其经济后果［J］. 经济研究，2009，44（03）：86－98.

263. 王海林，常正伟. 国家审计对董事联结企业盈余管理的外溢效应研究［J］. 审计研究，2023，4：27－40.

264. 王福胜，王也，刘仕煜．网络媒体报道对盈余管理的影响研究——基于投资者异常关注视角的考察［J］．南开管理评论，2021，24（05）：116－129.

265. 王海林，张丁．国家审计对国有企业风险承担的治理效应：促进还是抑制？——基于审计公告语调的分析［J］．会计研究，2021，10：152－165.

266. 王遥．注册会计师审计行为的影响因素分析——基于行为金融学的“非理性”假定［J］．审计研究，2008，2：72－78.

267. 王俊杰，杨军，宗庆霞．经济政策、财务报告透明度与公司财务舞弊［J］．管理世界，2021，37（03）：58－75.

268. 王云涛，刘晓莉，孙晨．竞争压力、环境信息披露与企业财务舞弊［J］．管理世界，2020，36（05）：74－88.

269. 王红建，吴静桦，曹瑜强．债权人保护与公司风险承担——基于《破产法》和《物权法》实施的准自然实验［J］．金融研究，2023，2：189－206.

270. 王会娟，陈新楷，陈文强，等．数字化转型能提高企业的风险承担水平吗？［J］．财经论丛（浙江财经学院学报），2022，12：70－80.

271. 王晓燕，柳雅君．业绩困境会影响企业的风险承担吗？——基于管理者过度自信视角的实证研究［J］．云南财经大学学报，2021，37（01）：74－89.

272. 王雅琪，张莉莉．税务监督对企业财务管理制度的影响研究——基于中国上市公司的实证研究［J］．会计与经济研究，2022，2：81－87.

273. 王爱东，杨素君，张蕾．控股股东股权质押、真实盈余管理与股价波动——基于平仓视角［J］．会计之友，2021，7：9－16.

274. 王俊，郭旭．管理者行为惯性与上市公司舞弊——基于高管公司间变更的视角［J］．管理评论．202 2，34（07）：289－301.

275. 汪昊，郭玉清，陆毅．中国增值税转嫁、归宿及减税效应：一般均衡分析［J］．经济研究，2022，2：73－89.

276. 魏明海．盈余管理基本理论及其研究述评［J］．会计研究，2000，9：37－42.

277. 魏洁，张广辉．内部控制缺陷对企业财务舞弊的影响——基于上市公司的实证研究［J］．南开管理评论，2018，21（04）：74－84.

278. 魏志华，夏太彪．社会保险缴费负担、财务压力与企业避税［J］．中国工业经济，2020，7：136－154.

279. 温军，杨荻．盈余管理、审计意见与信贷期限［J］．南京审计大学学报，2022，19（05）：1－11.

280. 文炳洲，焦少杰．利益驱使、中介背书与上市公司财务舞弊——基于2008—2017 年证监会处罚公告书［J］．财会通讯，2020，23：96－100.

281. 吴国萍，马施．上市公司财务压力与信息披露违规实证研究［J］．财经理论与实践，2010，31（02）：59－63.

282. 吴锡皓，潘钰子．资本市场开放对企业风险承担的影响研究——来自“沪港通”的经验证据［J］．海南大学学报（人文社会科学版），2021，39（06）：168－178.

283. 吴芃，卢珊，杨楠．财务舞弊视角下媒体关注的公司治理角色研究［J］．中央财经大学学报，2019，3：51－69.

284. 吴珊，邹梦琪，李四海．资本市场开放抑制了企业避税行为吗？——基于沪深港通交易制度的实证检验［J］．财经论丛，2022，1：57－67.

285. 吴世农，王建勇，屈文洲．企业的价值链权力及其经济后果研究［J］．管理科学学报，2022，25（02）：1－23.

286. 吴世农，卢贤义．我国上市公司财务困境的预测模型研究［J］．经济研究，2001，6：46－55＋96.

287. 吴怡俐，吕长江，倪晨凯．增值税的税收中性、企业投资和企业价值——基于“留抵退税”改革的研究［J］．管理世界，2021，37（08）：180－194.

288. 吴永明，袁春生．法律治理、投资者保护与财务舞弊：一项基于上市公司的经验证据［J］．中国工业经济，2007，3：104－111.

289. 武恒光，张龙平．CEO 自恋与审计师风险应对：来自 CEO 签字的经验证据［J］．管理科学，2023，36（01）：90－105.

290. 夏立军，杨海斌．注册会计师对上市公司盈余管理的反应［J］．审计研究，2002，4：28－34.

291. 向诚，陆静．公司透明度与盈余公告惯性——基于投资者关注的实证研究［J］．管理科学．2020，33（03）：138－154.

292. 熊毅，洪荭．员工薪酬竞争力对企业风险承担的影响研究［J］．管理学报，2022，19（10）：1456－1467.

293. 徐隽翊，周越，陈升萌．金融化与企业风险承担［J］．湖南大学学报（社会科学版），2020，34（06）：73－82.

294. 谢德仁，廖珂．控股股东股权质押与上市公司真实盈余管理［J］．会计研究，2018，8：21－27.

295. 谢雁翔，覃家琦，金振，等．增值税留抵退税与企业短贷长投［J］.

财政研究，2022，9：58 －74.

296. 辛清泉，黄曼丽，易浩然．上市公司虚假陈述与独立董事监管处罚——基于独立董事个体视角的分析［J］．管理世界，2013（05）：131 －143 ＋175 ＋188.

297. 邢立全，陈汉文．产品市场竞争、竞争地位与审计收费——基于代理成本与经营风险的双重考量［J］．审计研究，2013，（03）：50 －58.

298. 熊方军，张龙平．上市公司财务舞弊的风险识别与证据收集［J］．经济与管理研究，2016，37（10）：138 －144.

299. 修宗峰，刘然，殷敬伟．财务舞弊、供应链集中度与企业商业信用融资［J］．会计研究，2021，1：82 －99.

300. 修宗峰，顾宇鹏，殷敬伟．“党建入章”、国有产权与企业财务舞弊［J］．上海财经大学学报，2022，24（04）：93 －107.

301. 徐星美，权小锋．中华老字号的会计基因：基于盈余管理的视角［J］．管理科学学报，2022，25（01）：81 －94.

302. 徐华，熊瑞香．高管股权激励、公司治理与企业财务舞弊［J］．中国工业经济，2021，5：81 －97.

303. 徐玉德，杨晓璇，刘剑民．地方官员变更、财政支出波动与企业系统性风险［J］．中央财经大学学报，2019，11：3 －16.

304. 许红梅，李春涛．社保费征管与企业避税——来自《社会保险法》实施的准自然实验证据［J］．经济研究，2020，55（06）：122 －137.

305. 许文静，苏立，吕鹏，等．退市制度变革对上市公司盈余管理行为影响［J］．会计研究，2018，6：32 －38.

306. 许江波．公司治理和破产关系的理论与实证研究——基于董事会结构和国有股比例的分析［J］．中国工业经济，2009，8：131 －140.

307. 颜如春．浅议我国企业的财务困境［J］．财经界，2012，20：184 －185.

308. 严武，孔雯．企业社会责任对财务困境的影响［J］．技术经济与管理研究，2023，6：55 －59.

309. 杨林，和欣，顾红芳．高管团队经验、动态能力与企业战略突变：管理自主权的调节效应［J］．管理世界，2020，36（06）：168 －188.

310. 杨莎，李欢欢，谢若冰．媒体监督、公司治理与企业财务舞弊——来自中国上市公司的经验证据［J］．管理世界，2016，32（02）：48 －61.

311. 杨清香，俞麟，陈娜．董事会特征与财务舞弊——来自中国上市公司的经验证据［J］．会计研究，2009，7：64 －70 ＋96.

312. 杨瑞龙，章逸然，杨继东．制度能缓解社会冲突对企业风险承担的冲击吗？［J］．经济研究，2017，52（08）：140－154.

313. 杨森平，刘晓瑛．减税降费与企业价值——来自上市制造业企业的证据［J］．税务研究，2020，（08）：11－18.

314. 姚宏，贾娓，郝小玉，等．产品市场竞争、董事会结构变化与盈余管理［J］．管理评论，2018，30（04）：194－205.

315. 姚洪心，陈慧敏．数字金融发展与企业风险承担——动态效应、机制识别与异质性特征［J］．调研世界，2023，5：15－23.

316. 闫华红，李晓艳，刘静．税收征管数字化升级对企业风险承担水平的影响研究［J］．财政研究，2022，9：89－103.

317. 叶康涛，董雪雁，崔倚菁．企业战略定位与会计盈余管理行为选择［J］．会计研究，2015，10：23－29.

318. 叶永卫，宋尚彬，甘小立．国有银行贷款如何影响企业风险承担——基于债务软约束视角［J］．产业经济评论，2022，6：188－204.

319. 伊志宏，丁艳平，陈钦源，等．投资者关系管理与企业风险承担［J］．经济理论与经济管理，2020，11：4－20.

320. 尹斌．我国上市公司财务困境恢复的影响因素研究［J］．会计之友，2012，17：74－77.

321. 于忠泊，叶琼燕，田高良．外部监督与盈余管理——针对媒体关注、机构投资者与分析师的考察［J］．山西财经大学学报，2011，33（09）：90－99.

322. 余明桂，李文贵，潘红波．管理者过度自信与企业风险承担［J］．金融研究，2013，1：149－163.

323. 余思明，唐建新，孙辉东．管理层业绩目标、内部控制有效性与财务舞弊［J］．预测，2020，39（03）：50－57.

324. 余玉苗，吕凡．财务舞弊风险的识别——基于财务指标增量信息的研究视角［J］．经济评论，2010，4：124－130.

325. 俞杰，万陈梦．增值税留抵退税、融资约束与企业全要素生产率［J］．财政科学，2022，1：104－118.

326. 郁智，曹雅丽．绿色信贷政策会影响重污染企业盈余质量吗？［J］．证券市场导报，2021，5：26－36.

327. 于海琴，郑华．合理化借口与企业财务风险关系研究——基于上市公司实证研究［J］．会计研究，2021，5：82－88.

328. 原安妮. 客户关系、商业信用与财务困境 [J]. 上海管理科学, 2022, 44 (06): 71-77.

329. 袁春生, 汪涛武, 唐松莲. 审计独立性、行业专长与财务舞弊行为——基于证监会处罚公告的经验证据 [J]. 山西财经大学学报, 2011, 33 (06): 114-124.

330. 尹恒, 迟炜栋. 增值税减税的效应: 异质企业环境下的政策模拟 [J]. 中国工业经济, 2022, 2: 80-98.

331. 易碧文. 新收入准则对上市公司盈余管理的影响研究 [J]. 湖南社会科学, 2022, 1: 59-66.

332. 张程睿, 蹇静. 我国上市公司违规信息披露的影响因素研究 [J]. 审计研究, 2008, 1: 74-81.

333. 张洪辉, 章琳一. 高管晋升激励与财务舞弊——来自上市公司的经验证据 [J]. 经济管理, 2017, 39 (04): 176-194.

334. 张继彤, 朱佳玲. 税收政策对我国制造业创新激励的影响研究 [J]. 南京审计大学学报, 2018, 15 (06): 47-54.

335. 张健, 刘斌, 吴先聪. 财务舞弊、家族控制与上市公司高管更替 [J]. 管理工程学报, 2015, 29 (02): 1-9.

336. 张敏, 童丽静, 许浩然. 社会网络与企业风险承担——基于我国上市公司的经验证据 [J]. 管理世界, 2015, 11: 161-175.

337. 张维, 杨金正. 舞弊处罚能提高上市公司的财务绩效吗? [J]. 山西财经大学学报, 2022, 44 (S1): 26-30.

338. 张妍. 税收征管、融资约束与管理层税收激进 [D]. 北京: 北京交通大学, 2022.

339. 张志伟, 张大永, 姬强. 媒体报道与商业银行盈余管理 [J]. 管理评论, 2022, 34 (10): 67-78+133.

340. 张三保, 张志学. 区域制度差异, CEO 管理自主权与企业风险承担——中国 30 省高技术产业的证据 [J]. 管理世界, 2012, 4: 101-114+188.

341. 张悦玫, 方聪聪, 崔淼. 风险承担、创新意愿与企业转型升级的动态关系研究 [J]. 首都经济贸易大学学报, 2023, 25 (03): 89-100.

342. 张鑫, 韦蓉. 股权结构、公司治理与财务舞弊: 基于中国上市公司的实证研究 [J]. 会计研究, 2020, 6: 80-87.

343. 张东旭, 张姗姗, 董小红. 管理者权力、股权激励与盈余管理——基于倾向评分匹配法和双重差分法的分析［J］．山西财经大学学报．2016，38（04）：114－124.

344. 张瑞君，李小荣，许年行货币薪酬能激励高管承担风险吗？［J］．经济理论与经济管理，2013，8：84－100.

345. 张建宇，杨旭．国有资本参股能提升民营企业风险承担水平吗？［J］．广东财经大学学报，2023，38（01）：75－87.

346. 赵明，王燕．增值税留抵退税政策对企业现金资产的影响——基于中国上市公司的实证研究［J］．现代财经，2020，12：133－136.

347. 赵玉杰，张慧．增值税留抵退税政策对企业经济压力的影响——基于中国A股上市公司的实证研究［J］．管理世界，2018，4：147－159.

348. 章铁生，杨洋，许锐．产权配置、内部控制质量与企业财务困境风险化解［J］．北京工商大学学报（社会科学版），2018，33（02）：73－83.

349. 章铁生，赵文雪，杨洋．货币政策波动、产权性质与企业财务困境风险化解［J］．安徽工业大学学报（自然科学版），2017，34（01）：82－89.

350. 章之旺，吴世农．经济困境、财务困境与公司业绩——基于A股上市公司的实证研究［J］．财经研究，2005，5：112－122.

351. 赵丽琼，柯大钢．我国财务困境公司恢复过程预测研究［J］．统计与决策，2008，14：139－142.

352. 赵丽琼，柯大钢．我国财务困境公司重组摘帽前后的长期绩效——基于因子分析法的绩效评价［J］．系统工程，2009，27（10）：76－85.

353. 赵明明，孙瑞．税务监督对企业内部风险控制的影响——基于中国上市公司的实证分析［J］．管理评论，2022，3：68－75.

354. 赵昕，李亚男，丁黎黎．金融强监管对企业风险承担的影响——来自资管新规的经验证据［J］．经济与管理，2024，38（01）：1－8.

355. 赵灿，刘啟仁，袁劲．税收政策激励与企业风险承担——基于固定资产加速折旧政策的微观经验证据［J］．经济科学，2022，5：95－106.

356. 赵玉杰，张慧．增值税留抵退税政策对企业经济压力的影响——基于中国A股上市公司的实证研究［J］．管理世界，2018，4：147－159.

357. 郑建明，贾昊阳．网络舆论关注与企业盈余管理［J］．山西财经大学学报，2022，44（05）：108－122.

358. 周俊，刘伟．政府补贴、公司治理与企业财务舞弊——基于政策工具差异的实证研究［J］．金融研究，2020，55（06）：127－141.

359. 周雷，郭华．股票激励、研发支出与企业财务舞弊［J］．会计研究，2020，55（03）：12－19.

360. 周晓光，刘莉莉．续贷限制对企业盈余管理的影响——来自上市公司的经验证据［J］．投资研究，2023，42（06）：4－21.

361. 郑丽萍，赵杨．上市公司财务舞弊的成因与治理研究——以瑞幸咖啡公司为例［J］．管理现代化，2020，40（04）：4－6.

362. 周泽将，刘中燕，胡瑞．CEO vs CFO：女性高管能否抑制财务舞弊行为［J］．上海财经大学学报，2016，18（01）：50－63.

363. 周国红，周巧．增值税留抵退税政策对企业外部负债的影响——基于中国上市公司的实证研究［J］．软科学，2019，33（08）：118－123.

364. 郑梦玲，田媛，董晓霞．经济不确定性、宏观政策与公司财务舞弊［J］．财贸经济，2021，42（03）：98－109.

365. 朱颖．对国有企业财税风险监管的思考［J］．纳税，2023，17（14）：25－27.

366. 朱宗乾．陕西制造业信息化项目实施合作方选择与风险分担研究［D］．西安：西安理工大学，2011.

367. 朱凯，潘舒芯，胡梦梦．智能化监管与企业盈余管理选择——基于金税三期的自然实验［J］．财经研究，2021，47（10）：140－155.

368. 祝继高，齐肖，汤谷良．产权性质、政府干预与企业财务困境应对——基于中国远洋、尚德电力和李宁公司的多案例研究［J］．会计研究，2015，5：28－34＋94.

后 记

本书深度探讨了增值税留抵退税政策的公司治理作用，这不仅是我们关注的焦点，同时也为企业治理领域的研究提供了新的思路和启示。在全球化、数字化的时代，企业面临着前所未有的挑战和机遇，政府实施的税收政策在其中扮演着至关重要的角色。在本书中，我们深入剖析了增值税留抵退税政策对企业公司治理的影响，从激励企业投融资活动，完善企业内外部融资机制，进而作用于财务决策的完整逻辑，由此反映出增值税留抵退税政策的积极作用。具体来说，增值税留抵退税政策直接退还现金的措施能够改善企业的经营性现金流，强化企业的生产经营能力，进而有助于提高企业的经营绩效；增值税留抵退税政策的税收监管有助于优化企业的治理机制，提高企业的公司治理水平。但是，我们也要对增值税留抵退税政策存在的风险提出警示，既要避免企业因某些人为原因而失去享受政策红利资格，也要防止企业基于私利而钻政策空子，进而导致不公平竞争、财政损失等问题，这为政策制定者和企业家提出了更高的治理要求。企业治理不仅是对外部环境的应对，更是对内部结构和管理的优化。增值税留抵退税政策在这一过程中为企业提供了更多的自主权和灵活性，但自由并非放任，企业在享受政策红利的同时，也应当自觉地履行社会责任，确保企业行为的合法合规。公司治理的核心理念在于平衡不同利益主体的权益，使企业实现可持续的、共赢的发展。

之所以选择“增值税留抵退税政策”作为研究视角，主要受宁波市财政局“减税降费政策评估”课题的启发，增值税留抵退税政策在宁波市推行“减税降费”赋能企业高质量发展时发挥着重要的作用。增值税留抵退税政策通过直接退还企业预缴的进项税费实现充盈现金资产的目标，进而可能影响企业管理层的决策，这是本书开始撰写时最原始的想法，我身边有许多事务界的资深人士积极参与了宁波市财政局的增值税留抵退税的具体实践，并在本书的撰写过程中提供了帮助。他们分别是宁波正源税务师事务所的王溪红女士、宁波中瑞税务师事务所的雷文汉先生、宁波乐惠国际工程有限公司的董向阳先生、宁波世明会计师事务所的王丽亚女士和宁波安晓企业管理咨询有限公司的万伟军先生。我在和他们的交谈中加深了对于增值税留抵退税的理解，尤其是我国增值税的诞生、演进和改革等制度性问题，他们凭借丰富的实践经验对本书的逻辑提供了宝贵建议。此外，我还要感谢我的同事黄惠琴副教授，她在我的书稿撰写过程中给出很多指导，多次带我进入企业调研，加深了我对企业具体决策的理解。我还要感谢曹璐、徐子晴、严越云、方玲玲、赵倩、章培钰、穆雅慧、吴诗其、盛钰婷和王晨星等学生，他们在文献整理、文字校对和数据搜集等方面付出了心血。最后，还要感谢我的家人，感谢他们对我工作的支持，他们是我一直坚持努力的原动力。

余 威

2023 年 12 月 18 日于甬江畔